Manual para
tocar la guitarra

Querido lector:

La guitarra es un instrumento fantástico. La historia de su cultura incluye muchos modelos y estilos diferentes. Tiene también gran cantidad de sonidos agradables. La guitarra puede darte todo lo que siempre has deseado de un instrumento musical. Este libro te explicará aspectos sorprendentes de la guitarra, tanto de la clásica como de la moderna. Te ofrecerá una panorámica de los diferentes estilos interpretados con este instrumento, te introducirá en su historia y te presentará a algunos de sus más famosos y consumados intérpretes.

He sido guitarrista durante más de veintiséis años. En este tiempo he visto una gran cantidad de grandes instrumentos y de intérpretes. Esta nueva era de la guitarra es apasionante y continúa desarrollándose.

Con la llegada de nuevas tecnologías tanto en la construcción artesanal como en la fabricación, comprar una guitarra de gran calidad es ahora más fácil y económico. Esta importante combinación permite a los instrumentistas, desde el principiante al experto profesional, tener instrumentos de calidad con los que aprender, practicar y tocar obteniendo un mejor rendimiento. Con este libro espero animarte (y ojalá también a tus amigos) a descubrir la diversión de tocar la guitarra y hacértelo más agradable.

Como cada nuevo esfuerzo, te costará un tiempo alcanzarlo, pero después de superarlo, se convertirá en un divertido paseo. Observa que algunos de los ejemplos musicales están numerados con referencia a la pista correspondiente del CD que acompaña al libro. Por favor, aprovecha las grabaciones, dado que su finalidad es ayudarte en su proceso de aprendizaje.

Disfruta,

ERNIE JACKSON

Información adicional

Consejos útiles

Situaciones y conceptos con los que hay que tener especial cuidado

Soluciones a problemas comunes

MANUAL PARA TOCAR LA GUITARRA

Toque como los grandes maestros

Desde cómo comprar la guitarra adecuada
a cómo dominar sus canciones preferidas

Ernie Jackson

Traducción de Imma Guàrdia

UN SELLO DE EDICIONES ROBINBOOK
información bibliográfica
Indústria, 11 (Pol. Ind. Buvisa)
08329 - Teià (Barcelona)
e-mail: info@robinbook.com
www.robinbook.com

Título original: *The Everything Guitar Book, 2nd Edition*

Diseño de cubierta: La Cifra (www.cifra.cc)
Fotografía de cubierta: GettyImages
Diseño de interior: Paco Murcia
ISBN: 978-84-96924-17-8
Depósito legal: B-37.261-2008

Impreso por Gràfiques92, S.A., Avda. Can Sucarrats, 91, 08191 Rubí

Impreso en España - *Printed in Spain*

Índice

Agradecimientos

Mi más profundo agradecimiento a Lisa Laing,
extraordinaria editora

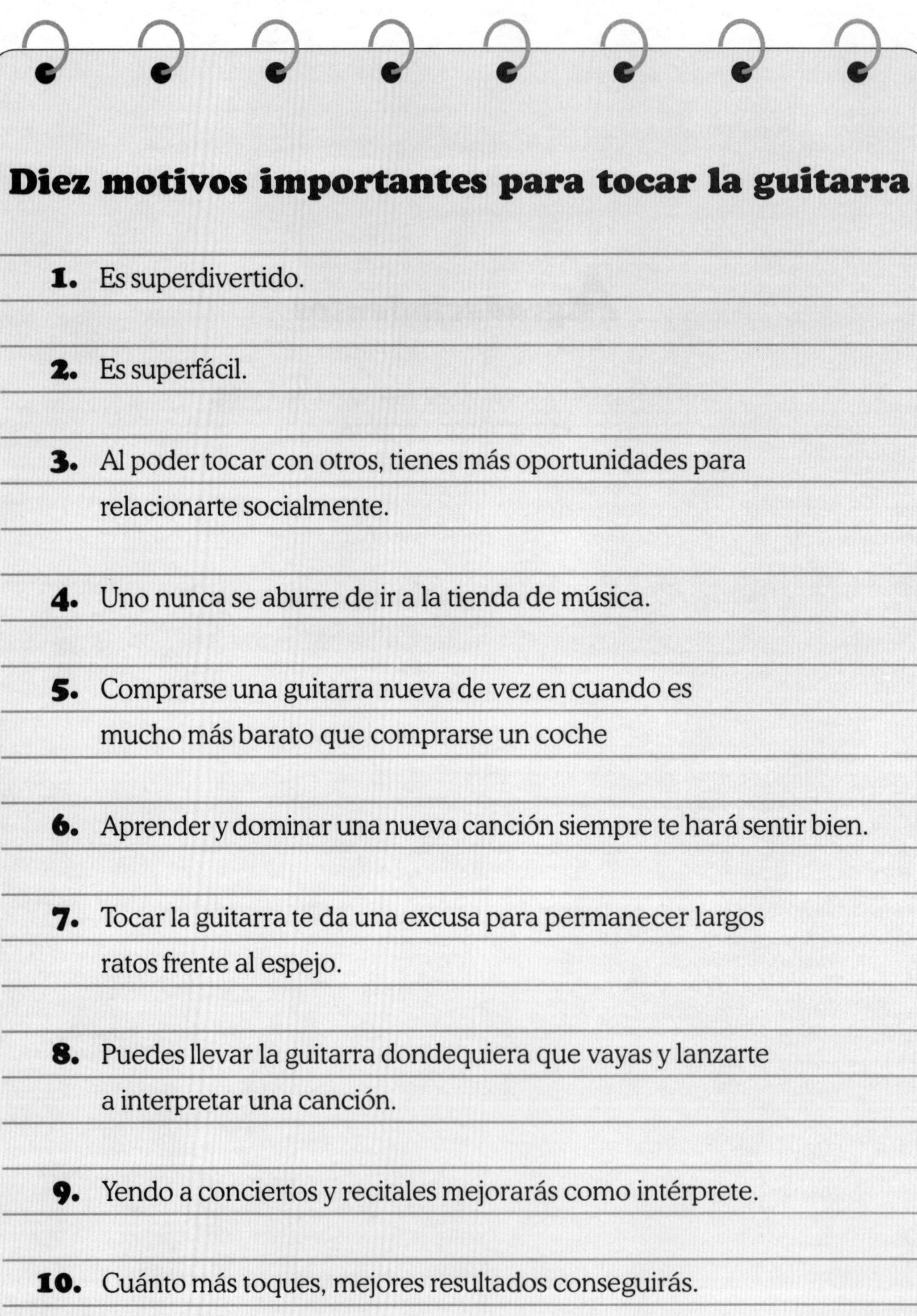

Diez motivos importantes para tocar la guitarra

1. Es superdivertido.
2. Es superfácil.
3. Al poder tocar con otros, tienes más oportunidades para relacionarte socialmente.
4. Uno nunca se aburre de ir a la tienda de música.
5. Comprarse una guitarra nueva de vez en cuando es mucho más barato que comprarse un coche
6. Aprender y dominar una nueva canción siempre te hará sentir bien.
7. Tocar la guitarra te da una excusa para permanecer largos ratos frente al espejo.
8. Puedes llevar la guitarra dondequiera que vayas y lanzarte a interpretar una canción.
9. Yendo a conciertos y recitales mejorarás como intérprete.
10. Cuánto más toques, mejores resultados conseguirás.

Introducción

▶ AUNQUE LA GUITARRA ha tenido multitud de formas a lo largo del tiempo, desde el *ud* persa, su primo mayor, la mayoría de intérpretes actuales piensan en ella como en un instrumento que experimentó su evolución más importante en el siglo XX. El cambio de siglo estuvo marcado por los conciertos de cámara del maestro Andrés Segovia. La mitología del blues cuenta la leyenda de Robert Johnson (tocaba de forma tan conmovedora que se decía que había vendido su alma al Diablo a cambio de su talento). Charlie Christian puso al alcance de las masas la guitarra eléctrica de jazz inspirada en la línea de la trompa. Siguiendo la corriente de los años sesenta, una década de cambios, el brillante guitarrista de rock Jimi Hendrix definió la concepción moderna sobre las posibilidades técnicas de este instrumento.

La guitarra de por sí es un instrumento destacable. Sus seis cuerdas le confieren un registro que supera la mitad del registro del mayor y más complejo piano. Las seis cuerdas pueden ser tañidas a la vez, dando la sensación de que la guitarra es como una pequeña orquesta. Es más intimista y en cierta manera más sensible al estado de ánimo del intérprete que cualquier otro instrumento. Tiene, por un lado, la pureza de una soprano; por el otro, unos bajos resonantes; no está nada mal tratándose de un instrumento que mide menos de un metro de largo y que puede pesar menos que el botín acumulado tras un día de compras. Más que cualquier otro instrumento, la guitarra cuenta entre las filas de sus intérpretes a muchos autodidactos. Y esto es así porque aunque es muy difícil tocar bien la guitarra, es fácil llegar simplemente a tocarla. Los guitarristas son víctimas habituales de una larga serie de chistes malos y clichés. Pero finalmente, cuando se trata de tocar una buena canción, es la guitarra la que reúne a más gente en torno a ella.

Capítulo 1

El origen de la guitarra

Hay muchas teorías sobre el origen de la guitarra. De hecho, hay cuadros antiguos, dibujos y pinturas de muy diversas culturas que muestran instrumentos que parecen guitarras, aunque son en realidad instrumentos de cuerda de diverso tipo. Por ejemplo, en las excavaciones babilónicas de Asia central se desenterraron tallas rupestres del 1900 a.C. que representaban músicos tocando juntos. Las características de los instrumentos representados en las tallas, así como las técnicas que parecen usar para rasguear y puntear las cuerdas, son similares a las de la guitarra. Hoy en día, instrumentos parecidos, como el *okongo* o el *cora*, todavía se usan en determinados lugares de África.

Primeras guitarras

Algunos dibujos del antiguo Egipto muestran instrumentos de cuerda que parecen liras y arpas muy complejas. La antigua Roma fue altamente influenciada por la cultura egipcia, a consecuencia de lo cual encontramos muchas versiones de estos dos instrumentos en las diversas culturas occidentales tempranas. Hacia el año 400 a.C., por ejemplo, los romanos llevaron a Hispania su *tanbur*, también conocido como *cithara*.

Los griegos tenían un instrumento de cuerda llamado *kithera*. Aunque fonéticamente la palabra es parecida a *cithara*, no se trata de un antecedente directo de la guitarra moderna. La *kithera* sería más bien de la familia de la lira o la del arpa.

Diversos tipos de instrumentos de cuerda se desarrollaron en Oriente Próximo en las culturas babilónica, egipcia e hitita, así como en Europa en las culturas romana, griega y turca. Todos estos instrumentos tenían ciertos aspectos en común. En cada uno de ellos hay algún tipo de caja de resonancia y un mástil largo. Desde la base del mástil y sobre la caja de resonancia se tensaban cordones o cuerdas. Los intérpretes usaban una mano para el rasgueado (en ocasiones con algún tipo de plectro o púa) y la otra para cortar las cuerdas en varios puntos a lo largo del mástil; de esta manera, podían tocar una amplia gama de notas, sucesiva o simultáneamente.

Europa medieval

En el primer medievo, los moros atravesaron Egipto en su camino hacia la conquista del norte de África y de España, y llevaron el *ud*, antecedente directo de la guitarra, a Europa occidental. La influencia árabe en España fue la base para el desarrollo de la guitarra en Europa. Hacia el siglo XIII, empiezan a aparecer en documentos históricos de toda Europa referencias y dibujos de instrumentos que recuerdan a la guitarra.

La guitarra de cuatro órdenes

Es posible que los constructores romanos de *citharas* y los constructores árabes de *uds* se influenciaran entre sí. Hacia 1200 a.C. la guitarra de cuatro cuerdas había evolucionado hacia dos tipos: la guitarra morisca (que tenía el fondo redondeado en forma de pera, un amplio diapasón y varios agujeros en la caja de resonancia que recuerdan un poco al laúd), y la guitarra latina, que parecía una versión reducida de la guitarra moderna, con un agujero en la caja y un mástil más estrecho. En ambos instrumentos cada par de cuerdas era denominado orden.

La guitarra tiene muchos antepasados y primos: el laúd, el *oud* de Oriente Próximo, el *sitar* indio, el banjo, el *koto* de Japón, el *bouzouki* de Grecia, la vihuela, el *yue-chin, chirar, balalaika, rehab, kayakeum, santir, ombi, vambi, nanga, shamisen*... y un largo etcétera.

En 1487, un teórico musical llamado Johannes Tinctoris describió un instrumento que él denominaba *guiterra* o *ghiterna*, cuyas tapas tenían forma de tortuga. Los historiadores de la guitarra actuales creen que en realidad Tinctoris se refería a un laúd de fondo redondeado. En Italia, estos instrumentos eran conocidos como *viola da mano* y *chitarra*.

La guitarra de seis órdenes

Mientras que la *guiterra* era pequeña y tenía cuatro órdenes, la *chitarra* italiana era más grande, con seis órdenes. Ambos tenían correas o cordones sujetos en determinados puntos del mástil para establecer trastes o divisiones cuadriculadas del mismo. Los dos instrumentos se convirtieron en los favoritos de trovadores errantes o ministriles.

Esta especie de hombre-orquesta tenía que dominar varios instrumentos, como caramillos, silbatos, flautas, además de interpretar canciones, contar historias y proporcionar cualquier clase de entretenimiento que le permitiera ganar dinero y evitar el abucheo de un público insatisfecho. Así es como un poeta suizo del siglo XI llamado Amarcius describe la actuación de un trovador: «Cuando hace su aparición el citarista, después de verle preparar la recogida de ganancias y sacar su instrumento de la funda de cuero, la gente de todas partes se congrega, fija su vista en él y escucha en medio de suaves murmullos cómo toca las cuerdas con sus dedos de gran elasticidad, cuerdas que él mismo ha elaborado con tripa de oveja y que toca ahora suavemente, ahora con sonidos discordantes».

El rey Enrique VIII, músico aficionado (del que se rumorea es el autor de «Greensleeves»), tenía más de veinte guitarras en su colección de instrumentos musicales del palacio de la corte de Hampton.

El laúd

El laúd se mantuvo en la corte como el principal instrumento de cuerda durante mucho tiempo, pero tenía varios inconvenientes. En primer lugar, no había un único modelo estándar, algunos eran más grandes, otros más pequeños. Algunos tenían ocho cuerdas, mientras que otros tenían doce e incluso más. Eran difíciles de tocar y ¡ya podían olvidarse de mantener uno solo afinado!

Poco después del reinado de Enrique VIII, hacia 1550, la guitarra se convirtió en uno de los instrumentos de cuerda más populares de Inglaterra. Pero, durante algún tiempo, bandas rivales de intérpretes de laúd y de guitarra no perdían ocasión para criticar mutuamente sus instrumentos o su habilidad al tocarlos. En 1556 en Francia, por ejemplo, el laúd en forma de pera era un instrumento popular, pero parece que la guitarra fue tocada incluso por más gente.

Composiciones para guitarra

La composición más antigua conocida para guitarra fue escrita para una versión española del instrumento conocida como *vihuela*. *El Maestro*, del español Luis Milán, fue publicado en 1535 para uso y disfrute de los cortesanos y aristócratas españoles. Se han conservado siete libros de música escritos en tablatura. Esta antigua escritura musical es una especie de diagrama que muestra las cuerdas de la guitarra indicando en qué punto del mástil debe cortarse o apretarse la cuerda. Sobre los diagramas hay indicaciones acerca del compás o la duración de cada nota. En los diagramas encontramos piezas de distintos grados de dificultad, entre ellas una serie de danzas reales conocidas como *pavanas*.

Diez años después, Alonso Mudarra publicó un libro de música titulado *Tres libros de música en cifras para vihuela*. Este libro contiene varias sofisticadas piezas, a veces incluso disonantes, caracterizadas por un bajo recurrente que confiere a la música un aire sincopado y enérgico.

A principios del siglo XVII existían varios libros y manuales básicos sobre cómo tocar la guitarra, especialmente en Francia, donde el instrumento se había hecho popular. Las adaptaciones de canciones para laúd y los arreglos de danzas y fantasías incentivaron el uso de la guitarra como parte de un conjunto o como acompañante de canciones.

Las guitarras antiguas llevaban cuerdas de tripa en órdenes o pares, con diferentes afinaciones. Una guitarra de cuatro órdenes tenía diez trastes y normalmente se afinaba fa-do-mi-la o bien sol-do-mi-la o do-fa-la-re. Las dos cuerdas de los tres órdenes más agudos se afinaban al unísono, mientras que las del orden grave formaban una octava.

La música de ese período no se tocaba con la misma estructura inamovible con que hoy se interpreta la música clásica. Había espacio para la improvisación y los ornamentos, especialmente cuando se trataba de variaciones sobre una melodía. Un intérprete de nivel podía tocar una recargada melodía sobre un contrapunto y un bajo cifrado. Pero generalmente la costumbre más extendida entre los guitarristas de la época era tocar música bastante simple, básicamente patrones de acordes rasgueados.

Hacia 1600, la guitarra de cinco órdenes había reemplazado a las más antiguas de cuatro y seis órdenes. La afinación también se volvió más estandarizada, predominando la de la-re-sol-si-mi. En la década de 1630 el guitarrista italiano Giovanni Paolo Foscarini escribió varias piezas complejas para el instrumento, mientras que un colega compatriota, Francesco Corbetta, se convirtió en pionero de los virtuosos de la guitarra. Corbetta realizó giras por toda Europa, popularizando el instrumento.

Muchos cambios en el panorama musical

A finales del barroco tuvieron lugar dos cambios significativos. La guitarra de cinco órdenes fue sustituida por la de seis cuerdas simples, afinadas a la manera moderna: mi-la-re-sol-si-mi.

En el panorama musical de la época se estaban produciendo muchos cambios. El piano moderno hizo su primera aparición y la guitarra vio marchitar su popularidad. Pronto empezó a ser considerada un instrumento más frívolo propio de los juegos de seducción y amoríos. Un periodista alemán escribió: «Vamos a dejar sin pena para los comeajos españoles la desafinada guitarra».

INFORMACIÓN

En 1799, Fernando Ferrandiere publicó un método de guitarra de seis cuerdas titulado *El arte de la guitarra española*. En ese mismo año, don Federico Moretti escribió el primer libro sistematizado sobre la guitarra de seis cuerdas: *Aspectos básicos para tocar la guitarra de seis cuerdas.* Los estudiosos de la guitarra creen que ambos libros derivan de una publicación anterior del guitarrista Antonio Ballesteros, titulada *Obra para guitarra del sexto orden.*

El romance, la lujuria y la guitarra han sido compañeros un tanto inseparables durante bastante tiempo, no sólo en la época moderna de los rockeros heavy-metal. Por ejemplo, Ronsard, un famoso poeta francés del siglo XV, escribió:

> Es el instrumento ideal
> para las damas cultas,
> también lo tocan las lujuriosas
> para declarar sus anhelos.

Gaspar Sanz, guitarrista en la corte del virrey de Aragón, era tanto filósofo como músico. Sus observaciones sobre la guitarra y sus intérpretes son tan vigentes hoy en día como cuando las escribió en la introducción de su método de guitarra, a finales del siglo XVII: «[De la guitarra] los defectos… que se atribuyan a quien la toca y no a la propia guitarra, puesto que yo he visto a personas conseguir con una sola cuerda proezas para las que otros necesitarían el registro de un órgano. Cada uno hace lo que puede, bueno o malo».

La guerra napoleónica a principios del siglo XIX, popularizó nuevamente la guitarra. La guerra, que encendió toda Europa, reintrodujo a los europeos en la música para guitarra de base española. Este período impulsó el trabajo de compositores e intérpretes de la talla de Fernando Sor, Mauro Guilliani, Matteo Carcassi y Ferdinando Carulli.

El primer concierto moderno para guitarra y orquesta, el *Concierto n.º 1 en La Mayor*, fue compuesto e interpretado por el virtuoso italiano Mauro Guilliani. Entre otras novedades, encontramos el uso del dedo pulgar derecho para las notas graves y una sólida estructura orquestal, con variaciones sobre un tema, un segundo movimiento lento y finalmente un tercer movimiento vivo.

La guitarra clásica

Dos personas son responsables de la guitarra clásica tal como la conocemos hoy en día. La primera, el excepcional constructor de guitarras Antonio Torres. Torres revolucionó el proceso de construcción de la guitarra, realizando un minucioso estudio acerca de cómo produce el sonido, cómo el sonido se proyecta y cómo podría mejorarlo. La otra, el virtuoso español Francisco Tárrega.

INFORMACIÓN

Dionisio Aguado (1784-1849), guitarrista clásico y compositor español, inventó el *tripodison*, un accesorio de guitarra que servía para sostener la guitarra en lugar de apoyarla sobre la pierna derecha. Esto minimizaba la amortiguación del sonido por el contacto del cuerpo del guitarrista con la tapa trasera y los aros de la guitarra.

La guitarra de Torres, desarrollada entre 1850 y 1890, tenía más volumen que sus predecesoras. Tenía una caja más grande y profunda y una forma estéticamente agradable, familiar hoy en día. Torres fue el primer constructor que usó unas varillas en forma de abanico bajo la tapa armónica. En una ocasión construyó una guitarra con una impecable tapa armónica y con los aros y la tapa trasera de papel maché para demostrar su teoría de que era la tapa la principal responsable del volumen.

Tárrega adoptó el nuevo diseño del instrumento y compuso y arregló cientos de piezas para él. Curiosamente, Tárrega no realizó muchas actuaciones en público. Sin embargo, fue un maestro influyente con un círculo íntimo de alumnos y amigos que hicieron prácticamente las veces de discípulos en el mundo externo a su casa y su estudio.

Posteriormente, en los albores del siglo XX, apareció un joven músico autodidacto llamado Andrés Segovia. Antes de Segovia, no se creía posible que un guitarrista sólo llevara a cabo una actuación larga efectiva en una sala de conciertos. Después de Segovia, el mundo se colmó de guitarristas concertistas. En 1924,debutó en Londres y en París. Interpretó, transcribió enseñó y descubrió una cantidad ingente de música para guitarra. También animó a muchos compositores para que escribieran para el instrumento. Consiguió despertar el interés del público por la música de J.S. Bach, compositor del cual arregló numerosas obras para guitarra, que también interpretó y grabó.

Además de la forma actual de la guitarra, Torres construyó otras guitarras experimentales. Por ejemplo, para probar que la principal responsabilidad en la producción del sonido atañe a la tapa armónica, Torres hizo una guitarra con los aros y la tapa trasera de papel maché. Torres inventó también una guitarra cuyas diferentes partes podían encajar entre sí (sin encolar) y luego desmontarse para poderlas guardar en un espacio del tamaño de una caja de zapatos.

De los muchos regalos que Segovia hizo al mundo, quizás el más perdurable fue hacer de la guitarra el instrumento más popular del siglo XX. También estandarizó la forma de anotar las digitaciones en las partituras (indicando el número de cuerda dentro de un círculo sobre las notas que podían ser interpretadas en otras cuerdas de la guitarra) y resolvió el debate entre los guitarristas clásicos acerca de si usar las uñas o las yemas de los dedos (popularizando el uso de las uñas de la mano derecha para el punteado). Con sus viajes y conciertos por el mundo, Segovia consiguió respeto y reconocimiento para el instrumento y dejó tras de sí un buen número de obras y alumnos que continuaron su trayectoria y se convirtieron ellos mismos en maestros.

Flamenco

Hay muchos estilos diferentes de tocar, y mientras la guitarra conseguía legitimarse en las salas de concierto, un proceso paralelo estaba teniendo lugar en los bares y cafés españoles del siglo XIX. El flamenco tiene tres facetas: cantar, bailar y tocar. Surgió de la fusión de la música popular árabe, de la cristiana, de la judía y la gitana, así como de la influencia de la música de Oriente Próximo, traída por los árabes; fue una tradición especialmente viva en Andalucía, dónde había una amplia población gitana.

El latir del corazón de España

Fueron los gitanos andaluces los que convirtieron el flamenco en el latir del corazón de España, aunque probablemente sus raíces se remonten a la España ocupada por los romanos. Los compositores Kodaly y Bartok, descubrieron en sus investigaciones sobre la música popular que algunas bellas canciones tenían un final parecido al de las «canciones de mendigos». De forma parecida, los gitanos españoles adoptaron y conservaron las tradiciones musicales de los musulmanes que habían gobernado el país.

Lo que permaneció, convirtiéndose en característico de los gitanos, fueron las tradiciones del batir de palmas el ritmo de los bailes, la habilidad trovadoresca para la improvisación y para componer versos sobre cualquier tema, todo ello al abrigo de un sombrero. En la jerga barriobajera del siglo XVIII andaluz, alguien *flamenco* era un seductor, alguien con pose de fulano. Y la música fue popularizada por intérpretes considerados por la mayoría como los más flamantes y orgullosos de los gitanos.

España es un país que baila, y la más simple formación orquestal de baile de pueblo en el siglo XIX podía consistir en una guitarra y una pandereta, con bailarines que tocaban las castañuelas. Hacia 1850 y a partir de ahí, España era también un país sumido en guerras civiles. Sin embargo, ya fuera partidario del rey o revolucionario, la tradición era no disparar nunca a un hombre que sostuviera una guitarra (al menos hasta haberle dado la oportunidad de tocarla).

El flamenco en movimiento

Las antiguas formas rítmicas y melódicas llamadas *seguidilla* y *rasgueado* desarrollaron nuevas y estimulantes características en los cafés de cante, bares con áreas reservadas para intérpretes. Gradualmente, los guitarristas desarrollaron unos cortos interludios melódicos instrumentales con variaciones llamados *falsetas*.

Lo que durante siglos había sido un entretenimiento alrededor del fuego de campamento, de repente atrajo la atención y el aplauso de los principales escritores, poetas, pintores y músicos de Europa (entre ellos Chopin, Liszt, George Sand, Alejandro Dumas, Edouard Manet y Julio Verne), quienes descubrieron las alegrías y la diversión barata de España en sus «magníficas vacaciones».

La guitarra flamenca suena diferente que la clásica, porque en lugar de palisandro usa madera de ciprés para la tapa trasera y los aros. El uso de la cejilla (una abrazadera que rodea el mástil acortando la longitud de las cuerdas) también afecta al tono, confiriendo a las cuerdas un sonido más agudo.

Ramón Montoya está considerado el padre de la guitarra flamenca moderna. Estuvo influenciado por Patino, Paco Lucena y Javier Molina. Antes de pasar a mejor vida en 1949, Montoya fue pionero en dejar constancia del estilo y en desarrollar sus tradiciones y técnicas. Con ello, enriqueció el vocabulario musical y se consagró como uno de los primeros virtuosos flamencos del siglo XIX.

Su contribución más importante, sin embargo, fue romper con el rol de mero acompañante y convertirse en solista instrumental. En un concierto en París, en 1936, fue muy aclamado.

Se ha dicho que cuando el flamenco se desplazó de los cafés a los clubes nocturnos, los guitarristas se volvieron más circenses en su manera de tocar (poniéndose guantes, colocando el instrumento detrás de sus cabezas, cualquier cosa con tal de captar y mantener la atención del público). No obstante, el siglo XX ha dado algunos intérpretes fenomenales como Sabicas, Carlos Montoya, Niño Ricardo, Paco de Lucia y Paco Peña.

La guitarra eléctrica

La combinación de la tradición de la música popular trovadoresca europea y la música espiritual de los esclavos africanos evolucionó hacia una música basada en la guitarra –y el banjo– que se concretó primero en el ragtime y luego hizo su metamorfosis hacia el jazz. El papel de la guitarra era problemático, porque nunca pareció tener la suficiente sonoridad como para combinarse con los demás instrumentos del grupo. Éste era otro motivo de la popularidad del banjo. Éste podía no ser tan sofisticado como la guitarra, pero dentro de un conjunto musical podía hacerse oír entre el estruendo de una corneta, el trombón vociferante, los chillidos del clarinete y los golpes de la batería y los estallidos de sus platillos.

INFORMACIÓN

George Breed, un funcionario de la marina americana, patentó en 1880 un «aparato para producir sonidos musicales mediante electricidad». El diagrama de su patente representa un muy temprano instrumento en forma de ocho con seis cuerdas activado por electricidad y magnetismo.

En 1907, Lee DeForest inventó el triodo. Un triodo es un tubo al vacío capaz (¿estás preparado?) de amplificar señales eléctricas débiles. Este componente proporciona un alto rendimiento conectado a un altavoz. Este invento pronto fue aplicado a los circuitos de las radios y de los antiguos fonógrafos.

Más volumen

La búsqueda de más volumen llevó a Lloyd Loar, ingeniero de la compañía de guitarras Gibson, a hacer probaturas con guitarras y amplificadores electrizados. En 1924, sus experimentos con bobinas magnéticas obtuvieron como resultado un fonocaptor básico, que, de hecho, era un imán gigante en forma de herradura que actuaba como un micrófono para cada una de las cuerdas de la guitarra. La señal captada se alimentaba a través de un altavoz con control de volumen y de tono. Todo era material muy rudimentario. Gibson, sin embargo, no aceptó el proyecto, y Loar dejó la empresa fundando la Vivitone Company, que fabricó fonocaptores comerciales de guitarra durante los años treinta.

La primera guitarra eléctrica comercial

El descubrimiento definitivo tuvo lugar en 1931, cuando Paul Barth y George Beauchamp aunaron fuerzas con Adolph Rickenbacker para formar la Ro-Pat-In Company (llamada más tarde Electro String Company). A partir de ahí fabricaron la primera guitarra eléctrica disponible comercialmente, la A22 y la A25, guitarras lap steel* de una sola pieza de aluminio, conocidas como «sartén», por su forma.

Estrictamente hablando, la «sartén» no era una versión eléctrica de la guitarra tradicional; más bien era una guitarra lap steel o hawaiana. Sin embargo, en 1932 Ro-Pat-In fabricó la «Electro», que era una guitarra archtop** o F-Hole,*** con cuerdas de acero y un imán en forma de herradura. Gibson finalmente entendió el proyecto y adaptó su modelo L-50 de archtop para construir el nuevo famoso modelo eléctrico ES-150, que hizo su aparición en 1936.

El músico que iba a convertir la guitarra eléctrica en archiconocida, Charlie Christian, en realidad no fue el primer guitarrista eléctrico. Ese papel le tocó a Eddie Durham, que tocaba una guitarra con resonador en el grupo de jazz de Bennie Moten desde 1929 y grabó el primer solo de guitarra eléctrica, «Hittin' the Bottle», en 1935, con la banda de Jimmie Lunceford. Después hizo algunas grabaciones históricas en Nueva York, en 1937 y 1938, con el Kansas City Six, un grupo de músicos procedente de la big band de Count Basie que tenía como protagonista a Lester Young, ya fuera como clarinetista o como saxofonista. Por primera vez, la guitarra podía competir en volumen y en solos improvisados con el clarinete y el saxo de Young y con la trompeta de Buck Clayton.

Sin embargo, había un problema fundamental con la guitarra eléctrica: la retroalimentación. El sonido amplificado del altavoz producía una vibración en el cuerpo de la guitarra que se traducía en un sonido distorsionado que sólo podía detenerse apagando el volumen. Los guitarristas ajustaban continuamente el volumen para evitar esta reacción de sus instrumentos. La solución consistía en crear un instrumento que no vibrara por simpatía con su sonido amplificado.

---

* Guitarra de aluminio con dos potentes imanes de acero. *(N. de la T.)*

** Término inglés para referirse a la guitarra de jazz, guitarra de tapa arqueada o talladai. *(N. de la T.)*

*** Guitarra con dos agujeros en forma de F en su tapa armónica. *(N. de la T.)*

La guitarra de cuerpo sólido

No hay un acuerdo definitivo sobre quién creó la primera guitarra de cuerpo sólido. El guitarrista Les Paul creó la guitarra «Log» (tronco) usando un mástil Gibson con un bloque plano de madera. Propuso a Gibson la producción de la guitarra, pero Gibson, una vez más, no quedó convencido y lo rechazó.

Paralelamente, el guitarrista country Merle Travis trabajaba con el ingeniero Paul Bigsby y juntos crearon cerca de una docena de prototipos de guitarra de cuerpo sólido. Pero el hombre que construyó la primera guitarra de cuerpo sólido disponible comercialmente, fue Leo Fender, el propietario de un comercio de reparaciones eléctricas. En 1946 fundó la Fender Electrical Instrument Company para la producción de guitarras hawaianas y amplificadores. Animado por un empleado, George Fullerton, Fender diseñó en 1950 y después comercializó una línea de guitarras de cuerpo sólido llamada Fender Broadcaster. No obstante, la Gretsch Drum Company fabricaba baterías llamadas Broadcaster y advirtió a Fender de que no podía usar ese nombre. Así que Fender cambió el nombre de su guitarra por el de Telecaster. El resto es historia.

La guitarra eléctrica de cuerpo sólido fue la base que permitió la popularización del blues urbano y el boom del R&B (rythm and blues) en los años cincuenta, con músicos de la talla de Howlin' Wolf, Muddy Waters, B.B. King, etc. Estos músicos, a su vez, ejercieron su influencia sobre una joven generación de rockeros durante los años sesenta en Inglaterra, tales como Eric Clapton, Jeff Beck, Robert Fripp y Jimmy Page.

Y después...

Quizás el avance más revolucionario de los últimos veinte años haya sido el desarrollo del MIDI, interfaz digital de instrumentos musicales, un protocolo informático que permite a ordenadores, sintetizadores y otros equipamientos comunicarse entre ellos. Mientras que la música electrónica ha sido principalmente un proceso orientado al ordenador y al teclado, el sintetizador de guitarra está orientado a sí mismo. En el pasado ha tenido algunos problemas con el retardo y el tracking (en relación a la velocidad real a la que uno puede tocar una nota después de otra), pero todo ello parece haber ido desapareciendo con cada nueva generación de equipamientos.

Un ejemplo de nuevas guitarras es la SinthAxe, desarrollada en Inglaterra en 1984. Este sintetizador de guitarra se toca mediante un innovador sistema de trastes. El mástil actúa como un controlador MIDI, permitiendo al intérprete ejecutar un amplio registro de sonidos sintetizados y muestreos.

Otros guitarristas experimentaron añadiendo más cuerdas a las seis existentes, desde siete a cuarenta y dos o más. Pero el resultado parece siempre el mismo: todos los guitarristas acaban volviendo a la simple guitarra tradicional de seis cuerdas, sea lo que sea que toquen.

A partir de aquí, en qué vendrá a parar la guitarra es pura especulación. Pero una cosa es indiscutible: como fondo de prácticamente cualquier música que te guste te será posible escuchar el sonido vibrante y el punteado de una simple guitarra de seis cuerdas.

Historia de la guitarra de una ojeada	
1700 a.C	Corre el rumor de que Hermes, el mensajero griego de los dioses, inventa la lira de siete cuerdas, precursora de la guitarra. Mientras, en Egipto, aproximadamente en la misma época, se pintan cuadros de un instrumento parecido a la guitarra en las paredes de las tumbas.
500 a.C.	La cítara evoluciona hacia la lira.
1265	Juan Gil de Zamora menciona la guitarra antigua en *Ars Musica*.
1283-1350	Se mencionan frecuentemente la guitarra latina y la morisca en los poemas del Arcipreste de Hita.
1306	Se toca un *gitarer* en un banquete de Westminster, en Inglaterra.
1381	Se envía a tres ingleses a la cárcel por armar escándalo con *giternes*.
1404	*Der mynnen regein*, de Eberhard Von Cersne, hace referencia a un *quinterne*.
1487	Johannes Tinctoris describe la guitarra como un instrumento inventado por los catalanes.
1535	Se publica *El Maestro*, de Luis Milán, y contiene la música más antigua conocida para vihuela, por ejemplo, unas danzas cortesanas conocida como *pavanas*.
1551-1555	Se publican los *Nueve libros de tablatura*, de Adrian Le Roy. Éstos incluyen las primeras obras para guitarra de cinco órdenes. La adición del quinto orden se atribuye a Vicente Espinel.

1552	Un libro de Guillaume Morlaye de canciones y bailes para *guyterne* se publica en París.
1674	Se publica *La guitarra real*, de Francesco Corbetta, dedicado a Luis XIV de Francia, que aumenta la popularidad de la guitarra.
1770-1800	Los cinco órdenes del instrumento (cuerdas dobles) se reemplazan por cuerdas simples y se agrega una sexta cuerda a la guitarra.
1800-1850	Fernando Sor, Mauro Guilliani, Matteo Carcassi, Ferdinando, Carulli y Dionisio Aguado tocan, enseñan, componen y publican sus obras. La guitarra empieza a disfrutar de una amplia popularidad.
1833	Christian Frederick Martin llega a Nueva York y funda la compañía manufacturera de guitarras Martin.
1850-1892	El constructor de guitarras Antonio Torres desarrolla el instrumento más grande y de mayor resonancia que conocemos hoy como guitarra.
1902	La Gibson Mandolin-Guitar Manufacturing Company se funda en Kalamazoo, Michigan, y rápidamente se convierte en uno de los fabricantes de guitarras más famosos del mundo.
1916	Segovia actúa en el Ateneo, la sala de conciertos más importante de Madrid. Antes, se creía que la guitarra no tenía el volumen necesario para este tipo de actuación.
1931	Se funda la Electro String Company, y las guitarras de aluminio lap-steel A22 y A25, conocidas como «sartenes» debido a su forma, se convierten en las primeras guitarras eléctricas producidas comercialmente.
1950	Aparece la primera Fender Telecaster de cuerpo sólido.
1960	Se acepta finalmente la guitarra como un instrumento musical serio para el estudio en el Royal College of Music de Londres.
1960	Jimi Hendrix se cae por equivocación del escenario y rompe su guitarra intentando subir de nuevo. Se convierte en parte de su actuación y nace una tendencia.
1969	Ron y Susan Wickersham fundan la Alembic Company.
1974	Emmett Chapman termina su Stick.
1982	El Roland Guitar Synthesizer empieza a comercializarse.

Capítulo 2

Afinación, cuidado y mantenimiento de tu guitarra

La anatomía básica de la guitarra es simple: una cuerda de nailon o acero sujeta y sometida a una alta tensión; se pisa la cuerda para producir un diapasón variable. Pero aun así el instrumento necesita unos cuidados constantes para poder ser tocado con el máximo rendimiento. Este capítulo te introduce en el conocimiento de los componentes de las guitarras eléctrica y acústica, así como a las técnicas más comunes de mantenimiento, tales como elegir y cambiar las cuerdas, afinarlas y llevar a cabo pequeñas reparaciones.

Anatomía y diseño de la guitarra

Las guitarras tienen una gran variedad de formas, tamaños y tipos, pero algunos aspectos son comunes a todas ellas. Una guitarra tiene tres partes básicas: un cuerpo, un mástil y un clavijero (también llamado cabeza de afinación). Si comprendes cómo son los componentes de tu instrumento, podrás hacer un mejor mantenimiento del mismo.

Cuerpo

Básicamente, existen dos tipos de cuerpo de guitarra: el cuerpo hueco y el cuerpo sólido. El cuerpo hueco de una guitarra acústica (ver **FIGURA 2-1**) es lo que produce el sonido del instrumento. El cuerpo de una guitarra acústica está formado por la tapa armónica, los aros y la tapa posterior. La tapa armónica del instrumento (o «cara») está situada justo debajo de las cuerdas. La boca es un agujero redondo situado en el centro de la tapa armónica desde el cual fluye el sonido. Los aros son unas piezas alargadas que unen la tapa armónica con la tapa posterior, una amplia superficie paralela a la tapa armónica. Normalmente, la tapa posterior y los aros de un instrumento están hechos del mismo tipo de madera, mientras que, en la mayoría de los instrumentos, la tapa armónica es una pieza de madera más fina, más delgada (o en las guitarras más baratas una pieza laminada). La tapa armónica es la parte de la guitarra que tiene mayor importancia en la producción global del sonido.

Algunas guitarras acústicas tienen una pieza de plástico llamada *protector* o *golpeador*, encolada en la tapa armónica justo debajo de la boca. Tal como su nombre indica, el protector está pensado para evitar los daños que podrías producir con el punteo a la tapa armónica.

En una guitarra puramente eléctrica (ver **FIGURA 2-2**, página 21), el cuerpo está formada por un solo bloque macizo de madera, para evitar la resonancia (las estridencias que se producen como resultado de la vibración por simpatía cuando el sonido de una guitarra es amplificado). A continuación tienes ejemplos de maderas comúnmente utilizadas para la construcción de guitarras eléctricas:

- **Arce:** el arce rizado, flameado y el arce «ojo de pájaro», son algunos de los tipos de arce usados para las guitarras. Es una madera con un sonido brillante.
- **Caoba:** esta dura madera produce un sonido más cálido, más redondo que el del arce. Es el más frecuente en las guitarras tipo Gibson Les Paul.

FIGURA 2-1:
Guitarra acústica

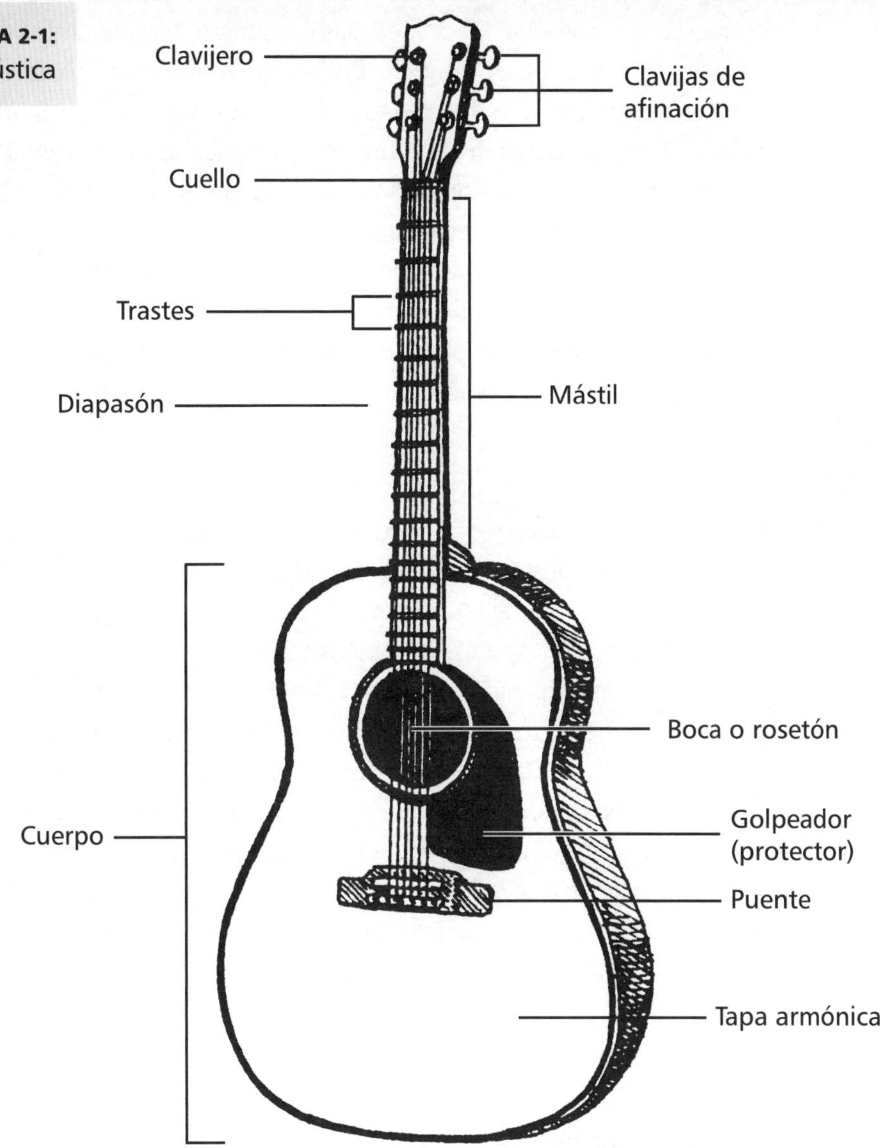

- **Aliso:** esta madera es la más frecuente en las guitarras por su equilibrio sonoro global. Es la preferida por los instrumentistas con un amplio registro de estilos.
- **Fresno de pantano:** es una madera ligera americana con un tono brillante y distintivo.

El cuerpo sólido eléctrico aloja también las pastillas eléctricas (que convierten la vibración de las cuerdas en una señal que puede ser transmitida a través de algún tipo de amplificador), y los controles de volumen y tono (que sirven para modificar la intensidad y las frecuencias graves y agudas de la señal). El cuerpo también tiene un «enchufe», llamado *jack output* («output» aquí quiere decir que el sonido «sale») en el que se inserta una clavija especial o jack. Cada *jack output* tiene su correspondiente *jack imput* («enchufe» por el que entrará el sonido proveniente de la guitarra) en el amplificador.

Además, el cuerpo tiene un puente, de madera o de metal, dónde se sujetan las cuerdas. Y también anclajes o fijaciones, que puedes usar para sujetar una correa de hombro.

Mástil

El mástil normalmente se fija al cuerpo con tornillos o con cola, aunque también puede constituir un único bloque de madera junto con el cuerpo. Frecuentemente lo atraviesa una vara metálica de apuntalamiento, para reforzarlo y corregir posibles pequeñas desviaciones o torceduras (el *alma*). El mástil soporta una pieza plana de madera (normalmente caoba o ébano) llamada *diapasón* o *trastera*. El diapasón está dividido en secciones delimitadas por unas piezas de alambre llamadas *trastes*. Es una palabra un tanto ambigua, ya que designa tanto la pieza de alambre como la sección comprendida entre dos piezas. Al poner el dedo sobre la cuerda en el centro de una de estas secciones, se dice que la *pisamos* o *cortamos*; en cada traste sonará una nota diferente. Las cuerdas pasan por encima del puente, se extienden por el mástil y cruzan la cejilla (una pieza de madera, plástico o metal situada al final del mástil con una pequeña ranura para cada una de las seis cuerdas) hacia las clavijas.

¿Preguntas?

¿Cómo funciona una guitarra acústica?
Al puntear una cuerda ésta empieza a vibrar. Esta vibración se transmite a través del puente al cuerpo del instrumento, provocando la resonancia en su interior, lo que a su vez produce la vibración de la tapa armónica y de la tapa trasera. Se crean ondas sonoras en el interior del cuerpo que se expandirán a través de la boca.

FIGURA 2-2: Guitarra eléctrica

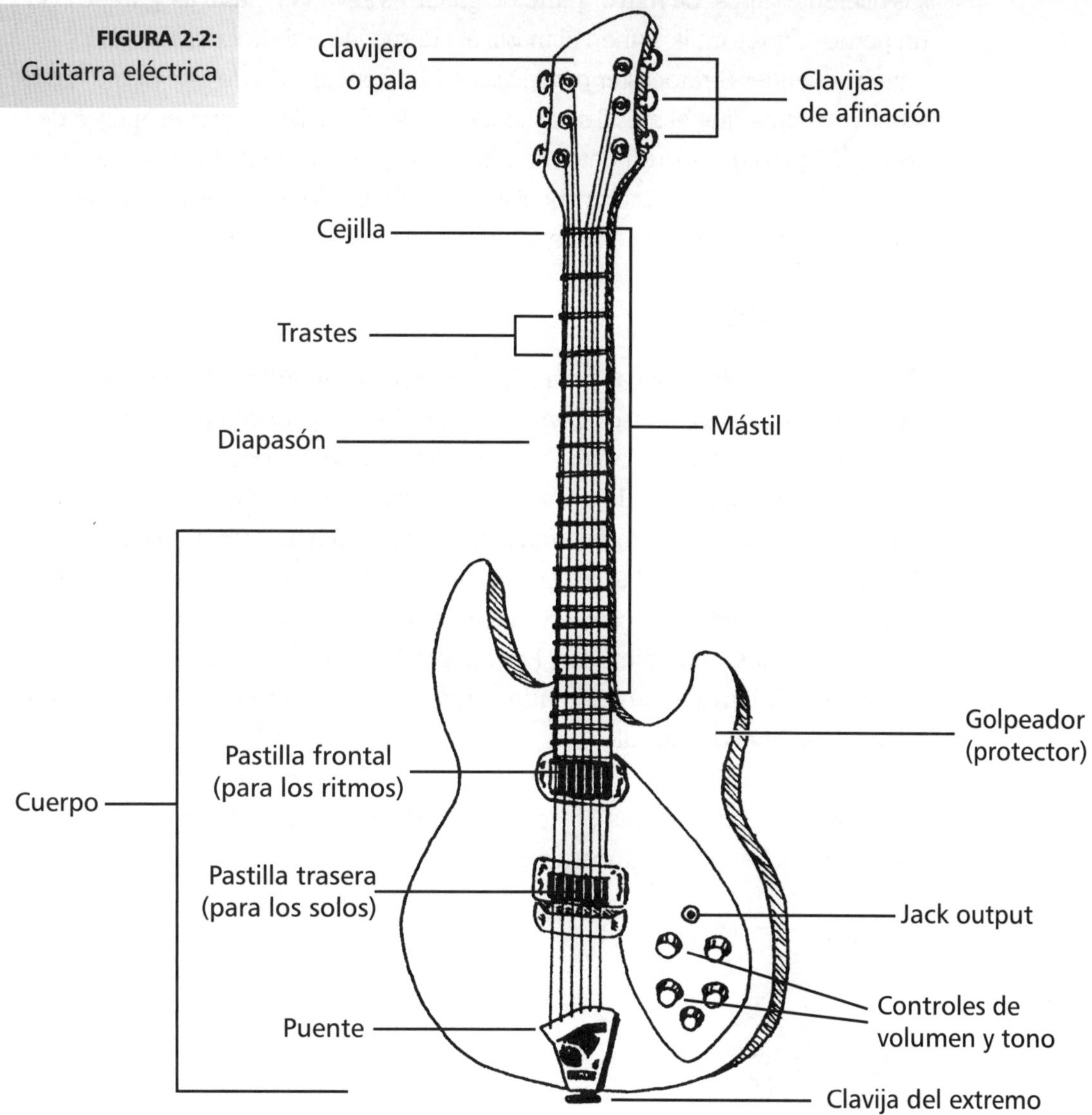

El mástil de la guitarra también tiene un papel fundamental en el «color tonal» del sonido del instrumento. Los diferentes tipos de madera confieren a la guitarra un sonido característico. El arce, una madera dura, produce un sonido brillante y cristalino. La caoba, más suave que el arce, produce un sonido más cálido. Algo también característico del mástil es su ensamblaje con el cuerpo, sus diferentes tipos. La mayor parte de guitarras llevan el mástil asegurado con un perno. Unos tornillos unen el mástil al cuerpo –lo más frecuente en las guitarras Fender Stratocaster o Telecaster–. La concepción de este perno ha de tener en cuenta que el mástil se extiende desde el clavijero hasta el anclaje de la correa al fondo del instrumento. En este diseño, el cuerpo de hecho está constituido por pequeñas alas encoladas a ambos lados del mástil. Una pieza interna al mástil mantiene encolados juntos el mástil y el cuerpo.

Clavijero (o pala)

El clavijero aloja las clavijas para afinar (también llamadas *mecanismos de afinación, cabezales del mecanismo* o *engranajes de afinación*) a las que están sujetas las cuerdas. Cada clavija tiene un botón que puedes girar con los dedos. El botón tensa o afloja la cuerda ajustando así la afinación de cada cuerda. Un clavijero plano (**FIGURA 2-3**) o inclinado hacia atrás (**FIGURA 2-4**) determina el efecto en el tono. Los clavijeros planos son la continuación del mástil de la guitarra. Los clavijeros inclinados hacia atrás se dividen en dos tipos: integrados y empalmados. Los integrados usan una gran pieza continua de madera. El clavijero empalmado consiste en una pieza separada de madera encolada al final del mástil.

Los clavijeros pueden tener sus clavijas colocadas de tres en tres a cada lado (como en las guitarras Gibson Les Paul) o bien alineadas las seis juntas (como en las Fender Stratocaster).

FIGURA 2-3: Clavijero plano

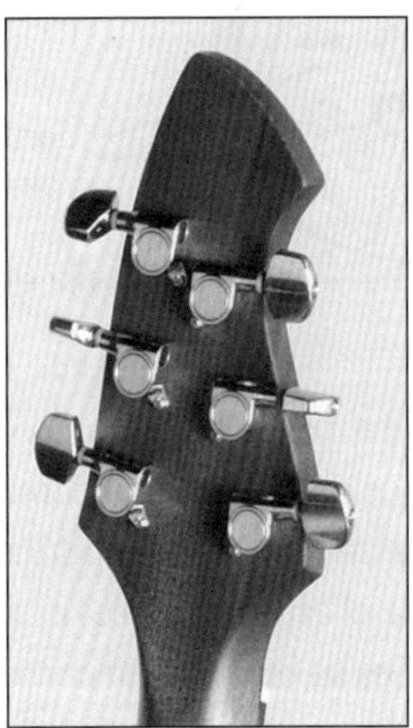

FIGURA 2-4: Clavijero inclinado hacia atrás

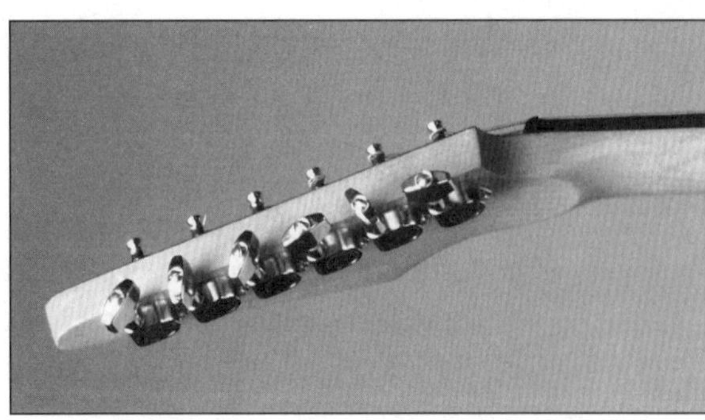

Nombre de las cuerdas

Cada traste en cada cuerda de la guitarra produce una nota y cada nota tiene un nombre. Necesitas conocer dos nomenclaturas: la española y la inglesa; la española porque es la que usan los músicos de tu ámbito, y la inglesa porque es la extendida en los países sajones, polos de la música popular hoy en día. Desde la sexta cuerda (más gruesa) hasta la primera (más fina) las cuerdas se denominan E (mi), A (la), D (re), G (sol), B (si) y E (mi). La sexta cuerda y la primera son la misma nota con dos octavas de separación.

Puesto que necesitarás conocer el nombre de las cuerdas por tantas razones, tómate ahora el tiempo de aprenderlo. Para ayudarte a memorizarlo, puede ayudarte esta frase corta: ««**Mi**ras **La re**d **sol**tarse **si**empre **mi**entras no saltan».

Intenta tocar las cuerdas en orden mientras dices su nombre en voz alta a modo de ejercicio. Luego, prueba a puntear una cuerda aleatoriamente y decir su nombre lo más rápido posible.

Afinar la guitarra

Antes de tocar tu guitarra tienes que afinarla. Al principio, la mayoría de los principiantes se encuentran un poco confusos con este proceso, pero no tarda mucho en convertirse en un acto reflejo, por otro lado indispensable para que la guitarra suene bien.

La mejor manera de afinar tu guitarra es usar un afinador cromático, un dispositivo electrónico que capta el sonido de cada cuerda y te muestra de qué nota se trata indicándote mediante una demostración visual si necesitas subir o bajar la afinación de la cuerda para que quede perfectamente afinada.

Si no usas un afinador cromático, necesitas una referencia de diapasón de otra fuente. Puede proceder de otra guitarra o de un piano, en cuyo caso es una buena referencia que te toquen un mi, a partir del cual tú puedes afinar los dos extremos, el grave y el agudo, correctamente. O puede proceder de un diapasón, una pieza de metal en forma de «Y»: das un golpe con la mano en la parte doble del metal para hacerlo vibrar y luego colocas la parte sencilla sobre el cuerpo de la guitarra o sobre tu oído para escuchar la nota.

Si estás usando un diapasón, posiblemente producirá un la (indicado también en el diapasón con la cifra 440, número de ciclos por segundo de esa nota), por lo que con esta nota afinarás la quinta cuerda y luego el resto de la guitarra a partir de esta cuerda.

Partiendo de la base de que tienes afinada la sexta cuerda, veamos cómo afinar el resto. Si tocas el quinto traste de la sexta cuerda (E, o mi), la nota resultante será un A o la, que es la nota que tiene que sonar en la quinta cuerda si está afinada. Si tocas el quinto traste de la quinta cuerda (A o la), la nota resultante será un D o re, que es la nota que tiene que sonar en la cuarta cuerda si está afinada. La única vez que cambia este modelo es cuando afinas la segunda cuerda (B o si) a partir de la tercera (G o sol): en este caso tocas el cuarto traste sobre la cuerda G o sol para escuchar el B o si que necesitas para afinar la segunda cuerda. ¡Pruébalo!

¿Preguntas?

¿Con qué frecuencia debo afinar mi guitarra?
Tienes que afinar tu guitarra cada vez que la coges. Las guitarras (especialmente las más baratas) tienen tendencia a desafinarse rápidamente. Asegúrate de que está afinada cuando empieces a tocarla y verifica la afinación con frecuencia mientras practicas, puesto que el hecho de tocar la guitarra puede provocar que se desafine.

He aquí algunos pasos para afinar tu guitarra:

1. Asegúrate de que tu sexta cuerda está afinada.
2. Toca la sexta cuerda, quinto traste (A o la), y luego toca la quinta cuerda al aire (A o la) hasta que suenen igual.
3. Toca la quinta cuerda, quinto traste (D o re), y luego toca la cuarta cuerda al aire (D o re) hasta que suenen igual.
4. Toca la cuarta cuerda, quinto traste (G o sol), y luego toca la tercera cuerda al aire (G o sol) hasta que suenen igual.
5. Toca la tercera cuerda, cuarto traste (B o si), y luego toca la segunda cuerda al aire (B o si) hasta que suenen igual.

6. Toca la segunda cuerda, quinto traste (E o mi), y luego toca la primera cuerda al aire (E o mi) hasta que suenen igual. Luego haz una doble comprobación comparando tu primera cuerda con tu sexta cuerda (deben sonar igual).

PISTA 1

Practica la afinación de tu guitarra paralelamente a la pista 1 del CD que acompaña al libro, en el que escucharás las seis cuerdas de la guitarra afinadas.

Cuestiones fundamentales sobre las cuerdas

Las cuerdas no tienen una vida ilimitada. De hecho, en función de las horas que toques y practiques o de si en el lugar dónde vives el clima es cálido o no, podrías tener que llegar a cambiar tus cuerdas incluso cada semana. Sin embargo, una vez cada ocho o doce semanas será un promedio suficiente. Si se rompe una cuerda, probablemente sea un buen momento para cambiarlas todas, no sólo la que se ha roto. Las cuerdas, con el tiempo, pierden su elasticidad y su sonoridad a causa de la sal del sudor de los dedos y del óxido. También encontrarás diversos problemas respecto al puente y la cejilla y cosas así, que abordaremos más adelante.

Puedes alargar la vida de tus cuerdas limpiándolas después de cada sesión. Para librarse de la suciedad de debajo de las cuerdas, algunos intérpretes chasquean cada cuerda, tirándola hacia atrás ligeramente, como si la cuerda formara un arco y luego la dejan rebotar en el diapasón. Las cuerdas son de diferentes calibres o grosores. Los grosores se miden en fracciones de pulgada. Escoger el calibre de una cuerda es una decisión muy personal. Como norma general, cuanto más ligero es el calibre de las cuerdas más fácil es flexionarlas y dominarlas para interpretar la melodía. A más grosor, más volumen, más sostenido el sonido y más fácil mantener la guitarra afinada. Un grosor mayor es más beneficioso para tocar ritmos. Los calibres más comunes son:

Ultraligero	0,008 (primera cuerda) a 0,038 (sexta cuerda)
Extraligero	0,009 (primera cuerda) a 0,046 (sexta cuerda)
Regular	0,010 (primera cuerda) a 0,050 (sexta cuerda)
Ligero	0,011 (primera cuerda) a 0,052 (sexta cuerda)
Medio	0,013 (primera cuerda) a 0,056 (sexta cuerda)
Duro	0,014 (primera cuerda) a 0,060 (sexta cuerda)

Las cuerdas son de tres tipos: de nailon, usadas en guitarras españolas o clásicas; de bronce, para instrumentos acústicos con cuerdas de metal, porque tienen cierto carácter eléctrico; y de acero, para instrumentos acústicos y eléctricos. Nunca deben usarse cuerdas de cobre o de acero en guitarras que usan cuerdas de nailon. Eso estropearía el instrumento debido a la mayor tensión que éstas aplican sobre el mástil. A excepción de la primera y segunda cuerdas (y, en ocasiones, también la tercera), que son un hilo metálico, las cuerdas de acero están hechas con un hilo o parte central de acero, alrededor de la cual otro hilo de acero se entorcha herméticamente. Hay tres tipos de entorchado:

- **Entorchado plano:** el usado más frecuentemente en las guitarras archtop (guitarras de tapa arqueada o tallada). Estas cuerdas consisten en una cinta plana de acero entorchada alrededor de un centro de acero. Las cuerdas de entorchado plano no chirrían tanto como otras cuerdas cuando deslizas tus dedos sobre ellas.
- **Entorchado redondo:** la mayoría de las cuerdas de acero para eléctrica son de entorchado redondo, en el que un hilo de acero se enrolla alrededor de otro. Tienen un sonido más brillante que las de entorchado plano y, normalmente, duran mucho más.
- **Entorchado prensado:** se trata de cuerdas de entorchado redondo que han sido prensadas hasta adquirir una superficie parcialmente aplanada.

Cambiar las cuerdas

Las guitarras son instrumentos bastante duros. Cambiar las cuerdas regularmente mejorará el sonido de la guitarra, ayudará a evitar que se rompan en el peor momento y facilitará la identificación de posibles problemas de mantenimiento (puedes descubrir una clavija que vibra o un puente o una cejilla curvados). Las cuerdas viejas tienden a sonar apagadas y sosas y se vuelven quebradizas con el tiempo. Esto les confiere un tacto más duro y es más difícil mantenerlas afinadas.

Sacar las cuerdas viejas

Según una leyenda urbana es mejor para la guitarra cambiar las cuerdas de una en una porque así se mantiene la tensión del mástil. Falso. Aunque suene gracioso, los mástiles de la guitarra tienen «memoria» y están hechos de un material más resistente. Sin embargo, cambiar las cuerdas de una en una puede ser más conveniente (una manivela de afinación, como el que se muestra en la **FIGURA 2-5**, hace que el trabajo de enrollar las cuerdas nuevas sea más fácil).

Puede resultar tedioso girar las clavijas al poner cuerdas nuevas. Ahórrate tiempo comprando una manivela de afinación que encaje con la clavija y te permita girarla mucho más rápidamente.

Un problema potencial al sacar todas las cuerdas al mismo tiempo es que, en las guitarras con un puente móvil, el puente se moverá. Y no querrás que te pase eso, porque recolocar el puente puede ser un dolor de cabeza. Y si el puente no está bien sujeto, puede afectar a la afinación y al tacto que tengas del mástil al tocar. Una solución de compromiso es cambiar las cuerdas de tres en tres. Primero cambia las tres cuerdas graves, afinándolas aproximadamente en referencia a las tres cuerdas agudas viejas, y luego cambias las agudas afinándolas con las cuerdas graves nuevas. Luego puedes ajustar la afinación de las seis cuerdas nuevas.

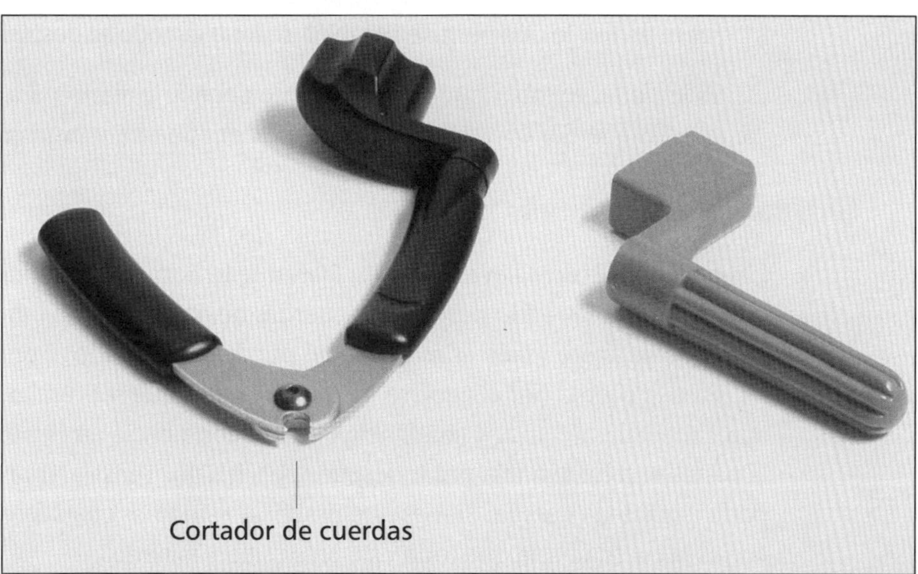

FIGURA 2-5: Típica manivela de afinación.

Puedes desenrollar las cuerdas con la ayuda de la clavija para disminuir la tensión o puedes probar un enfoque más radical y usar un cortador para cortar las cuerdas cerca de la clavija. Cuando hayas sacado las cuerdas viejas de la guitarra, tíralas.

Puentes de guitarra

El puente mantiene las cuerdas en su sitio en el extremo de la guitarra. Existen diferentes tipos según las diferentes guitarras. He aquí los más comunes:

- **Puente de pin:** el de las guitarras acústicas con cuerdas de acero. Los pines anclan las cuerdas al final del puente.
- **Puente fijo con las cuerdas sujetas debajo:** básicamente, el de las guitarras clásicas (ver **FIGURA 2-6**)
- **Puente tipo Fender:** el que encontramos en las guitarras Strat y Tele; las cuerdas entran por detrás de la guitarra, atraviesan el cuerpo y llegan a un puente metálico.
- **Puente tailpiece:** también conocido como *stop-tailpiece*, el que se encuentra en las guitarras Les Paul.
- **Puente de trémolo:** algunas guitarras tienen muelles que permiten una doble posición del puente lo que permite que la guitarra cambie el tono de las cuerdas. Las cuerdas están sujetas a una pieza de metal que se desplaza sobre un eje, lo que permite cambiar de tono cuando se desplaza está pieza.

Es importante saber qué tipo de puente tiene tu guitarra para poder cambiar las cuerdas correctamente y mantener afinado tu instrumento.

Guitarras clásicas

Las guitarras clásicas llevan puentes fijos, que te permiten cambiar todas las cuerdas a la vez si así lo deseas. Las cuerdas de nailon no son tan elásticas como las de acero y sujetarlas al puente puede ser delicado al principio.

Pasa la cuerda por el agujero del puente hasta que sobresalga aproximadamente unos 4 cm. Dobla la parte corta hacia atrás y enróllala sobre la parte larga haciéndola pasar después por debajo. Ténsala, tirando de la parte larga de la cuerda. Tienes que practicar esto unas cuantas veces. No cortes la cuerda hasta que todo esté en su sitio y afinado.

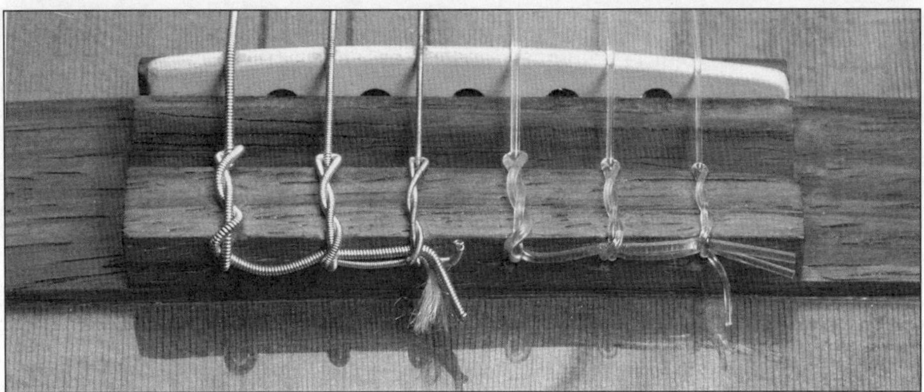

FIGURA 2-6: Cuerdas de nailon sujetas a un puente fijo por debajo

Enhebra la parte larga de la cuerda por el agujero de la clavija de la pala. (la **FIGURA 2-6** muestra el orden de las cuerdas en el clavijero). Coloca el extremo de la cuerda sobre el rodillo (o cabestrante) enfrente del agujero y pasando por debajo de sí mismo. Asegúrate de que la cuerda se asienta en la pequeña ranura de la cejilla. Después tensa un poco la cuerda y ajusta la clavija girándola de derecha a izquierda (en sentido contrario a las agujas del reloj) para enrollar las cuerdas graves y de izquierda a derecha (en el sentido de las agujas del reloj) para las agudas. Como es sensible a la tensión de la cuerda, la clavija se detendrá y mantendrá en el lugar adecuado. Mientras la cuerda se tensa, empieza a afinarla y a estirarla tirando de ella varias veces. Cuando la cuerda de la guitarra está bien colocada y afinada, corta el sobrante dejando más o menos 5 cm desde la clavija y 2,5 cm o menos hasta el puente.

Guitarras acústicas encordadas con acero

Algunas cuerdas acústicas con encordado de metal y algunas eléctricas llevan puente móvil, así que al cambiar las cuerdas tienes que ir con cuidado para que no se descoloque. Es buena idea cambiar las cuerdas de una en una, o de tres en tres, pero no todas a la vez, para conservar el puente inmóvil.

Las guitarras acústicas normalmente llevan un puente de pines que anclan las cuerdas metiéndolas en un agujero y manteniéndolas en su sitio con un pin. Primero, destensa la cuerda con la clavija. Luego, saca el pin del puente.

Los pines del puente a veces se atascan, por lo que tendrás que usar con mucho cuidado los alicates de corte para sacar el pin de su agujero. Algunas de las más modernas manivelas de afinación llevan una muesca al final del agujero para alojar las clavijas, pensado especialmente para este propósito. Cuidado con no perforar la madera. Cuando el pin está fuera puedes sacar la cuerda.

Coloca el extremo de la nueva cuerda que tiene un pequeño anillo de latón en el interior del agujero del pin del puente. Vuelve a tapar el agujero del pin fijando el anillo y la cuerda en su sitio. Notarás que el pin tiene una muesca. Asegúrate de que está bien encarada hacia las clavijas.

Ahora pasa la cuerda por encima del puente, asegurándote de que cada cuerda encaja con facilidad en la ranura del puente y de la cejilla. Enhebra el extremo suelto en el agujero de la clavija. Si quieres puedes enroscar la cuerda un poco para ayudar a mantenerla en su sitio. Tensa un poco la cuerda y gira las clavijas en el mismo sentido que las agujas del reloj para las cuerdas agudas y en el contrario para las graves, afinando la cuerda a medida que la tensión aumenta.

Cuando todas las cuerdas estén colocadas vuelve a afinar la guitarra cuidadosamente, dejando todas las cuerdas completamente preparadas. Sé cuidadoso: no querrás romper una cuerda. La mejor técnica es girar la clavija un par de veces y después comprobar la afinación, hasta que la cuerda esté afinada. Cuando la cuerda está afinada, córtala dejando sobresalir más o menos 2,5 cm desde la clavija.

Las cuerdas nuevas han de ser chequeadas constantemente y tocadas, antes de que se establezcan en la afinación correcta. Cuando esto suceda, las cuerdas nuevas harán que tu guitarra suene más brillante y será más fácil de tocar.

Guitarras eléctricas

En una guitarra eléctrica sujetas la cuerda al puente haciéndola pasar a través de un agujero y enhebrándola en una bola de latón, que la mantiene en su sitio.

Algunas guitarras usan lo que se llama un sistema cerrado de cejilla, tales como los trémolos Floyd Rose (véase **FIGURA 2-7**). Ello puede dificultar el cambio de cuerdas. Las cuerdas se sujetan en las guías del puente usando una llave especial Allen. Es una buena idea usar un trozo de madera o una baraja de cartas para aumentar la tensión cuando has cambiado una cuerda.

FIGURA 2-7: Unidad Floyd Rose de trémolo

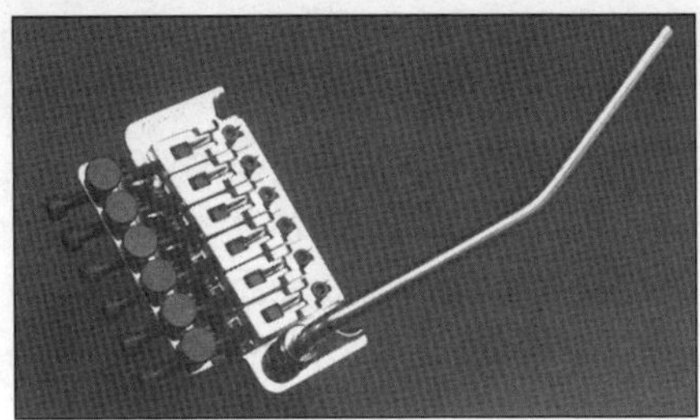

Esto evita que la unidad se desplace hacia atrás y adelante. En las unidades trémolo, cuando se cambia una cuerda cambia la tensión de todas las cuerdas.

Para usar estos puentes tienes que cortar el extremo con la bola de forma que la cuerda pueda alojarse en un pequeño mecanismo de tornillo de banco que mantiene la cuerda en su lugar. Cuando hayas cambiado todas las cuerdas puedes retirar la madera o la baraja de cartas que aguantaban el puente. Afina las cuerdas como de costumbre, usando las clavijas. Después haz un ajuste final del anclaje del puente con una llave Allen. Pero ten cuidado de no dejar reposar demasiado rápido la tensión de las cuerdas sobre el puente. Si lo haces, al sacar el soporte de la unidad, la cuerda puede romperse por el aumento de tensión.

Recuerda, si tienes una guitarra con este tipo de puente, necesitarás cortar la bola del extremo de las cuerdas de repuesto. Acostúmbrate a llevar unos alicates en el estuche de la guitarra.

Reparaciones básicas y mantenimiento

La norma más simple para el mantenimiento de tu guitarra es tenerla limpia. A continuación tienes un listado de las más básicas e importantes normas de mantenimiento:

- El polvo puede acumularse en cualquier parte del instrumento y causar problemas. Usa un trapo suave o un plumero, con el que puedas limpiar sin peligro de rascar.
- Limpia siempre la guitarra después de tocarla y antes de volverla a guardar en su funda (delante, detrás, laterales, diapasón y también detrás del mástil).
- Limpia todas las cuerdas. Las grasas naturales de los dedos corroen las cuerdas, un proceso que a la larga puede alterar la calidad del sonido de las cuerdas. Estas grasas pueden filtrarse por el diapasón y con el tiempo dañar la madera del instrumento. Coge un trapo entre el pulgar y el índice y pásalo a lo largo de cada cuerda.

- Si la guitarra no se ha usado durante algún tiempo, primero quítale el polvo y luego frota la madera con un pulimento para muebles o, mejor aún, con un pulimento de guitarra. (Algunos pulimentos para muebles contienen elementos abrasivos que pueden dañar los acabados de la guitarra.) Nunca tires el pulimento directamente sobre el instrumento; puede dañar el acabado. Pon la solución de limpieza primero en un trapo.
- Usa un limpiador suave de joyería o un pulidor de cromo para las partes metálicas, asegurándote primero de que no es abrasivo.
- Evita guardar la guitarra durante períodos largos de tiempo en lugares expuestos directamente a la luz solar o a cambios drásticos de temperatura o humedad. Esto ayudará a evitar que la madera de la guitarra se agriete.
- En función de tu peso y de tu fuerza, intenta llevar tu guitarra en una funda dura. Si sólo vas y vuelves de un concierto, una funda de nailon rellena protegerá el instrumento, aunque no mucho. Una funda de piel, aunque es mucho más cara, es mejor elección.

Si accidentalmente se agrieta la tapa de tu guitarra llévala a un reparador profesional que solucionará el problema fácilmente. Si decides hacerlo tú mismo, ten en cuenta que cuando añades o quitas barniz puedes cambiar notablemente la capacidad de la madera para vibrar lo cual a su vez incide en el sonido de la guitarra.

¡Sé precavido! No toques nunca las pastillas de una guitarra eléctrica con algo que no sea un cepillo seco o un trapo. Las pastillas son eléctricas y los líquidos pueden provocar cortocircuitos. Además, corres el riesgo de alterar el campo magnético sensible de la pastilla.

Cuando viajes, si te es posible, coloca tu guitarra dentro del vehículo. Una guitarra en el maletero o en el compartimento de equipajes está expuesta a picos de calor y de frío. Si tienes que colocar tu guitarra en el maletero, intenta colocarla lo más cerca posible del departamento de pasajeros. Si chocas por detrás tendrá más posibilidades de salir bien parada del accidente.

Modificaciones y preparación de la guitarra

No juguetees con los procesos descritos en esta sección hasta que estés seguro de que sabes lo que vas a hacer y por qué vas a hacerlo. En la mayoría de los casos, si estás realmente insatisfecho con la manera en que hay que tocar tu instrumento o de cómo suena, lo mejor que puedes hacer es llevar tu guitarra a un reparador profesional, que puede realizar los ajustes necesarios incluso mientras tu esperas. Las personas que se dedican a reparar instrumentos a menudo dedican un tiempo a observar cómo el instrumentista toca y a hablar con él sobre los aspectos que piensa son correctos o no en el instrumento, antes de decidir la mejor manera de realizar los ajustes necesarios en la guitarra. Recuerda, estás pagando al experto para que haga un trabajo experto.

El traste puede desgastarse y presentar hendiduras en el punto dónde la cuerda ha rozado el níquel. A la larga el traste empezará a emitir un zumbido. Lleva tu guitarra a un reparador profesional que reemplazará el traste con el traste de calibre más adecuado para tu guitarra. Un buen trabajo con el traste puede dar nueva vida a una vieja guitarra.

Ajustando el puente

Moviendo el puente, puedes alterar el funcionamiento de tu guitarra. Esta operación define la altura de las cuerdas sobre el diapasón. Cuanto mayor es la altura más fuerza necesitas para tocar una nota en los trastes. Una altura mayor puede ser útil para tocar ritmos, cuando básicamente tocas acordes todo el rato. Los músicos de blues que usan *bottleneck*, a menudo llevan las cuerdas altas para evitar que el tubo rasque los trastes.

Cuanto más baja es la altura, más fácil es tocar las notas. Esto puede ser adecuado para un solista que toque melodías o notas rápidas. Idealmente, lo que tú quieres es ajustar la altura lo más bajo posible sin provocar el zumbido de los trastes. En realidad, esto es un proceso de prueba y error (ten en cuenta que el espesor o el calibre de la cuerda que usas también influye en la facilidad para tocar). Antes de realizar ningún ajuste asegúrate de que estás usando un juego nuevo de cuerdas. Las cuerdas viejas también afectan al mecanismo y a la afinación.

En la mayoría de las guitarras eléctricas, cada cuerda tiene un asentamiento en el puente. O bien el asentamiento tiene un tornillo que la ajustará entera de una sola vez, o bien cada cuerda tiene un tornillo individual que puede subirse o bajarse. A veces hay que ajustar el asentamiento del puente limándolo. Esto no debe ser hecho más que por un reparador profesional.

Cambiando el mecanismo estás afectando también la afinación de la guitarra. Cuando lo levantas o lo bajas cambias la tensión y la distancia entre el puente y la cejilla. Esto afecta las distancias en que hay que tocar para afinar en cada cuerda. La distancia entre la cejilla y el duodécimo traste debe ser idéntica a la distancia entre el duodécimo traste y el asentamiento del puente. De no ser así, la guitarra no sonará afinada. La mejor manera de comprobar esto es tocar las cuerdas al aire y después la nota o el armónico del duodécimo traste. Las notas resultantes deben ser idénticas, aunque la nota punteada o el armónico sean una octava más altos. Si la nota punteada es más alta, la cuerda es demasiado corta y debe alargarse moviendo el asentamiento del puente hacia atrás y alejándolo de la cejilla. Si es más baja, acércalo a la cejilla.

Ajustando el mástil

Los cambios de temperatura, la humedad y la antigüedad pueden provocar que la guitarra se hinche o se contraiga. Ello, a su vez, puede afectar a su puesta a punto. Por ejemplo, una ligera curva en el mástil puede provocar el zumbido de los trastes o hacer especialmente difícil obtener una nota limpia en un traste en concreto o en una serie de trastes. A veces, puedes ajustar el mástil manipulando la vara de apuntalamiento o alma. El alma recorre el mástil por su núcleo justo debajo del diapasón. No todas las guitarras la llevan (por ejemplo, las guitarras clásicas no) e incluso algunas que la llevan no te permitirán ajustarla. Normalmente, verás si puedes o no ajustar el alma porque habrá una placa en el clavijero cercana a la cejilla. Cuando la saques verás una vara (a veces dos) que tiene un tornillo de ajuste o una tuerca al final. Si tienes una guitarra nueva, probablemente llevará una vara de apuntalamiento ajustable con llave inglesa.

Si tu guitarra se arquea hacia fuera entre el séptimo y el decimosegundo traste, verás un ancho espacio entre las cuerdas y el diapasón que dificultará mucho tocar la cuerda en ese punto. Tensa la vara de apuntalamiento, con la guitarra mirando hacia ti, girando la tuerca un cuarto de vuelta en el sentido de las agujas del reloj. Dale unos momentos al instrumento después de cada giro para que se asiente en su nueva posición.

Si los trates zumban y el mástil se arquea hacia dentro en el mismo lugar, puedes aflojar la vara de apuntalamiento girando la tuerca un cuarto de vuelta en sentido contrario a las agujas del reloj (con la guitarra mirando hacia ti). De nuevo dale un poco de tiempo al instrumento para que se asiente después de cada cuarto de vuelta.

Si no puedes solucionar el problema con unos pocos giros, para. Tensar o aflojar en exceso la vara de apuntalamiento puede estropear una guitarra y hacerla definitivamente intocable.

Conexiones sueltas

Si oyes una vibración, prueba rasgueando el instrumento y toca las posibles partes que producen la vibración con tu mano libre hasta que encuentres la que la produce y ésta se detenga. Por ejemplo, una vibración puede provenir de un tornillo suelto en una clavija o de una tuerca floja en un enchufe jack. Es una buena idea llevar un pequeño kit de herramientas compuesto de destornilladores, alicates y llaves inglesas que encajen con los diferentes tamaños de tornillos y tuercas de tu guitarra.

Clavijas

Clavijas, maquinas de afinar o cabezales (nombres diferentes para una misma cosa) son fácilmente reemplazables si los engranajes se desgastan o se rompe una parte. Si hay más de una clavija que te da problemas, probablemente es conveniente cambiar el juego entero.

La clavija se atornilla en la madera del clavijero, por la tanto quita la cuerda, desatornilla la clavija, llévatela a una tienda de guitarras y busca una igual. Después, atornilla la nueva clavija en su sitio en la misma posición que antes.

Anclajes de correa

Son unos pequeños botones que usas para sujetar una correa a la guitarra. Normalmente son como tornillos que a veces pueden aflojarse solos.

Si atornillándolos no hacen su función, aplica un poco de madera plástica o cola de carpintero en la punta y vuelve a ponerlo. Si el problema persiste, llévala a un profesional. Si tienes una manera de tocar más activa y encuentras que la correa se suelta con frecuencia, sobre todo mientras tocas, puedes considerar usar candados de correa. Están especialmente diseñados y nunca se sueltan, a menos que los sueltes ex profeso.

Problemas eléctricos

El polvo y otros tipos de suciedad pueden afectar a los componentes eléctricos de tu guitarra. Si los controles de volumen y tono empiezan a crujir cuando los giras, o notas una señal débil o inconsistente, puede que tengas polvo o alguna otra cosa en el control. Mueve los botones adelante y atrás con energía para intentar expulsar la suciedad. Si esto no funciona, prueba a pulverizar con aire el interior de los botones. Si todo esto fracasa, dirígete a un profesional que te hará una limpieza completa de los controles.

El crujido también puede indicar un alambre suelto en la toma del jack. Saca la placa del jack y mira dentro si hay alguna conexión suelta. Si la descubres usa un soldador de hierro para soldarla de nuevo donde corresponda. Si no te encuentras cómodo haciendo esto, llévala a un profesional.

Reemplazar una pastilla no es tan difícil. Normalmente, las pastillas que vienen con tu guitarra no son tan buenas como las que puedes comprar para reemplazarlas. Asegúrate de que adquieres una pastilla del mismo tamaño y tipo que la que reemplazas para que encaje en los agujeros taladrados en el cuerpo de la guitarra.

Asegúrate de que sabes dónde va conectado cada alambre. Después instala la pastilla en la cavidad que ha quedado al extraer la vieja y atorníllala en su lugar. Nuevamente, no intentes hacer esto si no estás seguro de que eres capaz de hacerlo.

Capítulo 3

Nociones básicas sobre la posición corporal

Antes de empezar a tocar la guitarra, tienes que estar cómodo sosteniendo el instrumento. Aunque parezca un primer paso sin importancia, sí la tiene. Date cuenta de que tocar la guitarra es una actividad física. Si tienes problemas médicos con los hombros, la espalda, el cuello o el bajo abdomen, consulta a un médico que pueda guiarte de forma específica en el aprendizaje de la guitarra. Una de las razones más comunes por las que la gente deja definitivamente la guitarra es el hecho de tener alguna limitación física.

Relación entre pierna, hombro y cuello

Está probado médicamente que estar sentado durante mucho rato en una misma posición crea más tensión en la espalda que estar de pie. Es así porque su trasero transmite toda la tensión por la columna vertebral hasta los hombros y el cuello. Si trabajas en una oficina y estás sentado la mayor parte del día en una silla puedes coger el hábito de dejar caer los hombros hacia delante o hacia abajo. Si estás acostumbrado a esta postura, puedes tener tendencia a dejarte caer sobre la guitarra mientras la sostienes. Esta posición sobrecarga los ligamentos espinales y como consecuencia fatiga los discos y otras estructuras espinales.

También tienes que pensar en la fuerza de los dedos, muñecas y manos. Algunas enfermedades, como el síndrome del túnel carpiano o la artritis, pueden afectar tu capacidad para tocar la guitarra. Consulta con tu médico o un instructor profesional de guitarra si hay algún método conocido para tocar la guitarra teniendo alguna enfermedad o condición física especial, de lo contrario podrías agravar tu enfermedad o empeorar tus condiciones físicas. También puedes preguntar entre tus amigos y parientes si alguien tiene una guitarra para probar los puntos débiles de tu cuerpo al sostenerla, antes de invertir tu propio dinero en un instrumento.

Recuerda, ¡es importante divertirte tocando la guitarra! El dolor no es divertido. Por lo tanto, asegúrate de que te encontrarás cómodo y te sentirás bien tocando la guitarra. Es un primer paso importante.

Posición sentada para tocar la guitarra acústica y la eléctrica

Antes de sentarte con tu guitarra, debes tener la silla adecuada. La mejor para sentarse con una guitarra, es una que no tenga brazos. Este tipo de silla permitirá mayor libertad de movimientos de izquierda a derecha, al no obstaculizarlos. Idealmente, la altura de la silla debe poder regularse y tener un asiento acolchado. También sirve una banqueta de piano regulable. Asegúrate de que la silla o la banqueta son suficientemente altas para que puedas doblar las piernas en un ángulo de noventa grados y que los pies se apoyen en el suelo. Tu espalda debe estar recta y los hombros relajados. Los brazos deben reposar a ambos lados. Pregúntate: «¿Me siento cómodo?». Esperemos que sí.

FIGURA 3-1: Posición sentada con una guitarra eléctrica

A continuación, teniendo la mano izquierda relajada al lado de tu cuerpo, levántala lentamente y sujeta con suavidad el mástil por el extremo. Haz lo posible para no inclinarte hacia adelante con la guitarra en tu regazo. (La **FIGURA 3-1** muestra cómo sentarse con una guitarra eléctrica; la **FIGURA 3-2** muestra cómo sentarse con un instrumento acústico.)

Tocar la guitarra es una actividad física que requiere movimiento muscular. Ten presente que cualquier ejercicio excesivo crea tensión. Aunque pueda sonar muy aburrido, tienes que practicar cómo sentarte con la guitarra de la misma manera que tienes que practicar para tocarla. Estar cómodo siempre es importante.

FIGURA 3-2: Posición sentada con una guitarra acústica

Tocar de pie

La guitarra debe colgar cómodamente sobre tu cuerpo, dejando ambos brazos libres. Si la correa está correctamente ajustada, el mástil de la guitarra ha de describir un ángulo de cuarenta y cinco grados respecto al suelo. El puente debe estar casi a nivel de la cintura y el clavijero al nivel de tus hombros. Tocar de pie una guitarra eléctrica (como muestra la **FIGURA 3-3**) es completamente diferente que hacerlo con una guitarra acústica (**FIGURA 3-4**), debido a las diferencias de peso y forma de los instrumentos. Las guitarras eléctricas suelen pesar más, debido a su cuerpo sólido. Las guitarras acústicas pueden ser embarazosas debido a su anchura.

FIGURA 3-3: Posición de pie con la guitarra eléctrica

Aquí la gravedad no es tu mejor amiga. Resulta engañoso pensar, al tocar de pie una guitarra, que la correa permite una mayor independencia de ambas manos, porque la guitarra sigue colgando de tus hombros. Aunque puede parecer que hay menos tensión en la espalda, no siempre es así. Es muy *guay* ver a las estrellas del rock con sus guitarras colgando por debajo de las rodillas, pero el futuro dolor de espalda no será tan digno de admirar. Cuando sepas lo que estás haciendo, podrás ajustar el instrumento como quieras. Pero por ahora, como principiante, no te compliques la vida más de lo necesario. Tocar con la guitarra colgando demasiado baja puede fatigar tus manos, muñecas, hombros y espalda.

FIGURA 3-4: Posición de pie con la guitarra acústica

Tanto si tocas la guitarra sentado como si lo haces de pie, siempre es una buena idea usar una correa. Dado que hay muchos tipos de correa de guitarra en el mercado, lo mejor que puedes hacer es llevar tu instrumento a la tienda y probar algunas. Si tienes problemas de cuello o de hombros debido a alguna lesión, te lo repetimos nuevamente, por favor, consulta a un médico.

Posición de la mano izquierda en el mástil

Para empezar, lo mejor manera de producir una nota es encontrar la cantidad de presión correcta que debe ejercer la yema de tu dedo para emitir una nota limpia. Ésta es la clave para desarrollar una buena técnica de mano izquierda. Apretar demasiado te producirá dolor.

Primero, deja reposar el mástil de la guitarra en la palma de tu mano izquierda. Notarás que automáticamente tu pulgar y tus dedos caen sobre ambos lados del mástil respectivamente. Ahora coloca el pulgar de la mano izquierda en el centro de la parte trasera del mástil, de manera que quede un buen espacio entre el mástil y tu palma. Tienes que poder pivotar la mano entera apoyándote en el pulgar, sin chocar con el mástil.

La mejor manera de colocar el pulgar es situarlo en la parte trasera del mástil de manera que repose entre el primer y el segundo dedos, como se muestra en la **FIGURA 3-5**.

FIGURA 3-5: Colocación del pulgar

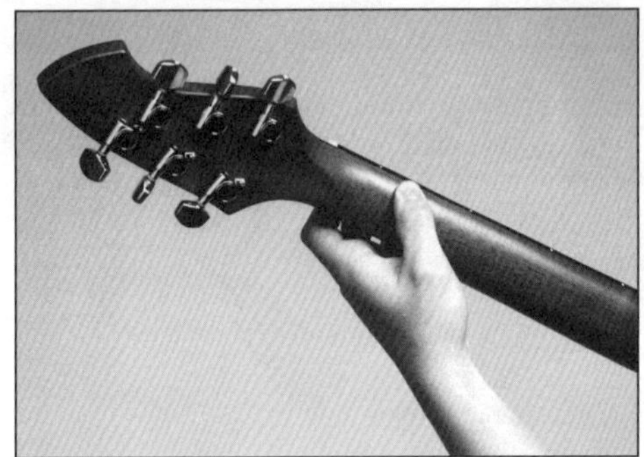

FIGURA 3-6: Tocando una nota

Cuando toques una nota, usa la punta o la yema de tu dedo para presionar la cuerda con firmeza contra el diapasón, como se muestra en la **FIGURA 3-6**.

Si colocas tu mano izquierda en el mástil de manera que puedas posicionar el pulgar justo detrás del lugar donde estás presionando la cuerda en el diapasón (como si intentaras apretar tu pulgar con el dedo a través del mástil, tal como se muestra en la **FIGURA 3-7**), conseguirás la máxima presión sobre la nota y ésta sonará clara.

FIGURA 3-7: Posición de la mano izquierda.

Coloca la yema de tu primer dedo en el primer traste de la primera cuerda (como se ilustra en la **FIGURA 3-8**). Ahora pulsa la cuerda con el pulgar de tu mano derecha.

FIGURA 3-8

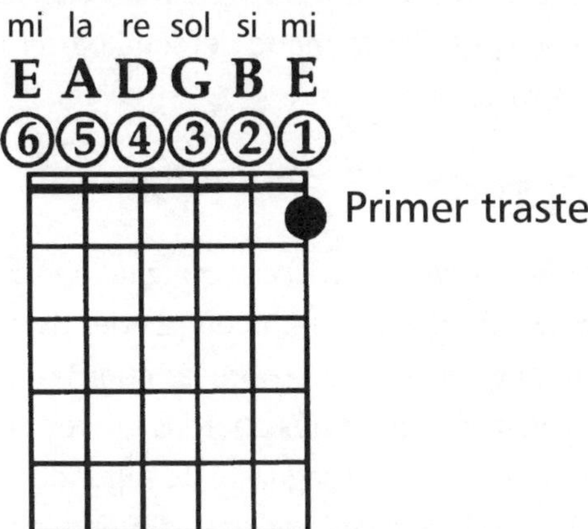

En el diagrama, cada línea vertical representa una cuerda. Cada línea horizontal representa un traste. La doble línea del extremo representa la cejilla de la guitarra. El punto negro o el número representa el dedo que tienes que usar para cortar la cuerda en ese punto –en este caso, la nota fa en la primera cuerda.

Presiona la cuerda con fuerza sobre el diapasón en el centro, entre los dos trastes. Si aprietas demasiado cerca del traste, la cuerda puede sonar sorda; demasiado lejos, puede zumbar. Para asegurarte de que no ensordeces las otras cuerdas, consigue una colocación en la que al tocar con las yemas de los dedos, que éstos se mantengan lo más perpendicular posible respecto a la cuerda, arqueando ligeramente para ello la muñeca (como el cuello de un cisne). La técnica de la guitarra clásica ayuda en este aspecto.

Aunque muchos músicos consiguen colocar el pulgar de la mano izquierda en el extremo del mástil, es difícil para los principiantes. Recuerda, cuanto más se aprieta tu mano, más difícil es tocar una nota correctamente (es decir, sin zumbidos) y más fácil que te duelan los músculos.

En cuanto sientas la mano o los dedos doloridos o te empiecen a hacer daño, ¡deja de tocar! Te llevará un tiempo fortalecer los dedos. Tocar pequeños ratos a menudo es mejor que tocar mucho rato seguido una sola vez.

Colocar la mano derecha

La mano derecha puede usarse en estilo digital, es decir, usando cada dedo de la mano derecha para manipular las cuerdas. Opcionalmente, puedes usar un plectro o púa con la mano derecha para rasguear ritmos o puntear notas en las cuerdas.

Estilo digital

La posición básica en el estilo digital consiste en usar las uñas para puntear las cuerdas (al principio, también puedes usar las yemas de los dedos). Los dedos se sitúan verticalmente sobre las cuerdas, con un ligero arco en la muñeca. El dedo pulgar toca las tres cuerdas graves, mientras que el primer dedo puntea la tercera cuerda, el segundo, la segunda cuerda, y el tercer dedo, la primera cuerda. El dedo meñique normalmente no se usa.

Por el momento, probablemente lo mejor sea practicar el rasgueo de las seis cuerdas con el dedo pulgar y después usar una púa. La clave es colocar las yemas de los dedos en el protector (la pieza de plástico o laminada situada bajo las cuerdas en el cuerpo de la guitarra) para apoyar tu mano y luego rasguear con tu pulgar todas las cuerdas. Hablaremos con mayor profundidad acerca de la púa y las técnicas de punteo en las páginas 60 y 141, respectivamente.

Sostener la púa

Existe una gran variedad de tamaños y grosores de púa para adaptarse a los diferentes estilos de tocar y a los diferentes tipos de cuerda. Al principio, te conviene una de tamaño y espesor medios. Cómprate dos o tres y experimenta por ti mismo.

Deja la púa plana en tu primer dedo y luego, cómodamente, sostenla en su lugar con el pulgar, tal y como muestra la **FIGURA 3-9**. Después puedes usarla para rasguear la cuerda, realizando movimientos de arriba abajo, como muestra la **FIGURA 3-10**. El movimiento viene de tu muñeca, no de tus dedos.

Para tener una percepción de lo que tienes que hacer, coge tu mano derecha y extiende los dedos, con el pulgar y el primer dedo tocándose ligeramente por la yema. Luego, con los dedos todavía tocándose, agita tu mano de arriba abajo desde la muñeca, con un movimiento suave y cómodo. Éste es el movimiento que quieres realizar para rasguear las cuerdas de la guitarra.

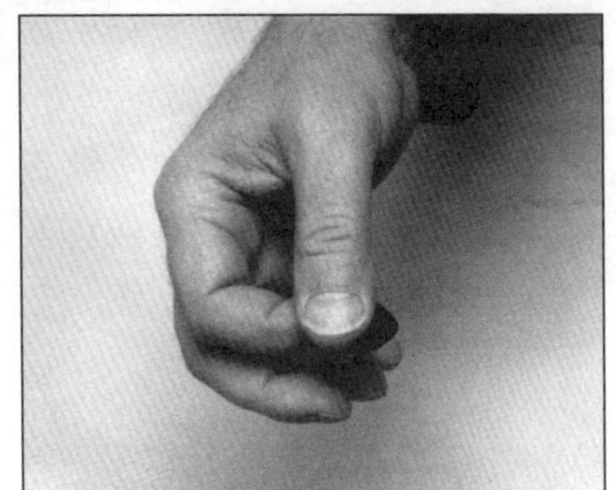

FIGURA 3-9: Coger una púa

FIGURA 3-10: Usar la púa para el rasgueo

Cómo no hay que sostener la guitarra

Cuando ya domines las posiciones básicas, tienes que elegir aquella en la que te sientas más cómodo. Para evitar lesiones, recuerda colocarte de la manera adecuada y no permitir que tu cuerpo esté inactivo y empiece a decaer. He aquí unas cuantas indicaciones sobre lo que hay que evitar cuando te colocas para tocar la guitarra:

- Cuando estés sentado evita inclinarte hacia delante. Hacerlo sólo te reportará dolor muscular después de tocar continuadamente.
- Cuando toques de pie no sostengas la guitarra tan baja que tengas que encorvarte para tocarla. Mantenla alta, cerca del pecho, entre tu cuello y tu cintura.
- Recuerda no presionar en exceso sobre el mástil, porque necesitas producir una nota clara.
- No coloques la guitarra detrás de tu cabeza. Era muy *guay* cuando lo hacía Jimi Hendrix, pero en realidad no es muy práctico.
- No intentes sostener la guitarra entre las piernas o sobre tu cabeza. Sabemos que es *guay*, pero no es práctico.

Los trucos y las contorsiones extrañas con la guitarra pueden ser fascinantes en los vídeos musicales, pero no son útiles para tocar bien e incluso pueden causar lesiones a un instrumentista inexperto. Para obtener el máximo de tu guitarra y optimizar la calidad de su sonido, tienes que respetar el instrumento (y tu cuerpo) y sostenerlo correctamente.

Capítulo 4

Nociones básicas para leer partituras de guitarra y tablaturas

Aprender a tocar la guitarra no es lo mismo que aprender a tocar otros instrumentos. Por ejemplo, si fueras pianista, lo más probable es que hubieras aprendido a tocar el instrumento tras años de estudio individual que hubiera incluido una importante dedicación a la lectura a vista (la capacidad de mirar una partitura y tocarla simultáneamente). Sin embargo, no hay nada malo en aproximarse al aprendizaje musical de una manera más informal. Muchos músicos famosos no han aprendido nunca a leer partituras. Este capítulo te ayudará a entender los elementos básicos que necesitas para leer música para guitarra.

El alfabeto musical

Ahora es el momento de que aprendas el alfabeto musical. El alfabeto musical consta de siete notas que se nombran por las primeras letras del alfabeto: A-B-C-D-E-F-G.* Al final de esta sucesión, las notas se repiten. Cuando alcanzas la A (la) por segunda vez, estás tocando la misma nota que la primera vez que tocaste A (la), sólo que esta vez una octava (u ocho notas) más aguda.

La diferencia entre ellas radica en la *frecuencia* o número de veces que una cuerda vibra por segundo. Esta frecuencia se dobla cada vez que subes una octava. Por ejemplo, la cuerda al aire A (la) de la guitarra, vibra a una frecuencia de 110 Hz. El A (la) de la octava superior, que se toca en el decimosegundo traste de la cuerda A, vibra a una frecuencia de 220 Hz.

Esta sucesión de notas puede empezarse por la nota que quieras (como A-B-C-D-E-F-G-[A]; F-G-A-B-C-D-E-[F], y así sucesivamente). La secuencia siempre se repetirá después de siete notas. Hay cinco notas más en el alfabeto musical, que son variantes de las siete que estás a punto de dominar.

Elementos básicos

Hay dos elementos básicos para leer y escribir música: el nombre de la nota y el tiempo que dura su ejecución. Con los años, estos dos elementos se combinaron en un elegante sistema denominado *notación musical*. Se desarrolló un *pentagrama* de cinco líneas, y la posición de las notas en el pentagrama, así como su aspecto, indicaba a los músicos cuánto tiempo tenían que mantener una nota antes de tocar la siguiente.

FIGURA 4-1: Pentagrama de guitarra

---

* En español no usamos esta nomenclatura. El lector sólo ha de recordar que la letra A es un la; la B, un si; la C un do; la D, un re; la E, un mi; la F, un fa, y la G, un sol. Mantenemos la nomenclatura inglesa, al ser la más extendida en las partituras de guitarra. *(N. de la T.)*

La primera cosa que necesitas es entender dónde están escritas las notas y dónde están colocadas. Observa el pentagrama musical de la **FIGURA 4-1**. El pentagrama está formado por cinco líneas y cuatro espacios.

En general, actualmente se usan dos tipos de pentagrama, cada uno de los cuales lleva el nombre de una clave. La clave se representa por un signo específico al principio del pentagrama que te indica en qué clave estás leyendo. Estas claves se denominan *clave de sol* y *clave de fa*. Normalmente, cuando un pianista lee una partitura, tiene escrita su mano derecha en clave de sol y la izquierda en clave de fa.

Clave de sol

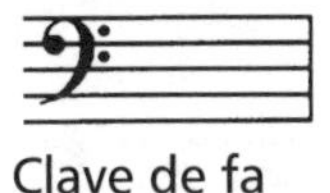
Clave de fa

Las notas que aparecen por encima o por debajo del pentagrama se escriben en lo que se llama *líneas adicionales*, líneas individuales para cada nota. Las líneas adicionales permiten escribir notas que son más agudas o más graves que las que contiene el pentagrama, tal y como se muestra en la **FIGURA 4-2**. Las líneas adicionales pueden llegar a ser difíciles de leer a medida que aumentan. Por ello, en ocasiones, se escriben las notas dentro del pentagrama con el símbolo *8va alta* u *8va baja*, indicando que determinadas notas deben ser tocadas una octava más aguda o más grave de lo que indica su escritura.

FIGURA 4-2: Líneas adicionales para guitarra

FIGURA 4-3: Do central

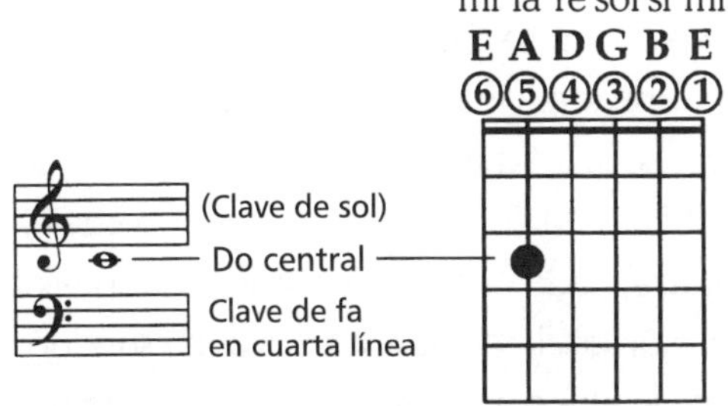

Mira la **FIGURA 4-3**: entre el pentagrama escrito en clave de sol y el escrito en clave de fa en cuarta hay una nota que coincide escrita en una línea adicional (inferior para la clave de sol, superior para la clave de fa). Esta nota se llama C (do) central, porque se encuentra en medio de las dos claves. En la guitarra, normalmente, se toca en el tercer traste de la quinta cuerda.

Los que sois muy rápidos ya habréis imaginado el pequeño problema que se plantea al tocar determinadas notas en la guitarra. Puedes haberte dado cuenta de que puedes tocar la misma nota (tal como aparece en la clave de sol) en diferentes posiciones de la guitarra. Por ejemplo, el mi del cuarto espacio, puede tocarse en el quinto traste de la segunda cuerda o con la primera cuerda al aire. Por el momento, sólo tienes que preocuparte de leer notas en la primera posición (es decir, la que empieza en el primer traste).

Identificación del nombre de la nota

Te darás cuenta de que aunque estés aprendiendo el alfabeto musical, no tienes que empezar necesariamente por la nota A (la). Aquí se trata de aprender guitarra, así que observa la notación musical que describe las notas de la guitarra. La **FIGURA 4-4** muestra los nombres de las notas tocadas en diversos trastes.

FIGURA 4-4: Nombre de las notas y números de traste de la guitarra

Tablatura de guitarra

Otro modo de apuntar las notas es con la tablatura. En lugar de indicar las notas que han de ser tocadas (como hace la notación convencional), la tablatura está diseñada para un instrumento concreto e indica en qué punto se debe apretar la cuerda para obtener la nota deseada. Una escritura musical de este tipo se usó durante años por los intérpretes de laúd del Renacimiento y la Edad Media. Con este sistema, se pueden escribir digitaciones complejas de acordes y de melodías.

En la tablatura para guitarra, cada una de las seis líneas representa una cuerda de la guitarra, como muestra la **FIGURA 4-5**. La línea superior corresponde a la primera cuerda y la línea de abajo a la sexta cuerda. Los números escritos en cada línea representan el traste donde debes cortar la cuerda para obtener la nota deseada (un sistema bastante bueno para anotar melodías rápidamente).

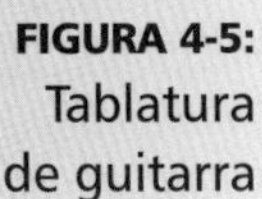

FIGURA 4-5: Tablatura de guitarra

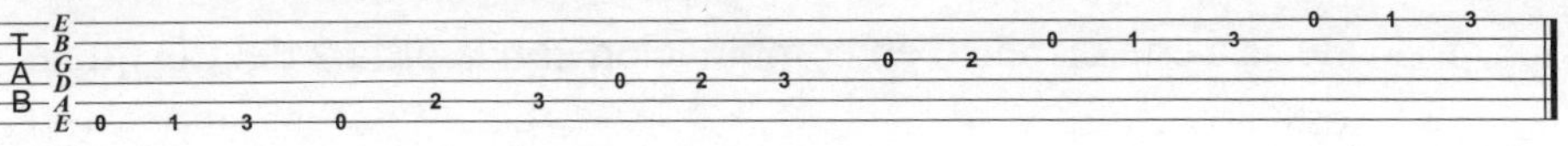

Encontrar las notas en el mástil de la guitarra en primera posición

Ahora que tienes unos fundamentos básicos para mirar tanto los pentagramas de notación musical como los de tablatura, debes hacer tu primer ejercicio en primera posición. El propósito de este ejercicio es entender la regla de «dedo por traste» (lo que quiere decir que, cuando tienes la mano izquierda en la guitarra, colocas un dedo en cada traste, de manera que el primer dedo puede tocar cualquier nota en el primer traste, el segundo dedo cualquier nota en el siguiente traste, etc.).

Los dedos de la mano izquierda se numeran como muestra la **FIGURA 4-6**. Las cuerdas al aire se indican con el número 0, el primer dedo y el primer traste con el número 1, el segundo dedo y el segundo traste por el número 2 y el tercer dedo y el tercer traste por el número 3.

FIGURA 4-6: Numeración de los dedos de la mano izquierda

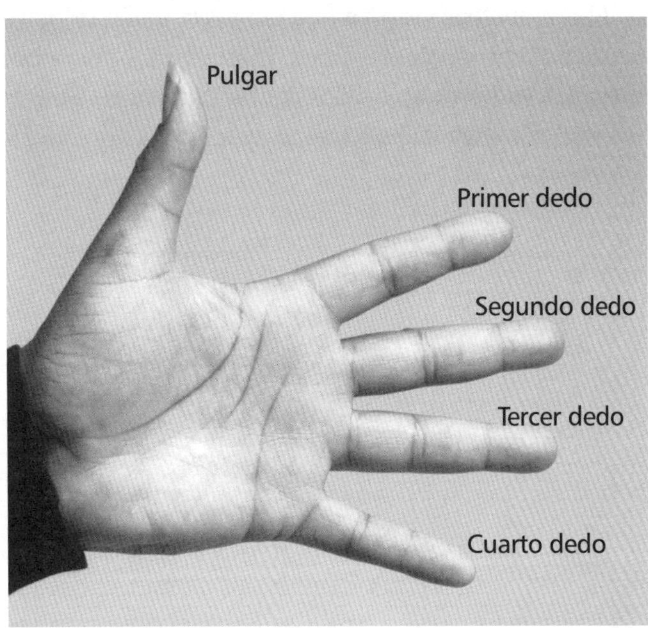

Realiza este ejercicio en combinación con la pista 2 del CD que acompaña a este libro.

FIGURA 4-7: Ejercicio en posición abierta

Ahora que has visto en qué puntos la mano izquierda debe cortar cada cuerda para producir el alfabeto musical en primera posición (tal y como muestra la **FIGURA 4-6**), las dos figuras siguientes te mostrarán algunas notas del diapasón con digitaciones que te ayudarán a aprender el alfabeto musical.

FIGURA 4-8: Cuerdas graves

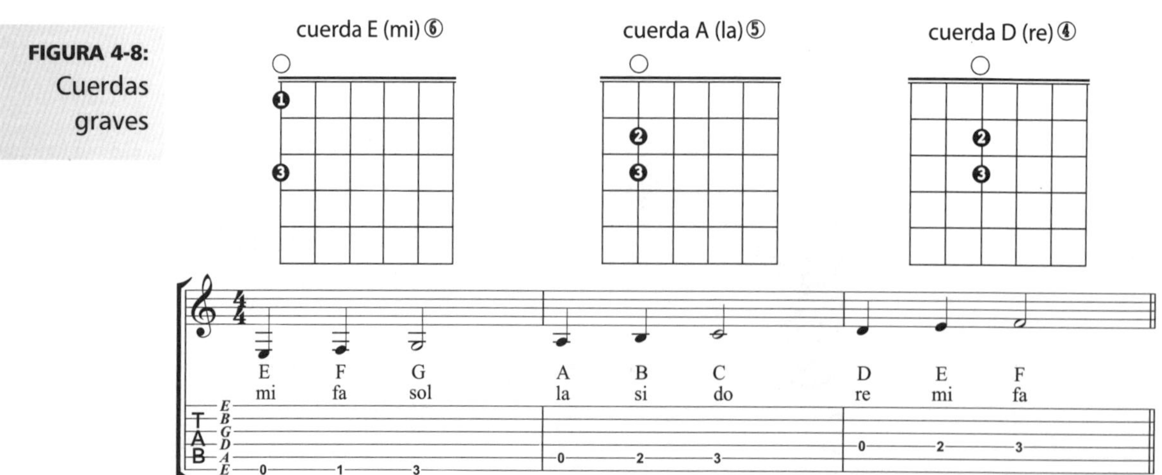

FIGURA 4-9: Cuerdas agudas

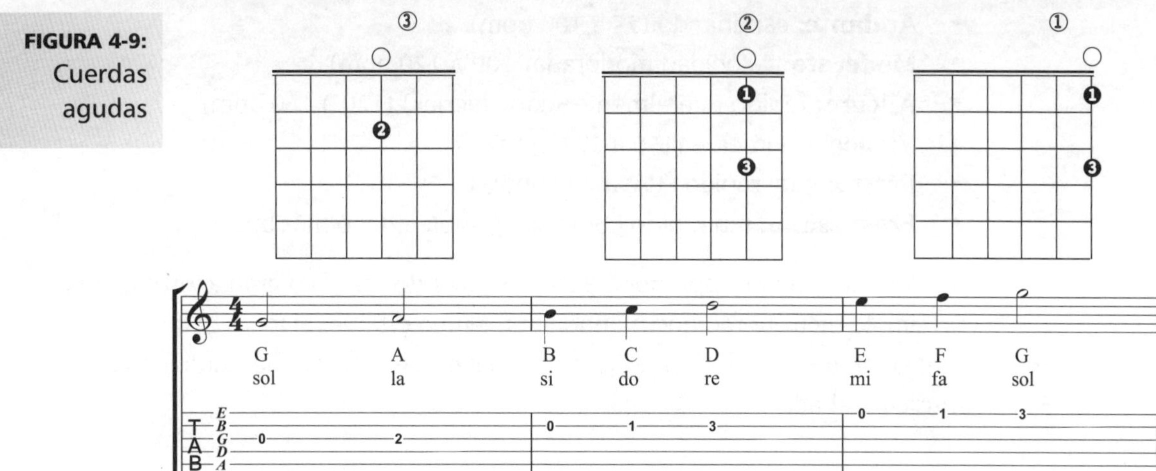

Tempo y ritmo

Tener un buen conocimiento de «dónde está la pulsación» y tocar a *tempo* son aspectos primordiales para un músico. Como escribió una vez Duke Ellington: «No entiendo nada, si no hay ese swing…».

Existen dos elementos fundamentales: el ritmo, es decir el «carácter» de una pieza musical, y el *tempo*, es decir la velocidad a la que tocas. Algunos ejemplos de estilos rítmicos son el swing, el shuffle, el vals, la bossa nova, el funk, el bop, el bluegrass, etc. A veces, los nombres de estos ritmos sirven también para denominar algunos estilos musicales. Las partituras a menudo llevan una indicación para sugerir el *tempo* al que deben ser tocadas, del tipo ♩= 120. El número 120 hace referencia al número de pulsaciones por minuto de un metrónomo. Denota cómo de rápido (o de lento) debe tocarse la pieza. Cuanto menor sea el número, más lenta será la pieza musical. Cuanto mayor sea el número, más rápida será la pieza musical. En general, se usan estos términos italianos para describir los *tempos* (o *tempi*, en italiano estricto):

- **Grave:** muy lento (por debajo de 40 bpm).
- **Lento:** lento (de 40 a 60 bpm).
- **Adagio:** lento (literalmente, significa «a gusto») (60 a 75 bpm).

- **Andante:** caminando (75 a 100 bpm).
- **Moderato:** velocidad moderada (100 a 120 bpm).
- **Allegro:** rápido (literalmente «con alegría») (120 a 160 bpm).
- **Vivace:** vivamente (150 a 170 bpm).
- **Presto:** muy rápido (170 a 200 bpm).
- **Prestissimo:** tan rápido como sea posible (200 o más bpm).

Muchos músicos aprenden a tocar siguiendo un CD o grabación o usando un simple metrónomo que mantiene un *tempo* estable. Si tocas con una grabación tienes que tocar tu guitarra suavemente hasta que sintonice con la música grabada.

Música escrita

Como has visto, la música puede anotarse en tablatura, como muestra la **FIGURA 4-10**.

FIGURA 4-10: Música escrita en tablatura

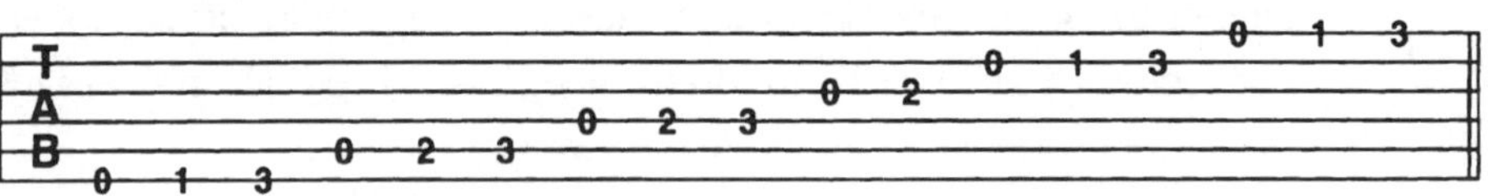

El problema es que, en este tipo de esquema, no puedes indicar fácilmente la duración que una nota debe tener. ¿Una pulsación? ¿Dos pulsaciones? ¿Tres pulsaciones? ¿Cómo lo puedes saber? Aunque la tablatura es ingeniosa, tiene sus limitaciones.

¿Cómo solucionar este problema? Divides la nota en fracciones que duran un tiempo determinado en relación con la redonda. Dado que estas divisiones son estándares y precisas, las fracciones indican una relación matemática predecible entre las notas.

Notarás que las corcheas y las semicorcheas llevan como unas banderas ligadas a su palo. Las banderas son pequeñas líneas onduladas en la parte baja o alta del palo de la nota que te indican qué tipo de nota estás tocando.

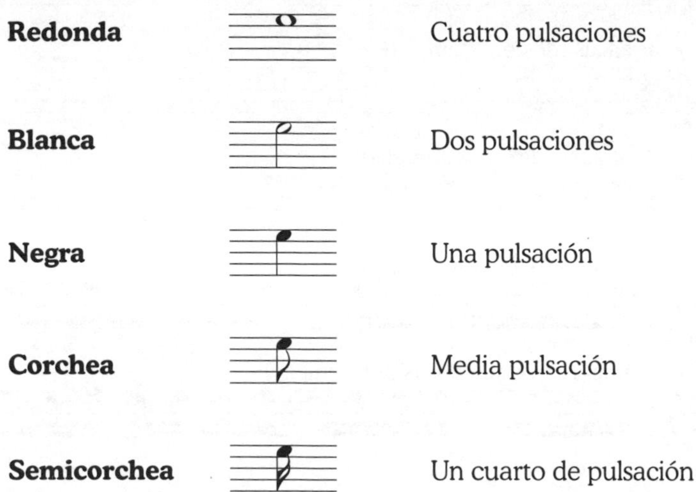

El compás

Sin duda, habrás visto símbolos del tipo 4/4 al inicio de una pieza musical (a veces 3/4 u otras del estilo). Este símbolo es conocido con el nombre de *compás*. El número de arriba (4, 3, etc.), te indica cuántas pulsaciones hay dentro de un compás. El número de abajo te indica el tipo de nota que define la pulsación (en este caso, una negra; 1 equivale a redonda, 2 a blanca, 4 a negra, 8 a corchea, etc.). Entonces, si 4/4 (también conocido como compás cuatro por cuatro) nos indica que cada compás tiene cuatro negras y 3/4 nos indica que cada compás tiene tres negras, ¿qué nos indica el compás 2/2? Lo has adivinado: dos blancas por compás. ¿Qué indica 6/8? Correcto: seis corcheas por compás. Y así sucesivamente.

El valor de las notas del compás debe sumar el que indica el tipo de compás. Por ejemplo, en el 3/4 el valor de las notas debe sumar el de tres negras. Después de eso, se dibuja una línea de compás vertical y empieza el siguiente grupo de notas que sumarán el valor de tres negras. Si las notas tuvieran que sumar cuatro, te asegurarías de que hay una línea de compás cada vez que las notas sumaran cuatro negras.

Por ejemplo, las notas de la **FIGURA 4-11** suman cuatro negras. Las de la **FIGURA 4-12** suman tres negras.

FIGURA 4-11:

FIGURA 4-12:

¿Cómo se indicar que no hay que tocar ninguna nota? ¿O que una nota dura más de lo habitual? Cada figura musical tiene una pausa correspondiente del mismo valor, que te indica cuánto tiempo tienes que esperar sin tocar ninguna nota antes de tocar la siguiente, como indica la **FIGURA 4-13**. Una pausa de negra, por ejemplo, te indica que esperes, o que te quedes sin tocar, una pulsación antes de tocar la siguiente nota. Por ejemplo, un compás 4/4 podría estar constituido por una negra, una pausa de negra y dos negras.

FIGURA 4-13:

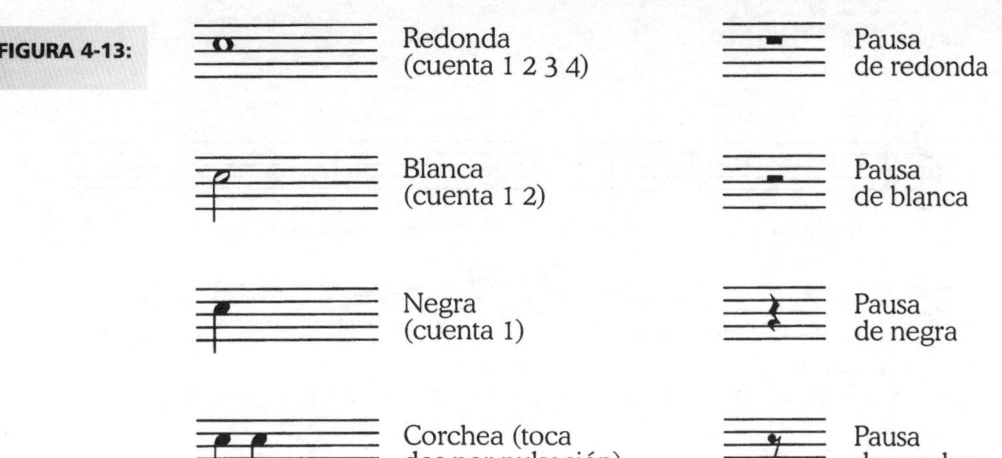

Anotando un puntillo inmediatamente después de una nota, aumentamos el valor de la nota una mitad más. Por ejemplo, una redonda con puntillo duraría cuatro pulsaciones más dos, seis en total. Una blanca con puntillo duraría dos pulsaciones más una, tres en total. Una negra con puntillo sería una pulsación más media (en este caso, la siguiente nota empezaría en medio de una pulsación).

Otro sistema para alargar la duración de la nota –incluso si tiene que sobrepasar la duración de un compás, quedará netamente escrito– es ligar dos notas. En la **FIGURA 4-14** por ejemplo, tienes que tocar la duración de la primera nota, no levantar el dedo y mantener su duración tanto como dure la nota que está ligada a la primera con una línea curva que conecta las dos notas. Haz este ejercicio junto con la pista 3 del CD que acompaña a este libro.

FIGURA 4-14: Una blanca ligada con una negra

FIGURA 4-15

PISTA 3

Indicaciones de dinámica

Cuando los músicos hablan de dinámicas, se refieren básicamente a cómo de fuerte o de suave se debe tocar una nota o un acorde. De nuevo, las indicaciones dinámicas en la música tienen nombres italianos

- ***pp***: pianissimo (muy flojo).
- ***p***: piano (flojo).
- ***mp***: mezzo piano (moderadamente flojo).
- ***mf***: mezzo forte (moderadamente fuerte).
- ***f***: forte (fuerte).
- ***ff***: fortissimo (muy fuerte).

Staccato significa corto y marcado. Cuando tocas una nota en *staccato*, aguardas toda su duración antes de tocar la siguiente, pero la tocas más corta de lo que le corresponde por su valor. Las notas *staccato* se indican normalmente con un punto debajo o encima de ellas. Lo contrario a *staccato* sería *legato*, que significa «ligado». En este caso, tocas las notas ligadas (de forma muy continua, sin ninguna separación), por ejemplo, tocas una nota y martilleas el dedo para hacer la siguiente solamente con la acción de la digitación de la mano izquierda.

FIGURA 4-16: Ejercicio para contar el valor de las notas

Coordinación de ambas manos

La gente normalmente se impresiona con el veloz conductor de Fórmula 1, el rápido corredor de pista y el intérprete que toca la guitarra muy rápido. La cosa que tienen en común todos es la coordinación. Todas las habilidades físicas se basan en la coordinación de los movimientos. Tanto si aprendes a caminar, poniendo un pie primero y otro después, o a conducir un coche con palanca de cambios, todas las habilidades son una serie de movimientos coordinados. Para tocar la guitarra, tienes que coordinar la mano izquierda con la mano derecha para tocar en la misma cuerda al mismo tiempo. Parece bastante fácil. Cuando domines esto, tendrás que aprender a tocar diferentes notas en una misma cuerda mientras las punteas simultáneamente y luego desplazarte por las otras cinco cuerdas.

Introducción al punteado

Hay dos maneras de puntear una cuerda con un plectro: *contrapúa* (hacia arriba) y *púa* (hacia abajo). Para hacer púa usa la púa para empujar hacia abajo la cuerda. Contrapúa es al revés. La púa o plectro se usa para puntear las cuerdas. Si quieres dominar el uso de la púa, tendrás que llegar a sentirte cómodo realizando de forma combinada punteos hacia arriba y hacia abajo. La **FIGURA 4-17** muestra ejercicios para el desarrollo del punteo de la mano derecha. Realiza estos ejercicios acompañado por la pista 4 del CD que acompaña a este libro. Estos ejercicios son con cuerdas al aire y están escritos de las dos maneras, notación musical y tablatura. Las cosas se complican mucho si eres zurdo y decides usar una guitarra para zurdos. Si consigues una, hazlo todo como en una imagen de espejo, sustituyendo la mano izquierda por la derecha y viceversa.

FIGURA 4-17: Ejercicios de punteo con la mano derecha

Ejercicios preliminares

La **FIGURA 4-18** plantea un ejercicio de digitación de la mano izquierda. Date cuenta de que tienes que tocar este ejercicio usando un dedo para cada traste tal y como indica la figura. (Normalmente no tocarías la nota B [si] en el cuarto traste de la tercera cuerda o en la segunda cuerda al aire. Pero para los propósitos del ejercicio es mejor que lo hagas así.)

FIGURA 4-18: Ejercicios de digitación para mano izquierda

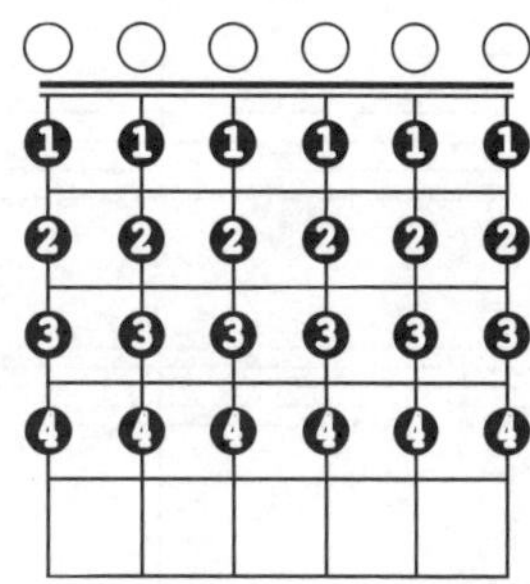

La **FIGURA 4-19** plantea un ejercicio que te permitirá practicar la regla de «un dedo por traste». Realiza este ejercicio en combinación con la pista 5 del CD que acompaña a este libro.

FIGURA 4-19: Cada dedo, un traste

PISTA 5

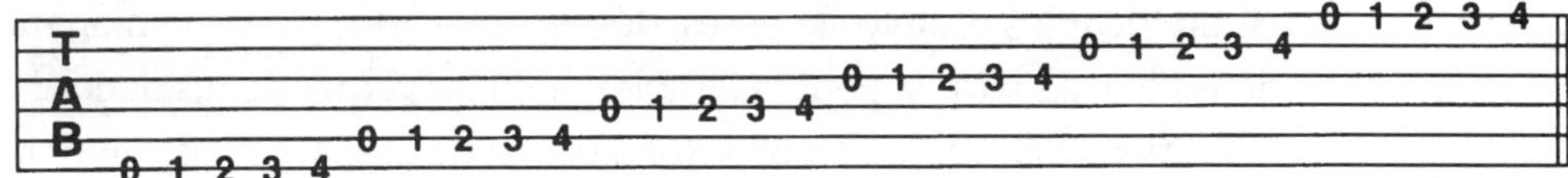

Ejercicios de destreza para los dedos de ambas manos

El ejercicio que muestra la **FIGURA 4-20** combina el trabajo de la habilidad para la coordinación con el de la destreza de los dedos. La idea es practicarlo *lentamente*. Escucha cómo está tocado en el ejemplo de la pista 6 del CD que acompaña a este libro. En un momento dado, tendrás que usar el dedo meñique de la mano izquierda. El dedo meñique es un poco más débil que los otros dedos, por lo que te costará más aprender a usarlo.

FIGURA 4-20: Escala de octavas

Consejos para la práctica

La clave de unos buenos hábitos de estudio es la constancia. Practicar diez minutos al día –cada día– es mejor que hacerlo ocho horas seguidas la tarde del sábado. Tus dedos tienen que desarrollar una memoria muscular sobre cómo tocar los distintos acordes, dónde colocarlos y de qué manera, y tú tienes que superar la pequeña molestia en las yemas de tus dedos hasta que se te formen callosidades en ellos (una sugerencia: si notas las yemas de los dedos doloridas, tómate un descanso.)

Capítulo 5

Introducción a la interpretación de canciones sencillas

Ahora aprenderás a acompañar algunas canciones y a tocar algunas melodías sencillas. Pero para eso, antes necesitas conocer algunos acordes. Un acorde es cuando tocas tres o más cuerdas juntas, normalmente rasgueando con un plectro (más comúnmente conocido como *púa*) o usando tu pulgar. Tocar un acorde es uno de los conceptos más básicos e importantes de la guitarra, motivo por el cual es enseñado antes que cualquier otra técnica.

Acordes de C (Do Mayor) y G7 (sol 7.ª)

Los acorde que vas a aprender ahora son versiones fáciles de acordes básicos (aprenderás las formas más complejas, más adelante). Se trata de los acordes de C (Do Mayor) (el que muestran las **FIGURAS 5-1** y **5-2**) y de G7 (sol 7.ª) (el que muestran las **FIGURAS 5-3** y **5-4**). Memoriza los nombres de los acordes y sus formas.

FIGURA 5-1 Y 5-2: Acorde básico de C (Do Mayor)

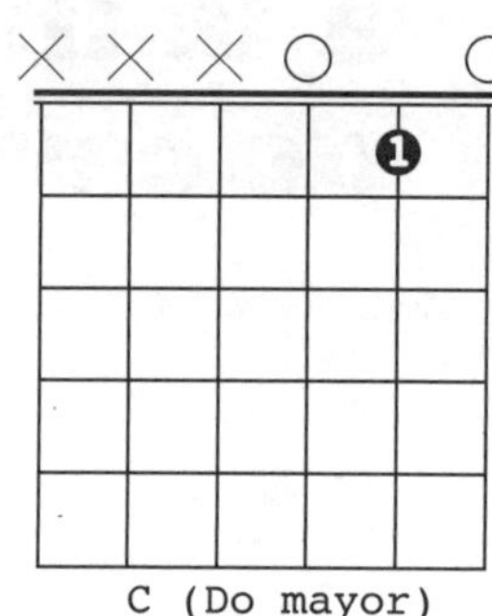

FIGURA 5-3 Y 5-4: Acorde básico de G7 (Sol 7)

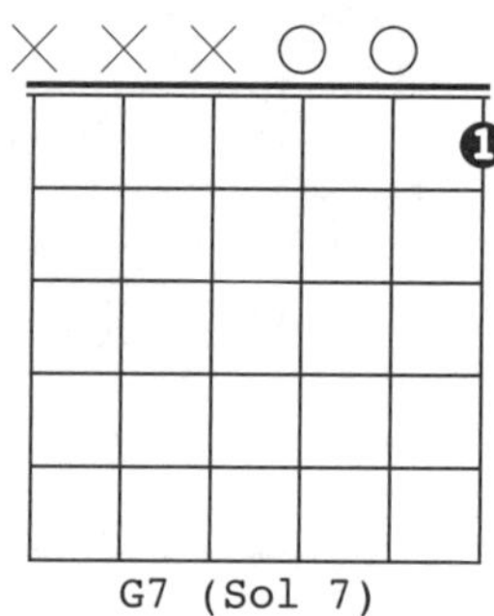

Para tocar el acorde de C (Do Mayor), pon tu primer dedo en el primer traste de la segunda cuerda. Presiona con intensidad. Rasguea las cuerdas primera, segunda y tercera juntas para tocar el acorde de C (Do Mayor). Hazlo cuatro veces. Has rasgueado cuatro pulsaciones. Cuando esas cuatro pulsaciones se escriben tal como muestra la **FIGURA 5-5**, completan un compás musical.

FIGURA 5-5: Compás de cuatro pulsaciones

Rasguea el acorde otras cuatro veces. Ahora habrás tocado dos compases de C (Do Mayor).

FIGURA 5-6

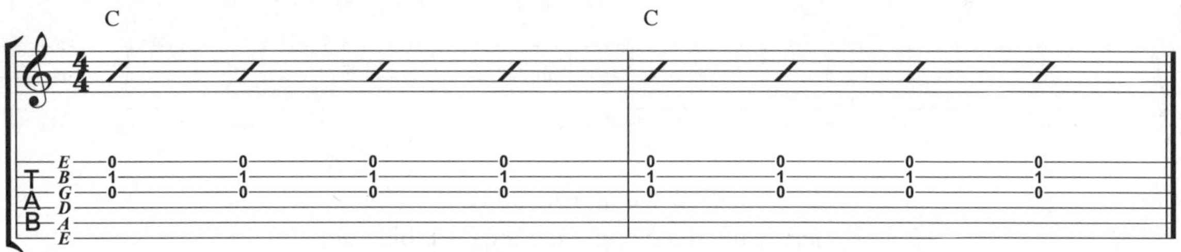

Para tocar el acorde de G7 (sol 7.ª), pon tu primer dedo en el primer traste de la primera cuerda. Rasguea las tres primeras cuerdas juntas y hazlo cuatro veces. Toca el acorde de C (Do Mayor) cuatro veces y después otras cuatro veces. Toca G7 (sol 7.ª) cuatro veces. Ahora toca C (Do Mayor) cuatro veces.

¡Sorpresa! Acabas de tocar con éxito la canción «Merrily We Roll Along». El 4/4 al principio indica que tienes que contar y tocar cuatro pulsaciones por compás. (Si el compás fuera 3/4, ¿qué significaría? Respuesta: deberías tocar y contar tres pulsaciones en cada compás en lugar de cuatro.)

Los compases se separan con líneas divisorias verticales. Es costumbre escribir cuatro compases en una línea y luego pasar a la siguiente línea. En «Merrily We Roll Along», por ejemplo, tal como muestra la **FIGURA 5-7A**, el primer compás son cuatro pulsaciones de C (Do Mayor) y el segundo compás también es de C (Do Mayor) por cuatro pulsaciones. El tercer compás es de G7 (sol 7.ª) cuatro pulsaciones y el cuarto compás es de C (Do Mayor) por cuatro pulsaciones. La siguiente línea es una repetición de la primera, por lo que la canción tiene ocho compases en total.

FIGURA 5-7A: «Merrily We Roll Along»

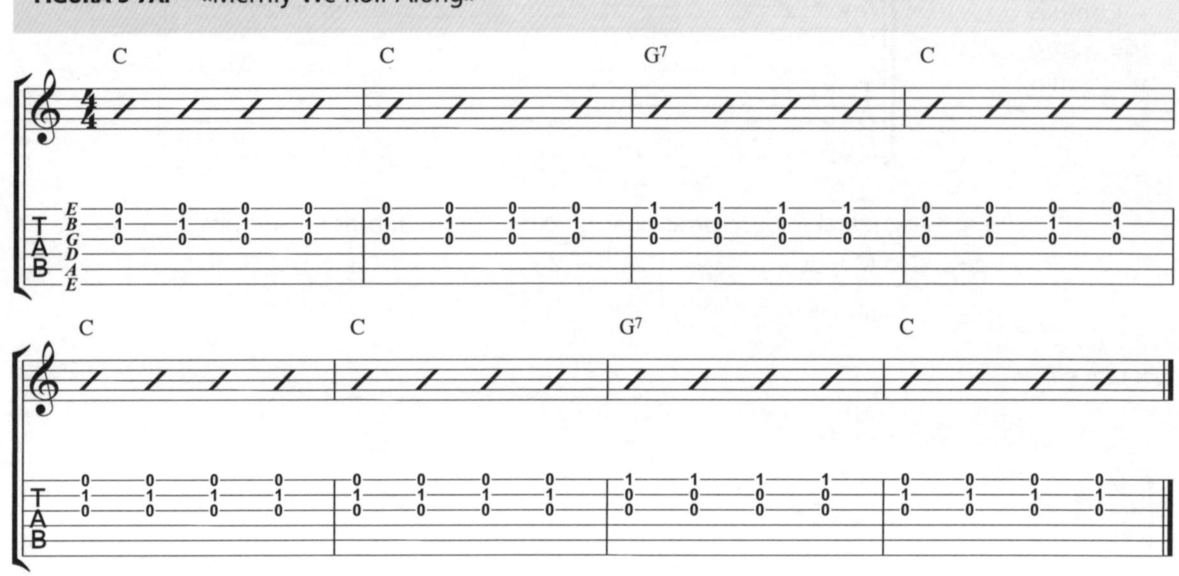

Merrily we roll along, roll along, roll along,
Merrily we roll along, over the deep blue sea.

Cambiar de un acorde a otro para tocar esta canción te tomará un tiempo de práctica. Te puedes encontrar con que te duelan las yemas de los dedos. Las cuerdas pueden zumbar si las cortas en una parte incorrecta del traste o si no presionas con suficiente intensidad.

El hecho de que estés rasgueando mientras cambias de acorde es una dificultad añadida para que cambies con facilidad el primer dedo de la primera cuerda a la segunda cuerda y luego al revés. Pero no te desanimes. Recuerda, cualquiera que haya tocado la guitarra alguna vez (desde Segovia a Pat Metheny o Eric Clapton) ha tenido que pasar por esta etapa y cada uno de ellos se sintió torpe y frustrado como tú.

El truco es practicar lento e intentar conseguir una buena técnica. Arquea suavemente la muñeca, usa las yemas de tus dedos y apoya con firmeza el pulgar en la parte media trasera del mástil así como tu yema sobre la cuerda. Intenta eliminar cualquier zumbido. Aparta los otros dedos para que no interfieran.

Prueba ahora con la antigua canción popular «Go Tell Aunt Rhodie», escrita en la **FIGURA 5-7B**.

FIGURA 5-7B: «Go tell Aunt Rhodie»

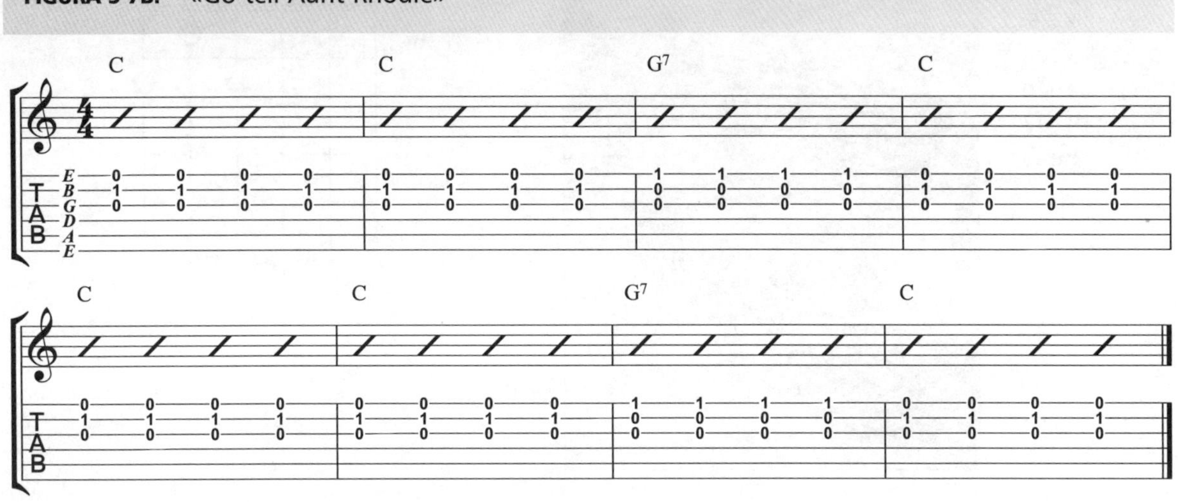

Go tell Aunt Rhodie, go tell Aunt Rhodie,
Go tell Aunt Rhodie, the old grey goose is dead.

Una vez que puedas tocar estas dos sencillas canciones cambiando con facilidad del acorde de C (Do Mayor) al de G 7 (sol 7.ª), habrá llegado el momento de adelantar y aprender otros dos importantes acordes.

Acordes de D7 (re 7.ª) y G (Sol Mayor)

El próximo acorde que aprenderás es el de D7 (re 7.ª). Se usan tres dedos. Estudia el esquema del acorde de las **FIGURAS 5-8** y **5-9**. Recuerda, los números representan el dedo que tienes que usar en cada cuerda (el tercer dedo en el segundo traste de la primera cuerda; el primer dedo en el primer traste de la segunda cuerda; el segundo dedo en el segundo traste de la tercera cuerda).

Seguramente, tendrás que practicar bastante antes de que el acorde D7 (re 7.ª) suene claramente. Trabaja en ello. Un buen ejercicio es tocar primero el acorde presionando con firmeza. Después, levanta los dedos pero conserva la disposición del acorde. Luego, recoloca los dedos sobre la cuerda –de nuevo presionando con firmeza–. Ésta es una manera de trabajar la memoria muscular, para que los dedos recuerden dónde deben ir para tocar este acorde.

FIGURA 5-8 Y 5-9: Acorde básico de D7 (Re 7)

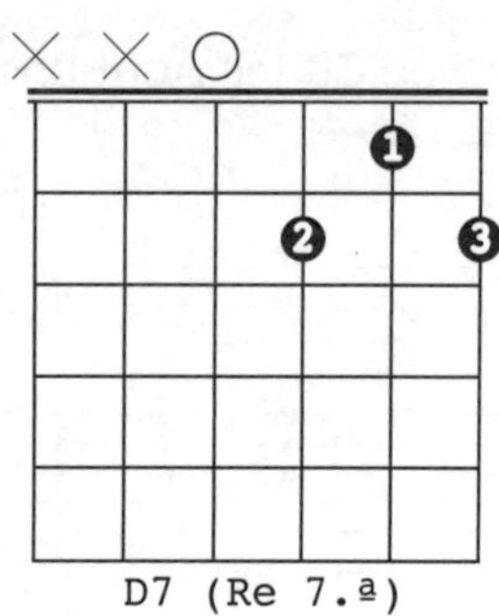

Cuando puedas colocar los tres dedos a la vez para tocar el acorde de D7 (re 7.ª) y éste suene limpio, sin zumbidos de las cuerdas es el momento de continuar y aprender el acorde básico de G (Sol). El esquema se muestra en las **FIGURAS 5-10** y **5-11**. Si te resulta difícil, toca sólo la nota de la primera cuerda y rasguea las cuatro primeras cuerdas.

FIGURA 5-10 Y 5-11: Acorde básico de G (Sol Mayor)

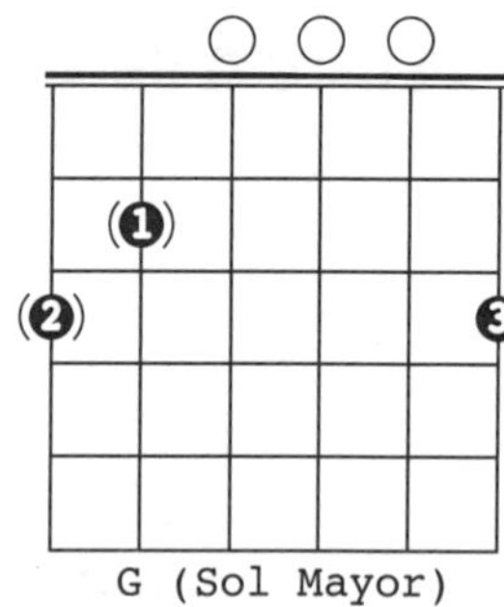

En la siguiente canción, «Twinkle, Twinkle Little Star», que se muestra en la **FIGURA 5-12**, tendrás que ir de uno a otro acorde entre los diferentes que has aprendido hasta ahora.

Date cuenta de que en esta canción, en el segundo y tercer compases, así como en otros, tocarás dos pulsaciones de C (Do Mayor) y después dos pulsaciones de G (Sol Mayor). Es una melodía difícil de tocar, así que practícala mucho. Tu objetivo es llegar a sentirte cómodo cambiando de acorde.

FIGURA 5-12: «Twinkle, Twinkle Little Star»

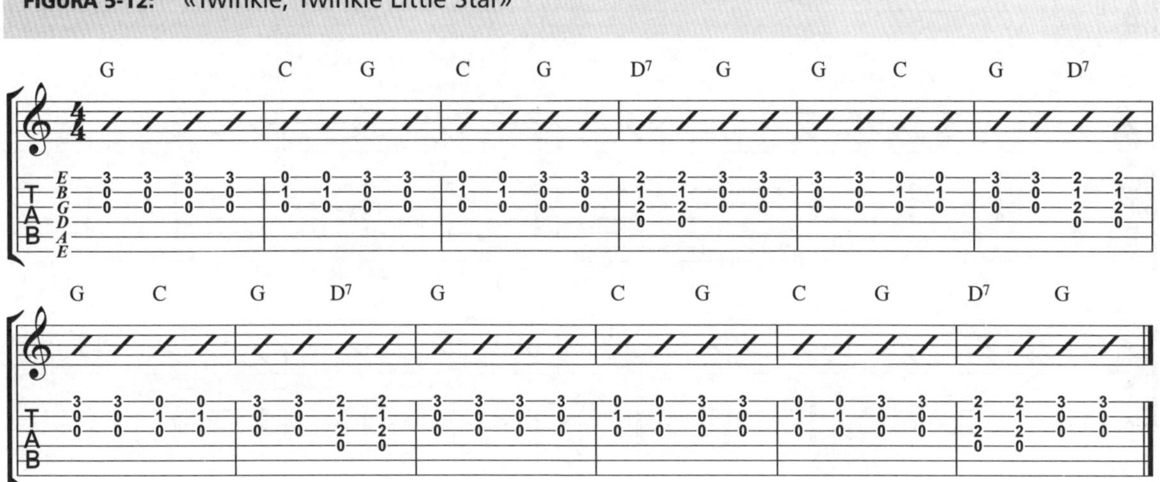

Twinkle, twinkle little star, how I wonder where you are
Up above the world so high, like a diamond in the sky,
Twinkle, twinkle little star, how I wonder where you are.

«Amazing Grace», en la **FIGURA 5-13**, está escrita en compás de 3/4. Esto significa que debes rasguear tres pulsaciones por compás.

FIGURA 5-13: «Amazing Grace»

Para simplificar la escritura, en lugar de volver a escribir compases que son una simple repetición del compás anterior, puedes usar un signo de repetición de compás (**FIGURA 5-14**). Este signo significa que debes repetir el compás que le precede (observa cómo se usa en la canción «She'll Be Coming Round The Mountain», en la **FIGURA 5-22**).

FIGURA 5-14: Signo de repetición de compás

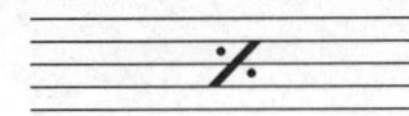

Ensaya las versiones completas de los acordes de C (Do Mayor), G (Sol Mayor), G7 (sol 7.ª) y D7 (re 7.ª) (tal como se muestran en las **FIGURAS 5-15** a **5-18**) y después vuelve a practicar las canciones anteriores con estas versiones acompañándote de las pistas del CD correspondientes.

FIGURA 5-15 Y 5-16: Acorde completo de C (Do Mayor)

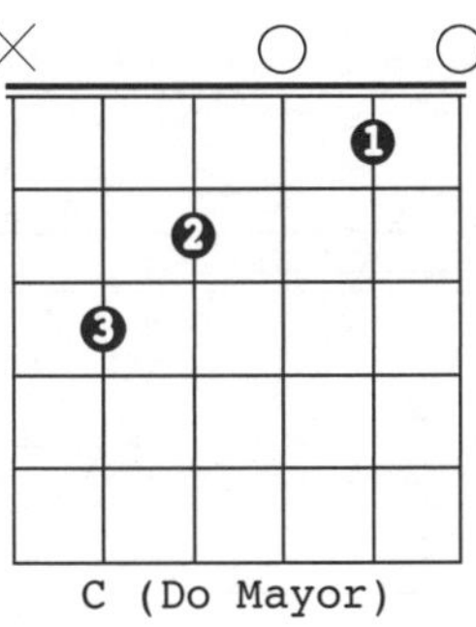

FIGURA 5-17 Y 5-18: Acorde completo de G7 (Sol 7)

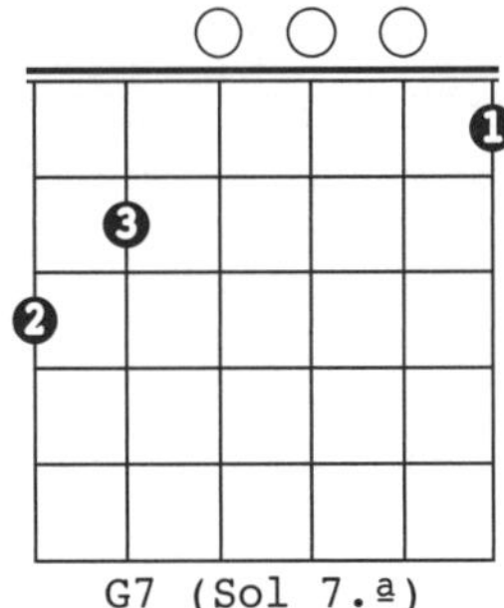

Canciones en las dos primeras cuerdas

A continuación tienes las versiones de «Merrily We Rol Along» y «Go Tell Aunt Rhodie» con los acordes completos. Ambas canciones se tocan en las dos primeras cuerdas. Las **FIGURAS 5-19** y **5-20** muestran estas canciones con la melodía incluida. Si lo necesitas, usa la tablatura y mientras tocas escucha las pistas 7 y 8 del CD que acompaña a este libro.

FIGURA 5-19: «Merrily We Rol Along»

PISTA 7

FIGURA 5-20: «Go Tell Aunt Rhodie»

PISTA 8

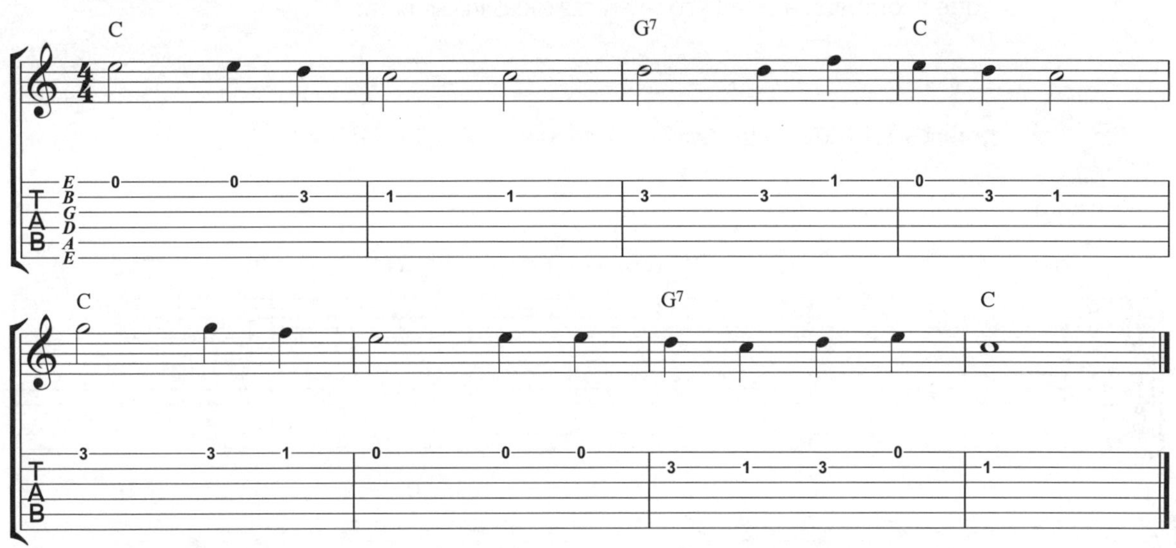

Canciones en las tres primeras cuerdas

«Twinkle, Twinkle Little Star» se toca en las tres primeras cuerdas. La **FIGURA 5-21** muestra esta canción con la melodía incluida. Escucha la pista 9 del CD que acompaña a este libro mientras tocas la canción.

FIGURA 5-21: «Twinkle, Twinkle Little Star» (G7) (Sol 7)

G C G C G D7 G

G C G D7 G C G D7

G C G C G D7 G

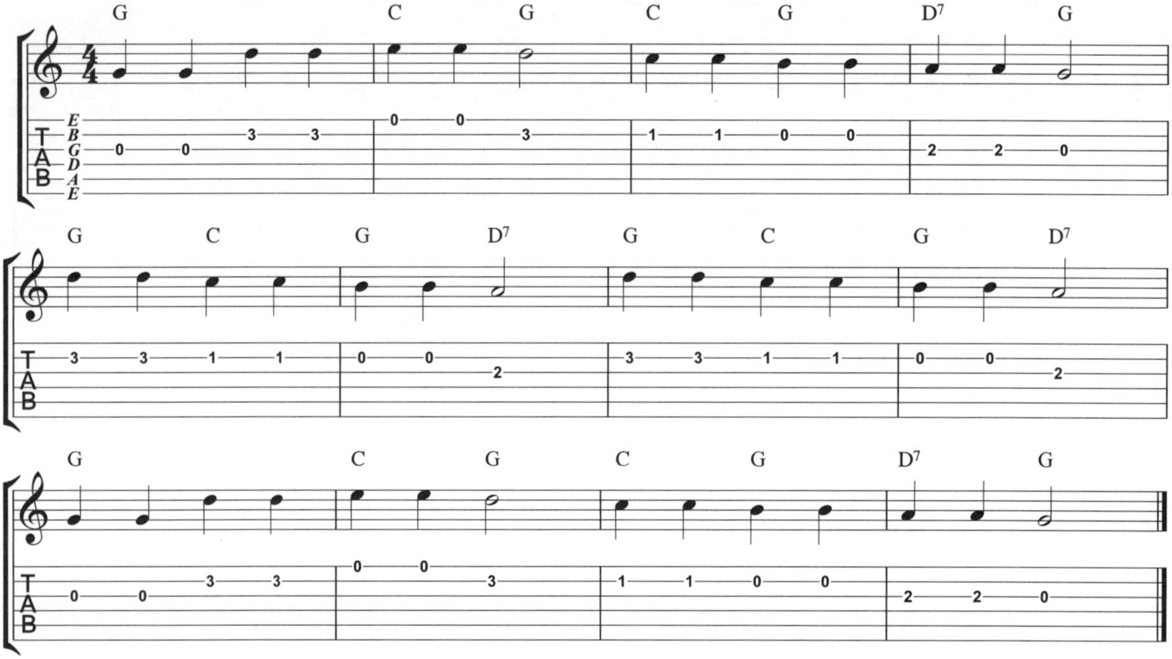

Canciones en las cuatro primeras cuerdas

Las **FIGURAS 5-22** y **5-23** muestran «She'll Be Comin' Round The Mountain» y «Amazing Grace». Ambas canciones se tocan en las cuatro primeras cuerdas. Escucha las pistas 10 y 11 del CD que acompaña a este libro mientras tocas estas canciones.

FIGURA 5-22: «She'll Be Comin' Round The Mountain»

Cuenta 1 2 3 4

FIGURA 5-23: «Amazing Grace»

PISTA 11

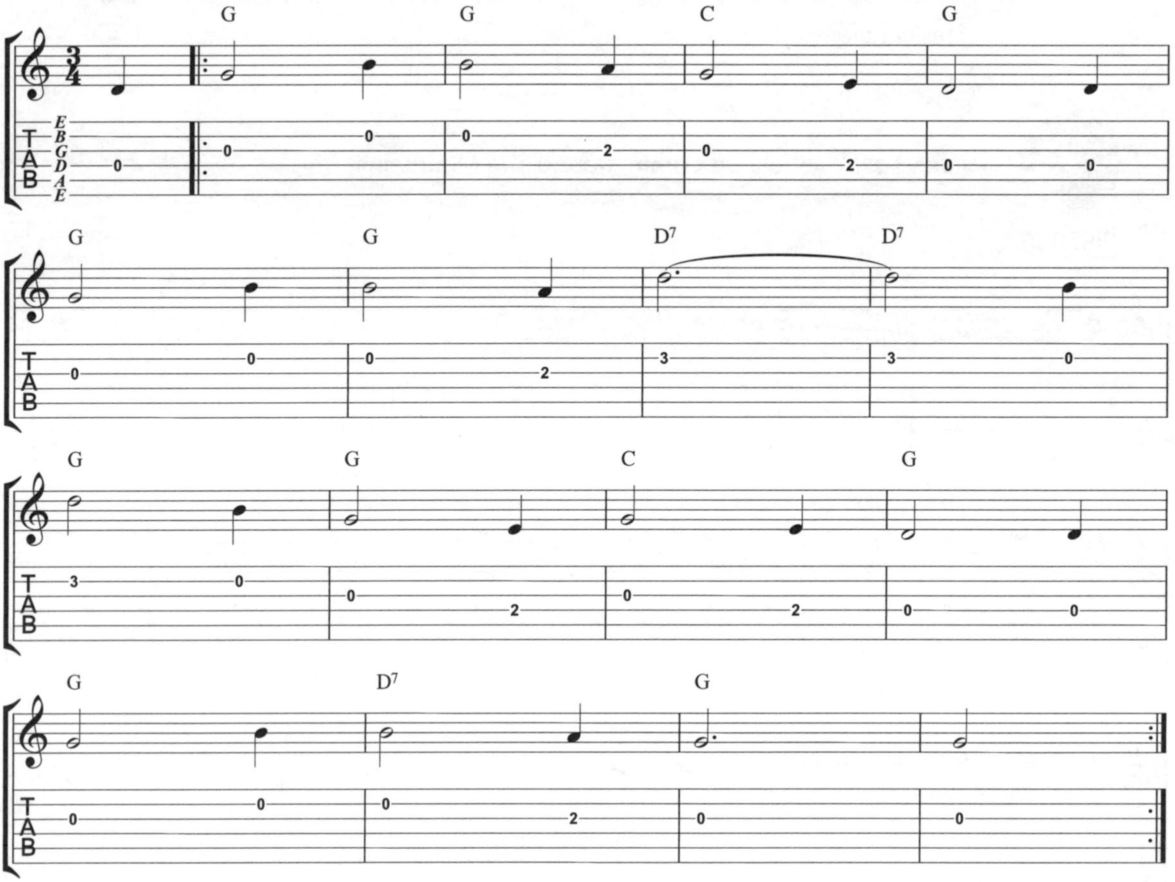

G G C G

G G D7 D7

G G C G

G D7 G

Patrones de bajo en la quinta y sexta cuerdas

Sólo como un ejercicio extra, intenta tocar «She'll Be Comin' Round The Mountain», sobre la quinta y la sexta cuerdas, tal como muestra la **FIGURA 5-24**. Escucha la pista 12 del CD que acompaña al libro mientras tocas. Acabas de transportar la canción una octava abajo. ¿Has visto cómo has adelantado? Buen trabajo.

FIGURA 5-24: «She'll Be Comin' Round The Mountain», una octava baja

PISTA 12

Cuenta 1 2 3 4

Capítulo 6

Teoría básica de la tablatura de los trastes de la guitarra

En el capítulo 4 aprendiste algunos aspectos del pentagrama musical: las notas pueden escribirse sobre las líneas (mi, sol, si, re y fa) o en los espacios (fa, la, do y mi). También sabes que puedes aumentar o disminuir la altura de estas notas usando los signos de sostenido ♯ y de bemol ♭ (bajar o disminuir una nota significa bajarla medio tono o un traste; aumentar o subir una nota significa elevarla medio tono o un traste). En lugar de escribir muchos sostenidos o bemoles en la partitura, cosa que puede resultar desordenada o confusa, puedes escribirlos al principio de una pieza musical. Este método te indica que todas las notas que indicas al principio con un sostenido o un bemol, se tocan sostenidas o bemol, a menos que vengan precedidas del signo de becuadro ♮, cosa que indicaría que hay que tocarlas natural, sin sostenido ni bemol.

Armaduras

Una armadura es una serie de sostenidos o bemoles escritos al principio de un pentagrama que indica qué notas deben ser tocadas aumentadas o disminuidas respecto a las notas naturales. En función de cuántos sostenidos o bemoles haya al principio de una pieza musical, puedes decir en qué tonalidad está escrita la pieza.

La siguiente lista muestra la correspondencia entre el número de sostenidos y bemoles y la armadura (tal como se muestra en la **FIGURA 6-1**):

- Ningún sostenido, ningún bemol = Armadura de C (Do Mayor).
- Un sostenido = armadura de G (Sol Mayor).
- Dos sostenidos = armadura de D (Re Mayor).
- Tres sostenidos = armadura de A (La Mayor).
- Cuatro sostenidos = armadura de E (Mi Mayor).
- Cinco sostenidos = armadura de B (Si Mayor).
- Seis sostenidos = armadura de F♯ (Fa♯ Mayor).
- Siete sostenidos = armadura de C♯ (Do♯ Mayor).
- Un bemol = armadura de F (Fa Mayor).
- Dos bemoles = armadura de B♭ (Si♭ Mayor).
- Tres bemoles = armadura de E♭ (Mi♭ Mayor).
- Cuatro bemoles = armadura de A♭ (La♭ Mayor).
- Cinco bemoles = armadura de D♭ (Re♭ Mayor).
- Seis bemoles = armadura de G♭ (Sol♭ Mayor).
- Siete bemoles = armadura de C♭ (Do♭ Mayor).

Seis bemoles (o notas alteradas) es casi tantas notas como las que tienes que recordar. Después aprenderás que son los enarmónicos (una misma nota con dos nombres distintos). En algunos instrumentos pueden afinarse de manera sutilmente diferente (con lo que en realidad no se podrían usar de forma indistinta), Un ejemplo serían el do bemol y el si natural, que son en realidad la misma nota (un violinista tocaría el si natural sutilmente más agudo que el do bemol y ello daría una función expresiva y tonal diferente a la nota).

FIGURA 6-1: Armaduras

Cuando te sientas cómodo con toda esta información, intenta tocar las melodías escritas en las **FIGURAS 6-2** a **6-4**. Mientras tocas, escucha las pistas 13 a 15 del CD que acompaña a este libro.

FIGURA 6-2: «Polly Wolly Doodle»

PISTA 13

FIGURA 6-3: «Drunken Sailor»

PISTA 14

FIGURA 6-4: «We Wish You a Merry Christmas»

PISTA 14

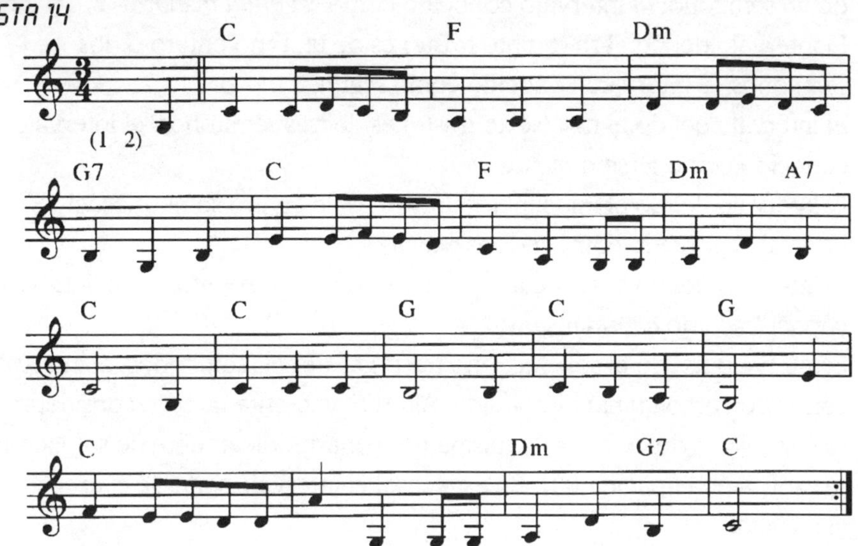

Intervalos

Se llama *intervalo* a la distancia entre dos notas. Los trastes de la guitarra están separados por una distancia de medio grado o medio tono (es lo mismo). Medio tono o un semitono (de nuevo la misma cosa con diferentes nombres) es el intervalo más pequeño, o la distancia más pequeña, posible entre dos notas –al menos en la música occidental–. Es la distancia que hay entre do y do sostenido (el do sostenido es medio tono más alto que el do natural, y el re bemol es enarmónicamente la misma nota, medio tono más baja que el re natural).

Un grado completo o un tono entero (llamado normalmente un tono), está constituido por dos semitonos, y es, por ejemplo, la distancia entre do y re. Sería la distancia equivalente a dos trastes de la guitarra.

Es muy útil conocer esta información intelectualmente, pero también lo es saber aplicarla para tocar el instrumento. Para ver físicamente el aspecto de los intervalos, mira tu quinta cuerda. Los siguientes ejemplos están todos contados a partir del do que se toca en el tercer traste de la quinta cuerda.

Nombres de los intervalos

- El intervalo del do al do♯ (cuarto traste, también conocido como re♭) es de un semitono: el intervalo conocido como *segunda menor*.
- El intervalo del do al re (quinto traste) es de un tono entero o dos semitonos: el intervalo conocido como *segunda mayor*.
- El intervalo del do al mi♭ (sexto traste) es de tres semitonos: el intervalo conocido como *tercera menor*.
- El intervalo del do al mi (séptimo traste) es de cuatro semitonos: el intervalo conocido como *tercera mayor*.
- El intervalo del do al fa (octavo traste) es de cinco semitonos: el intervalo conocido como *cuarta justa*.
- El intervalo del do al sol♭ (noveno traste) es de seis semitonos: el intervalo conocido como *quinta disminuida*. Alternativamente puedes considerar este intervalo de do a fa♯ (la misma nota enarmónicamente de sol♭, como se explica en la página 83). En este caso, el intervalo sería de *cuarta aumentada*.
- El intervalo del do al sol (décimo traste) es de siete semitonos: el intervalo conocido como *quinta justa*.
- El intervalo del do al sol♯ (decimoprimer traste) es de ocho semitonos: el intervalo conocido como *quinta aumentada*. Si pensaras el intervalo de do a la♭ (enarmónicamente la misma nota), el intervalo sería de *sexta menor*.
- El intervalo del do al la (decimosegundo traste) es de nueve semitonos: el intervalo conocido como *sexta mayor*.
- El intervalo del do al la♯ (decimotercer traste) es de diez semitonos: el intervalo conocido como sexta aumentada. Si pensaras el intervalo de do a si♭, el intervalo sería de *séptima menor*.
- El intervalo del do al si (decimocuarto traste) es de once semitonos: el intervalo conocido como *séptima mayor*.
- El intervalo del do al do (decimoquinto traste) es de doce semitonos: el intervalo conocido como *octava justa*.

La **FIGURA 6-5** muestra los intervalos escritos en notación musical.

FIGURA 6-5: Los intervalos escritos en notación musical

Círculo de quintas

Si observas las armaduras atentamente, te darás cuenta de que de do a sol, hay una quinta; de sol a re hay una quinta; de re a la hay una quinta, y así sucesivamente a través de las armaduras de los sostenidos. De forma similar, de do a fa hay una cuarta y de fa a si♭ hay una cuarta, y así sucesivamente a través de las armaduras de los bemoles. En esencia, el modelo avanza por quintas en una dirección y por cuartas en otra. Llamado *círculo de quintas*, este modelo se ilustra en la **FIGURA 6-6**.

FIGURA 6-6: Círculo de quintas

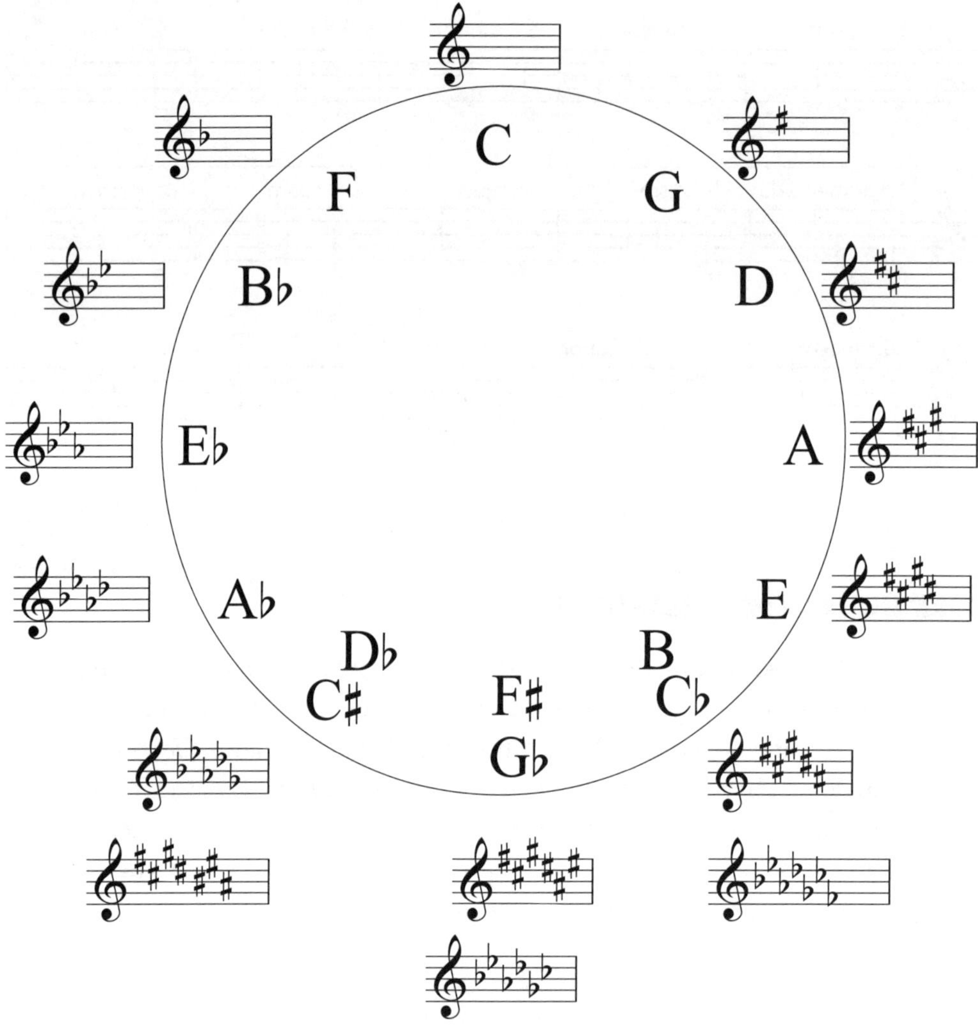

El círculo de quintas es una manera fácil pero muy importante para aprender las armaduras de las piezas musicales, porque te muestra cuántos sostenidos o bemoles tienen las armaduras. El tono de do no tiene ningún bemol ni ningún sostenido. El círculo de quintas funciona en el sentido de las agujas del reloj aumentando una quinta a cada paso. Por ejemplo, la quinta nota de la escala de Do Mayor es sol. La quinta nota de la escala de Sol Mayor es re, y así sucesivamente. Date cuenta también, de que el círculo tiene doce notas que corresponden a los doce números de un reloj.

¿En qué forma te puede ser útil esta información? Imagina una progresión de acordes, por ejemplo de Do Mayor a Fa Mayor. Ahora, imagina que quieres hacer la misma progresión, pero desde la. En otras palabras, quieres tocar exactamente la misma progresión de acordes pero desde la en lugar de desde do. Fa está una quinta en sentido contrario a las agujas del reloj desde do, por lo que lo único que tienes que hacer es partir desde la e ir una quinta en sentido contrario a las agujas del reloj a re. Así de fácil es manejar el círculo de quintas. (En la guitarra, el círculo de quintas todavía es más fácil cuando empiezas a tocar acordes con cejilla, explicados en la página 133.)

Escalas

Antes de empezar tu viaje por las escalas en primera posición, debes entender la fórmula de las escalas mayor y menor. Ambas escalas se determinan por la forma en que se suceden los tonos y los semitonos. Dependiendo de si la escala es mayor o menor, estos tonos y semitonos se distribuyen en una secuencia diferente.

Es común referirse a los tonos y los semitonos como *grados completos* o *medios grados*. Estos dos términos forman parte del lenguaje de las escalas de las distintas tonalidades. Es importante tener ambos términos en tu vocabulario musical.

Escala mayor

Hay muchos tratados buenos de armonía y no se trata aquí de aprender toda la teoría acerca de la composición de las escalas. Si estás interesado en el tema, echa una ojeada al apéndice C, dónde encontrarás varios libros para entrar en materia. Básicamente, la escala mayor es un patrón de notas en la que los semitonos y los tonos se disponen de la siguiente forma: tono, tono, semitono, tono, tono, tono, semitono (sigue el patrón de las notas naturales, que distan entre sí un tono en todos los casos menos en el del mi al fa y el del si al do, en que la distancia es de medio tono). Entonces, por ejemplo, en la escala de Do Mayor, en la que todas las notas son naturales, fíjate en la disposición de los tonos y los semitonos y verás que coincide:

- Do-re tono.
- Re-mi tono.
- Mi-fa semitono.
- Fa-sol tono.
- Sol-la tono.
- La-si tono.
- Si-do semitono.

Si la escala fuera de Re Mayor, que lleva todas las notas naturales menos el fa y el do que son sostenidos, igual:

- Re-mi tono.
- Mi-fa♯ tono.
- Fa♯-sol semitono.
- Sol-la tono.
- La-si tono.
- Si-do♯ tono.
- Do♯-re semitono.

Puedes empezar en cualquier nota y seguir este modelo para generar una escala mayor en esa tonalidad.

El siguiente ejemplo, muestra cómo seguir este modelo para generar la escala mayor en la tonalidad de Do:

- Empieza por el do.
- De do sube un tono (grado entero, dos trastes) a re.
- De re sube un tono (grado entero) a mi.
- De mi sube medio tono (medio grado, un traste) a fa.
- De fa sube un tono (grado entero) a sol.
- De sol sube un tono (grado entero) a la.
- De la sube un tono (grado entero) a si.
- De si sube medio tono (medio grado) a do.

Escalas relativas menores

A cada escala mayor le corresponde una escala menor (que se llama su *relativa menor natural*). Esta escala sigue el mismo modelo que la mayor pero empieza en la sexta nota de la escala mayor. Es el caso de Do Mayor, la escala menor relativa empezaría en la nota la, como muestra la **FIGURA 6-7**. Escucha esta escala en la pista 16 del CD que acompaña a este libro.

FIGURA 6-7: Escala relativa menor de Do Mayor

Escalas menores armónicas

Aparte de la natural menor, hay otros dos tipos de escalas menores que puedes estudiar: la menor armónica y la menor melódica. Igual que las escalas mayores cada una de estas escalas empieza por una determinada nota, que determina el tono, la armadura de la escala, y luego evoluciona siguiendo un determinado patrón de sucesión de tonos y semitonos. La escala menor armónica y la menor melódica se construyen de forma sutilmente diferente.

El modelo para la escala menor armónica, es como sigue: tono, semitono, tono, tono, semitono, tres semitonos (tercera menor), semitono. La escala menor armónica de la evoluciona según este modelo tal como sigue:

- Empieza por el la.
- De la sube un tono (un grado) a si.
- De si sube medio tono (medio grado) a do.
- De do sube un tono (un grado) a re.
- De re sube un tono (un grado) a mi.
- De mi sube medio tono (medio grado) a fa.

- De fa sube tres semitonos (tercera menor) a sol♯.
- De sol♯ sube medio tono (medio grado) a la.

La escala menor armónica de do sigue la siguiente progresión: do-re-mi♭-fa-sol-la♭-si-do. Escucha esta escala en la pista 17 del CD.

FIGURA 6-8: Escala menor armónica de do

Escalas menores melódicas

La escala menor melódica es más compleja, porque según la armonía clásica se toca de una forma cuando es ascendente y de otra cuando es descendente. Sin embargo, dado nuestro propósito pedagógico, la aprenderás igual subiendo que bajando. La escala menor melódica se construye según la siguiente progresión: tono, semitono, tono, tono, tono, tono, semitono.

En el tono de la, la escala menor melódica es: la-si-do-re-mi-fa♯-sol♯-la.

En el tono de do, la escala menor melódica es: do-re-mi♭-fa-sol-la-si-do.

La **FIGURA 6-9** ilustra estas dos escalas que puedes oír en la pista 18 del CD.

FIGURA 6-9: Escalas menores melódicas

PISTA 17

Escalas en primera posición

Las **FIGURA 6-10** a **6-20** desarrollan los modelos de escalas mayores que se tocan en primera posición. Escucha las pistas correspondientes en el CD que acompaña a este libro (pistas 19 a 29) para oír cómo se tocan estas escalas mayores.

FIGURA 6-10: Escala de Re Mayor

PISTA 19

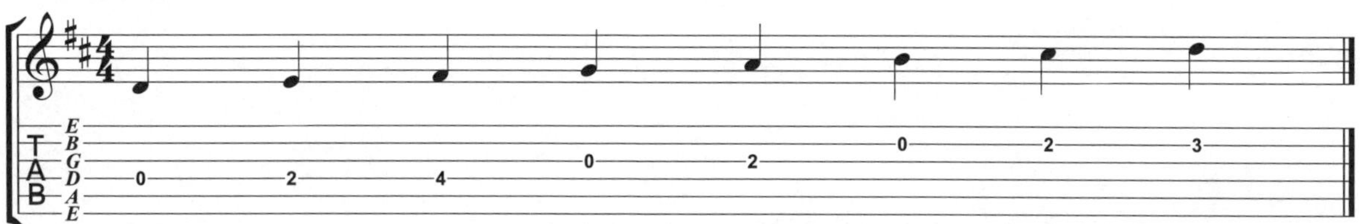

FIGURA 6-11: Escala de Sol Mayor

PISTA 20

FIGURA 6-12: Escala de La Mayor

PISTA 21

FIGURA 6-13: Escala de Mi Mayor

PISTA 22

FIGURA 6-14: Escala de Si Mayor

PISTA 23

FIGURA 6-15: Escala de Fa Mayor

PISTA 24

FIGURA 6-16: Escala de Si♭ Mayor

PISTA 25

FIGURA 6-17: Escala de Mi♭ Mayor

PISTA 26

FIGURA 6-18: Escala de La♭ Mayor

PISTA 27

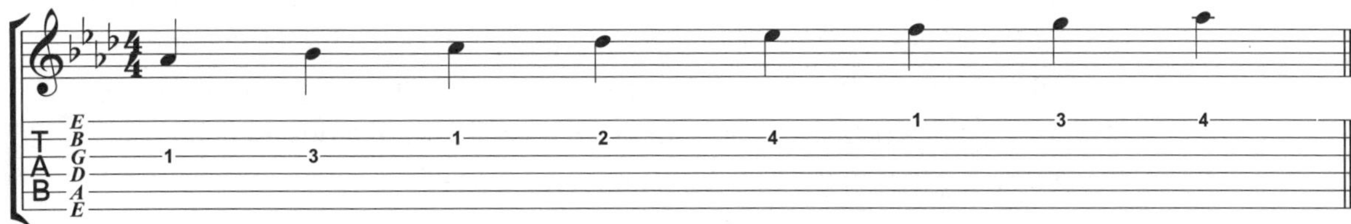

FIGURA 6-19: Escala de Re♭ Mayor

PISTA 28

FIGURA 6-20: Escala de Sol♭ Mayor

PISTA 29

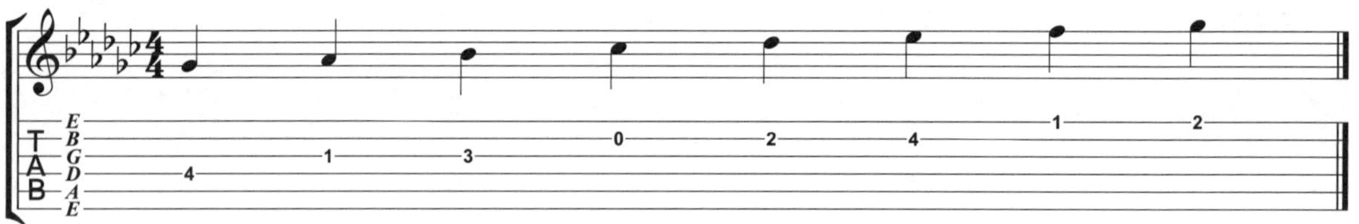

Introducción a los arpegios

Un arpegio es simplemente un acorde «roto». En otras palabras, si tocas las notas que constituyen un arpegio sucesivamente en lugar de simultáneamente, estás tocando un arpegio. Por ejemplo, el arpegio de Do Mayor 7.ª, está compuesto por las notas do-mi-sol-si; si tocas estas notas una a una, estás tocando un arpegio. Para tocar estos arpegios correctamente, debes estudiarlos en dos octavas (el rango compuesto por ocho grados diatónicos a partir de una nota). Por ejemplo, la **FIGURA 6-21** muestra el arpegio de Do Mayor 7.ª en dos octavas: do-mi-sol-si-do, mi-sol-si-do. Puedes escuchar este arpegio en la pista 30 del CD que acompaña a este libro.

FIGURA 6-21: Arpegio en dos octavas de Do Mayor 7

PISTA 30

INFORMACIÓN

La palabra *arpeggio* del italiano, en relación con «tocar el arpa». Hace referencia a un acorde cuyas notas se tocan sucesivamente en lugar de simultáneamente sonando como un acorde. Algunos instrumentos que usan el recurso técnico de los arpegios son la guitarra, el bajo eléctrico, los sintetizadores y otros diversos instrumentos de cuerda.

La práctica de las notas individuales de los arpegios (es decir, tocar una a una las notas de un acorde), es una forma estupenda de retener estas notas en la memoria. Es, además, una base fabulosa para aprender a improvisar sobre la secuencia de un acorde. Intenta el ejercicio en primera posición planteado en la **FIGURA 6-22** y escucha la pista 31 del CD que acompaña a este libro. Recuerda, primero estudia lentamente y luego ve aumentando gradualmente la velocidad.

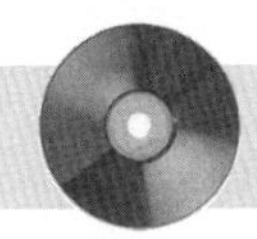

FIGURA 6-22: Estudio de un arpegio en primera posición

PISTA 31

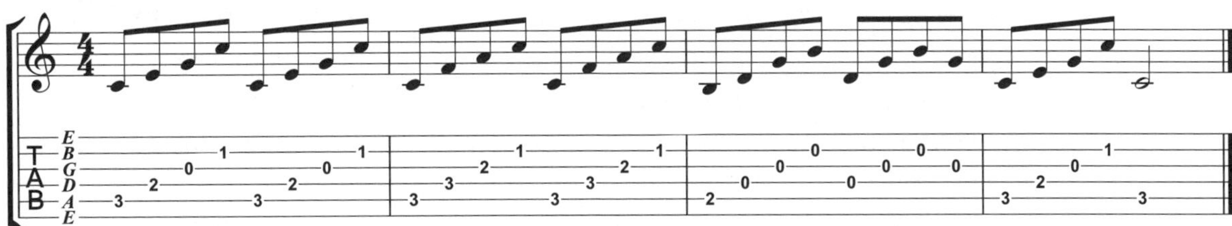

Ejemplos intermedios de *tempo* y ritmo

Cuando aprendes a tocar un instrumento es esencial el entrenamiento rítmico. Esta práctica te ayudará a desarrollar la coordinación y un sentido del *tempo*. Una de las primeras habilidades que tendrás que desarrollar es la de aprender a estudiar con metrónomo. En el mercado se encuentran varios tipos de metrónomo, por lo que debes pedir consejo a un vendedor para adquirir el que más te convenga. Un simple metrónomo digital ya te sirve.

Una vez que tengas el metrónomo, escucha sus pulsaciones en un *tempo* lento. Esto es todo lo que tienes que hacer al principio: escuchar. ¡Es lo más importante! Después, cuenta en voz alta, acompañando las pulsaciones del metrónomo «1, 2, 3, 4» y así sucesivamente. Cuando tengas la guía del metrónomo en la cabeza, golpea el cuerpo de la guitarra siguiendo el metrónomo y contando en voz alta de nuevo.

Una vez que hayas conseguido contar en voz alta y percutir la guitarra a ritmo con el metrónomo, es el momento de llevar tus manos al mástil y empezar a practicar realmente. El ejercicio planteado en la **FIGURA 6-23** está pensado para ayudarte a desarrollar tu sentido del ritmo y la habilidad de leer a vista. Mientras tocas, escucha la pista 32 del CD que acompaña a este libro.

Cuando toques este ejercicio, intenta primero tocarlo con las palmas y luego cántalo en voz alta. Cuando sientas que lo cantas a ritmo, te gustará lo que oyes. A medida que avances, la música será un poco más complicada, pero estos primeros pasos son importantes para tu progreso.

Ejercitando el autoaprendizaje

Sería estupendo tener un profesor de guitarra siempre a punto, cuando tienes alguna duda sobre algo, pero resultaría un poco caro. Cuando se trata de que te enseñes a ti mismo a tocar la guitarra, tienes que tomar notas sobre tus progresos. Escribir un diario sobre lo que has practicado te ayudará a autoabastecerte para seguir progresando. Para controlar tus avances, también te ayudará grabarte. Quedarás muy impresionado con tus nuevas habilidades y te proporcionará ideas para seguir avanzando. En la era digital, un día puedes grabar todos estos fragmentos en un disco, siguiendo un orden lógico, y escuchar en qué punto estabas y en qué punto estás ahora. Quedarás impresionado y orgulloso de tus logros.

FIGURA 6-23: Ejercicio rítmico sencillo

PISTA 32

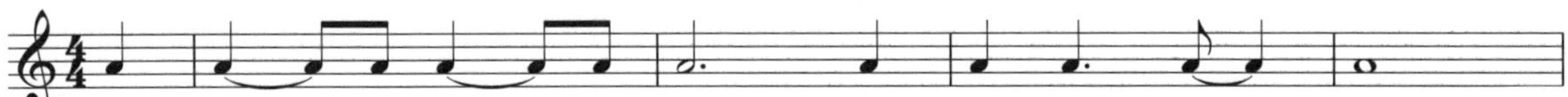

Capítulo 7

Introducción a la armonía

El tema de la armonía es muy amplio. Algunos músicos han dedicado toda su carrera a estudiar armonía sin llegar nunca a terminar su labor. Estudiarla puede llevarte de viaje, desde el blues rural del Delta del Mississippi hasta las canciones de los Beatles; desde las composiciones de Frank Zappa hasta las composiciones de jazz y los arreglos de Duke Ellington; de las gigas y reels de Escocia e Irlanda al inmenso continente de los compositores clásicos, tales como John Dowland, Beethoven, Bach, Debussy, Stravinsky, Vaughan Williams, John Cage y muchos, muchos más.

¿Qué es la armonía?

En la raíz de estas grandiosas y diferentes maneras de componer música están las mismas ideas básicas: melodía, ritmo y armonía. La melodía se ocupa de las notas que se tocan sucesivamente, constituyendo una tonada, y el ritmo hace referencia a la duración que las notas deben tener y cada cuánto deben tocarse (ver el capítulo 6, en especial la **FIGURA 6-23**). Ahora exploraremos el tercer elemento, la armonía, lo que sucede cuando tocas dos o más notas simultáneamente.

La mayoría de la gente espera que la música suene de una determinada manera, a consecuencia de lo cual existen determinadas reglas sobre cómo, cuándo y por qué determinadas notas deben tocarse juntas. Aunque te dediques al headbanging rockero o a otras formas de música experimental, antes de romper con ellas es mejor que tengas algunos conocimientos sobre las reglas que estás a punto de ignorar.

De hecho, todo aquello de que trata este capítulo puede aplicarse a cualquier tonalidad. Pero, para que sea más fácil de entender, vamos a centrarnos en la tonalidad de Do Mayor. Como aprendiste en el capítulo 5, la tonalidad de Do Mayor no lleva sostenidos ni bemoles (alteraciones), por lo que las variaciones y todo lo que sigue será más fácil de observar.

La **FIGURA 7-1** muestra la escala de Do Mayor. Date cuenta de que las notas se sitúan alternativamente en las líneas y los espacios. Por ejemplo, el do se escribe en una línea adicional, el re en un espacio, el mi en una línea, el fa en un espacio, y así sucesivamente.

FIGURA 7-1: Escala de Do Mayor

Práctica con intervalos intermedios

Volvamos a visitar el concepto de la distancia entre dos notas, llamada intervalo. Recordarás que los trastes de la guitarra están separados entre sí por una distancia de medio grado (o medio tono o semitono). Ahora aplicarás estos conocimientos a la distancia entre las cuerdas. También hay intervalos *entre las cuerdas*. La mejor manera de entender la lógica de los intervalos entre las cuerdas ¡es mirarlos! Basadas en la afinación estándar de la guitarra que has usado hasta ahora, las **FIGURAS 7-2** a **7-8** muestran el aspecto que algunos de los intervalos definidos en la lista de la página 84 tienen sobre el mástil de la guitarra. Observa en estos ejemplos que los números dentro de los círculos indican el número de la cuerda y las líneas unen las dos cuerdas. Estos intervalos pueden tocarse en cualquier parte del diapasón.

FIGURA 7-2: Intervalos de segunda mayor

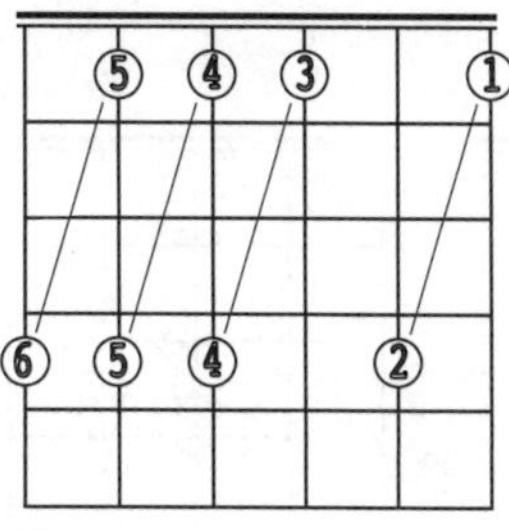

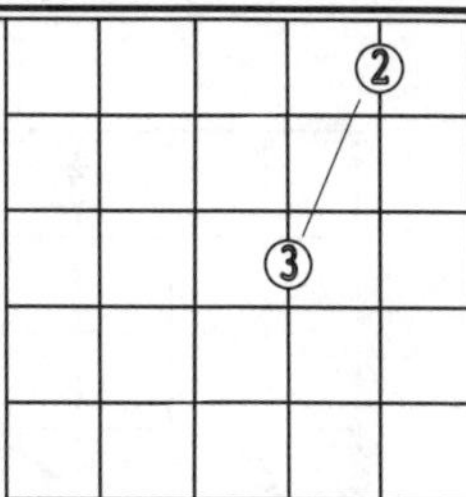

FIGURA 7-3: Intervalos de tercera mayor

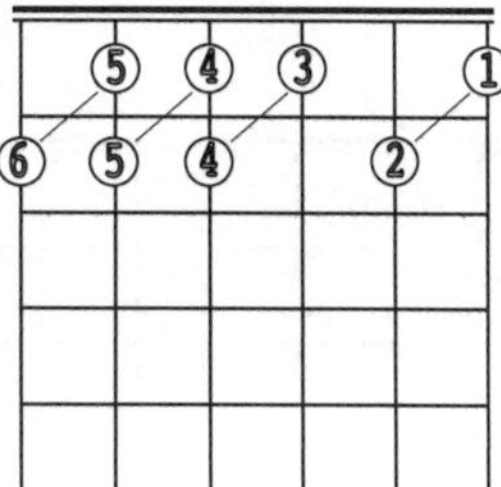

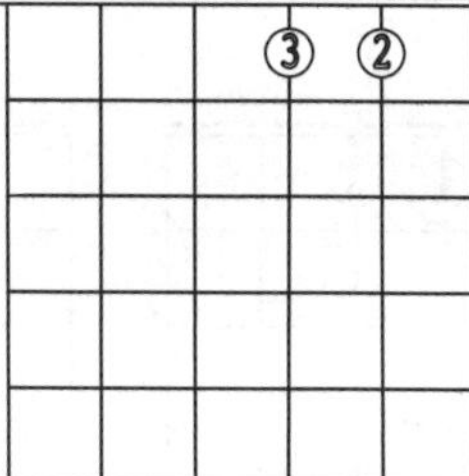

FIGURA 7-4: Intervalos de cuarta justa

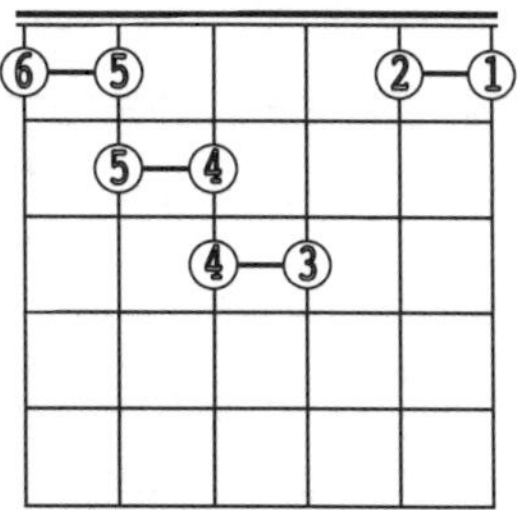

*Los intervalos se han escalonado para poder mostrarlos en juegos de dos cuerdas

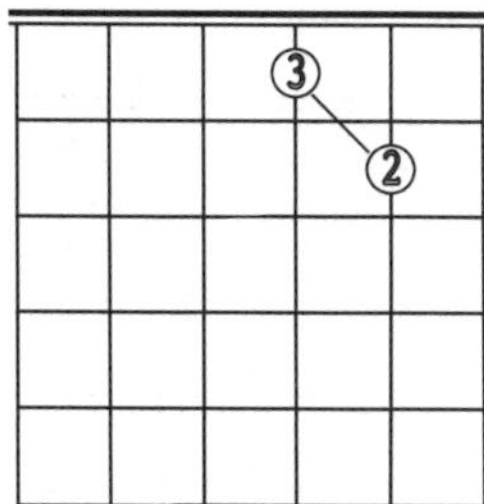

FIGURA 7-5: Intervalos de quinta justa

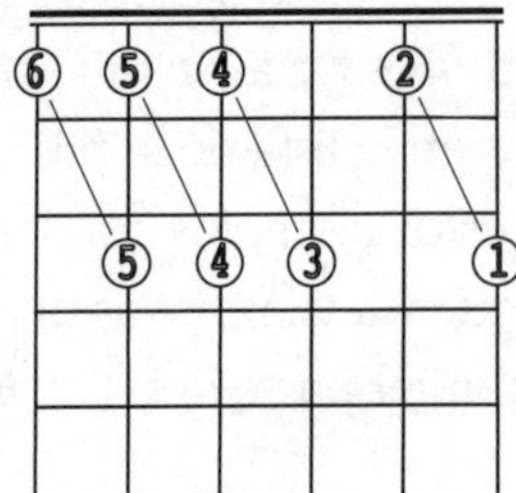

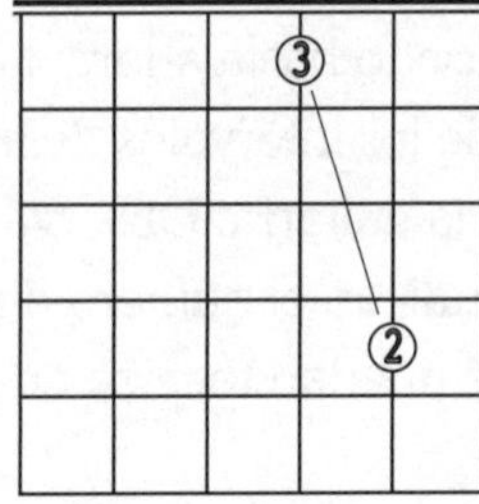

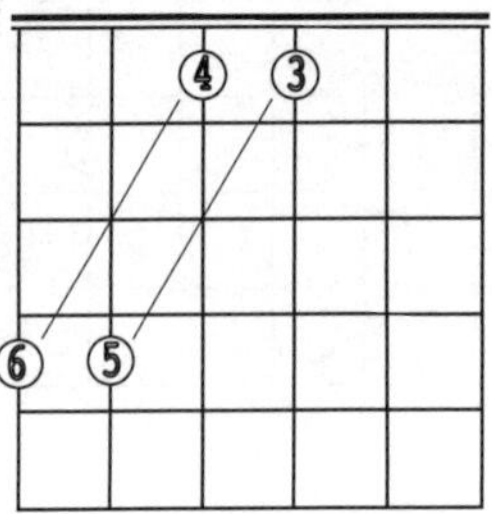

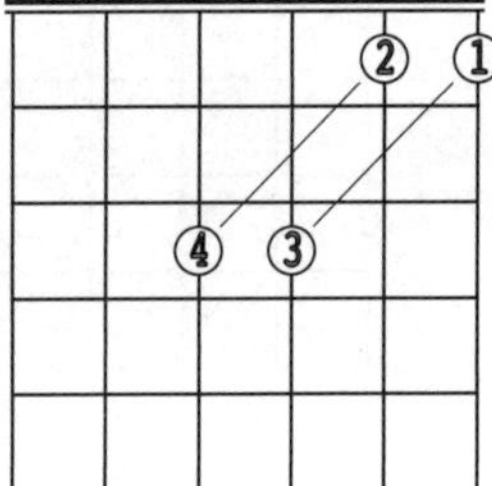

FIGURA 7-6: Intervalos de sexta mayor

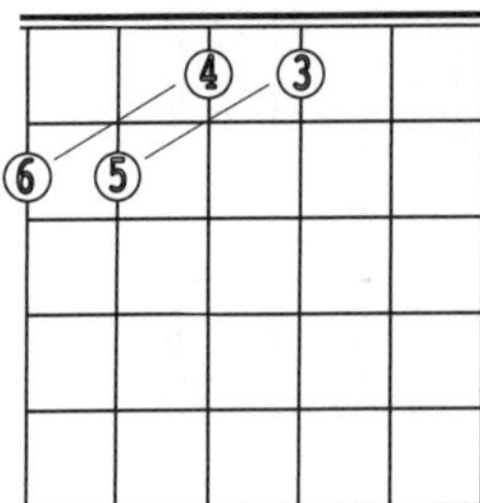

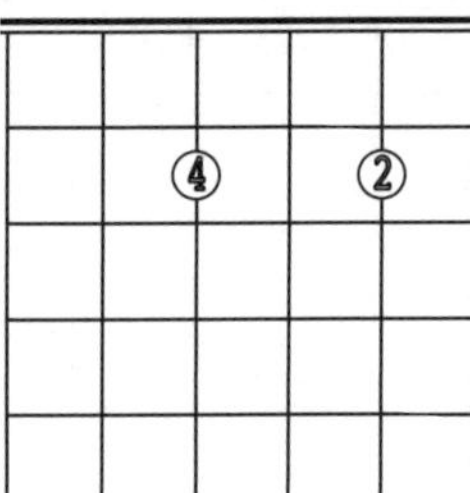

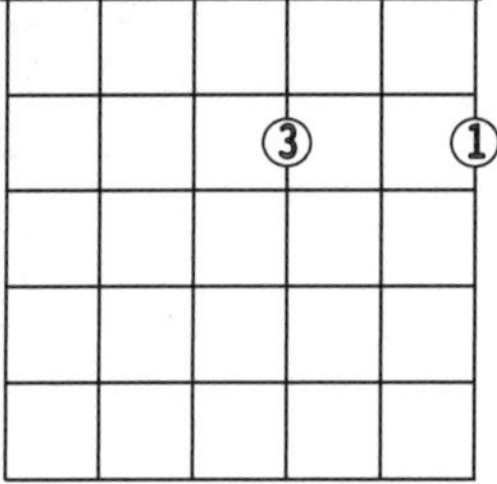

FIGURA 7-7A: Intervalos de séptima mayor

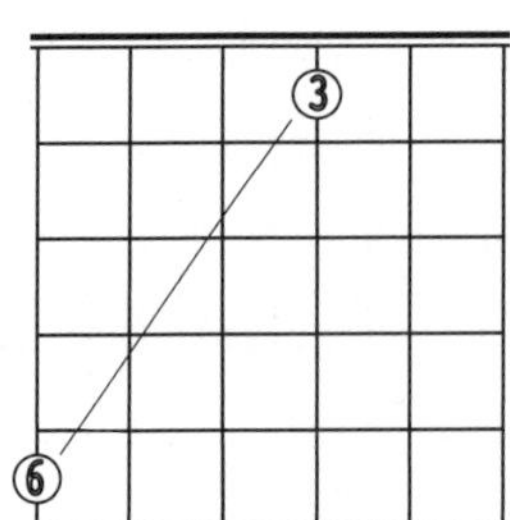

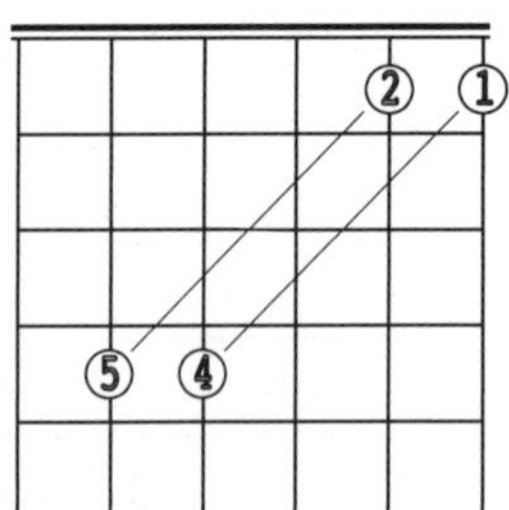

FIGURA 7-7B: Intervalos de séptima mayor

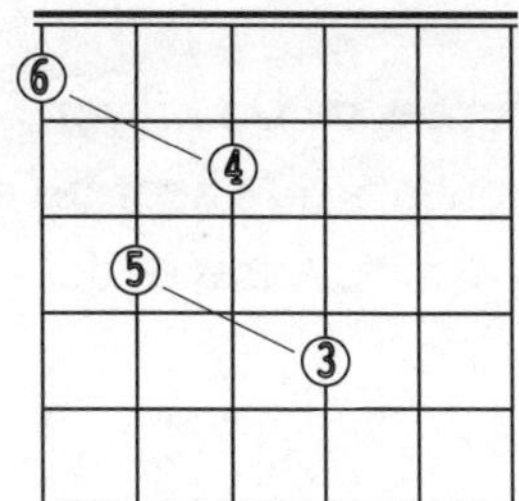

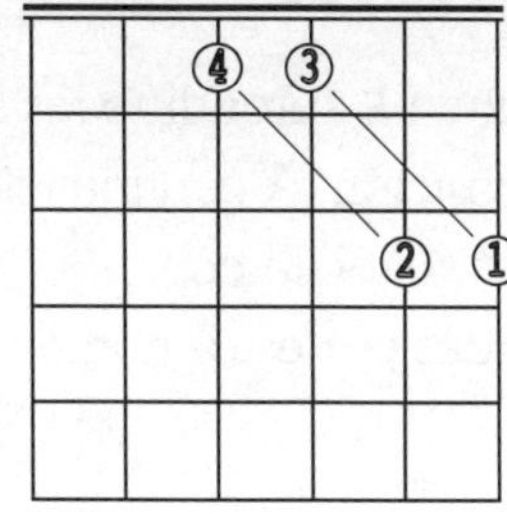

FIGURA 7-8A Y 7-8B: Intervalos de octava

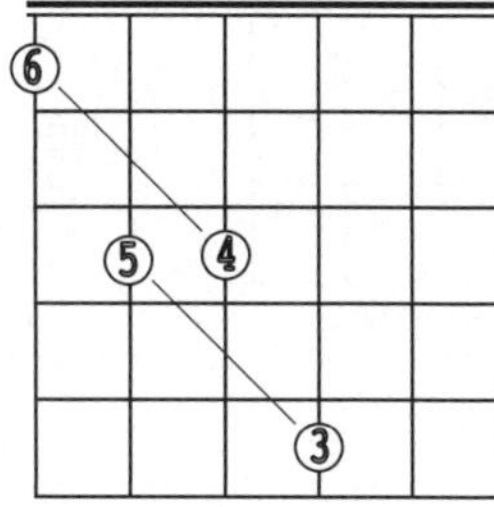

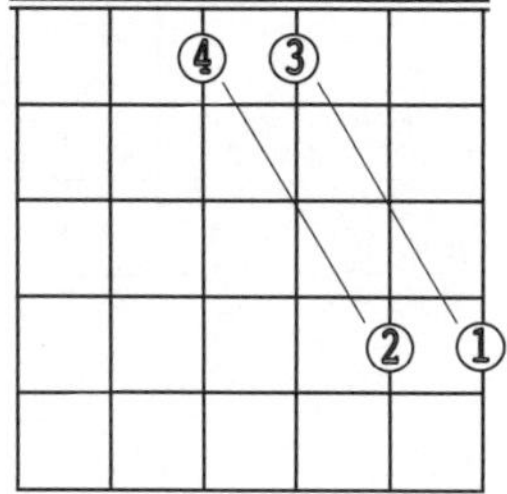

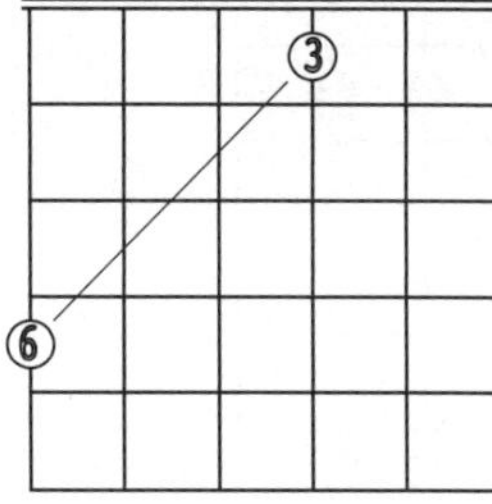

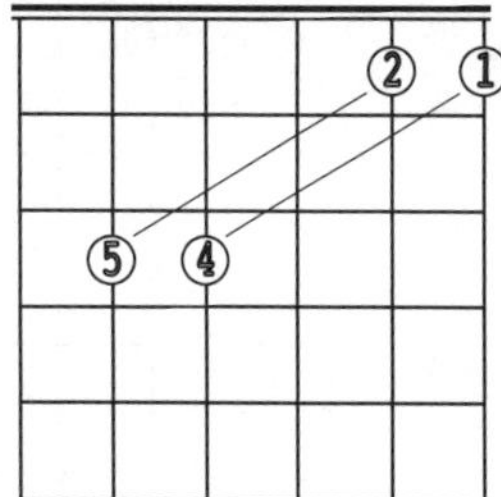

Una vez que te has familiarizado con el aspecto de los intervalos entre las cuerdas, estás preparado para realizar acordes nota por nota... ¡y esto es divertido!

Entender la estructura de los acordes

La combinación de tres o más notas se llama *acorde*. Un acorde de tres notas se llama *tríada*. Un acorde de cuatro notas se llama acorde de *séptima*.

Acordes abiertos

En el capítulo 5 aprendiste los acordes de Do Mayor, Sol Mayor y sol 7.ª en primera posición. A continuación tienes más acordes en primera posición. Todos ellos se tocan con cuerdas al aire. A través del libro, se hará referencia a estos acordes por estos nombres.

FIGURA 7-9: Re Mayor

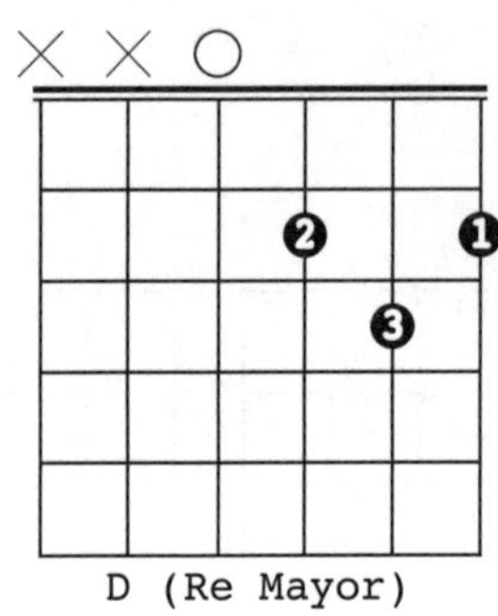

FIGURA 7-10: La Mayor

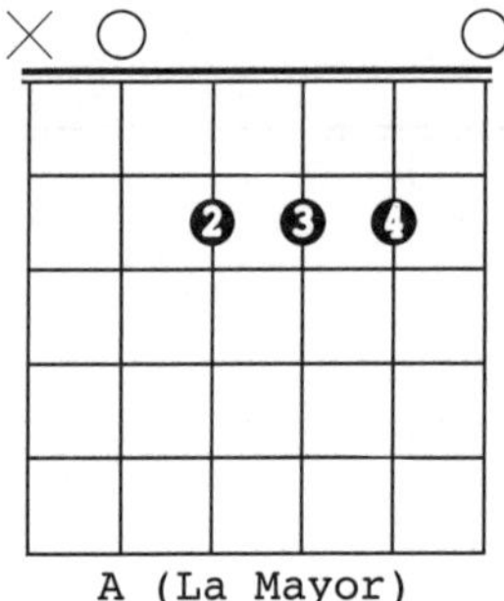

FIGURA 7-11: Mi Mayor

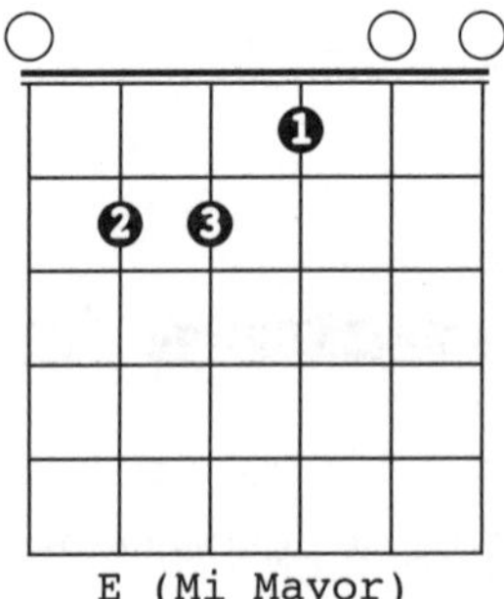

FIGURA 7-12: Si Mayor

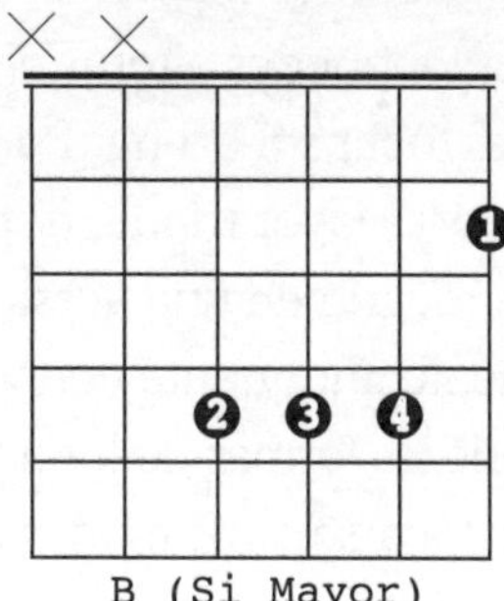

Ahora que ya te has familiarizado con estos acordes, vas a aprender cómo se construyen.

Tríadas

Existen cuatro tipos de acordes tríadas: mayor, menor, aumentado y disminuido, que se construyen añadiendo terceras mayores o menores sobre cada nota que los integra en diferentes combinaciones. Puedes «distribuir» los cuatro tipos de acordes tríadas de esta manera:

Do Mayor	do-mi-sol	Tercera mayor-Tercera menor
Do menor	do-mi♭-sol	Tercera menor-Tercera mayor
Do quinta aumentada	do-mi-sol♯	Tercera mayor-Tercera mayor
Do quinta disminuida	do-mi♭-sol♭.	Tercera mayor-Tercera menor

La mayoría de las estructuras de los acordes, son variaciones de estos cuatro tríadas. La **FIGURA 7-13** te da un ejemplo de cómo pueden tocarse en la guitarra estos tríadas.

FIGURA 7-13: Tríadas

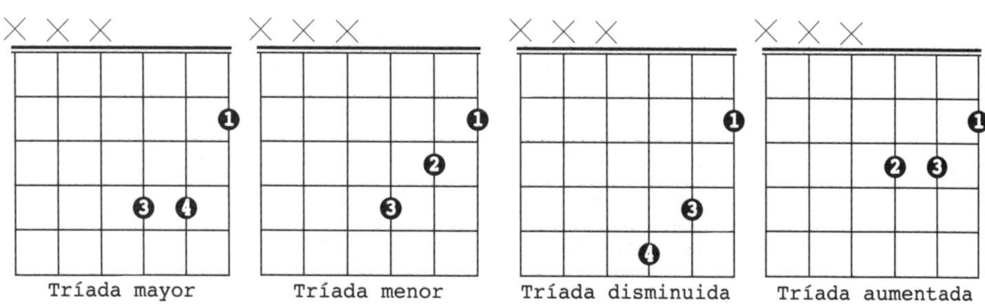

En la guitarra, estos acordes tríadas simples no siempre se distribuyen de esta manera. Por ejemplo, puedes alterar el orden de las notas y, en lugar de tocar do-mi-sol, puedes tocar sol-do-mi. Puedes también doblar las notas. Por ejemplo, un acorde de Mi Mayor tríada, normalmente se distribuye mi-sol♯-si, pero es muy frecuente tocarlo en una versión más completa mi-si-mi-sol♯-si-mi.

Ahora no es realmente importante conocer estas estructuras desordenadas. En lugar de eso, aprende las formas de los acordes en los esquemas. Intenta deducir dónde pueden tocarse otros tríadas en la guitarra y apúntalos tú mismo.

Acordes de séptima

Los acordes de cuatro notas se llaman *acordes de séptima*. Generalmente tienen mucho más color y suenan más interesantes que los tríadas. Además, son la base de todos los repertorios estándar de melodías. Para realizar un acorde de séptima, añade una tercera mayor o bien una tercera menor a una de las formas de los tríadas. Haciendo esto, obtienes cinco formas básicas de acorde de séptima, con otros acordes que serán variaciones de éstos.

En el tono de do, los cinco son variaciones de éstos:

Do 7.ª Mayor (C maj7)	do-mi-sol-si
Do 7.ª (C7)	do-mi sol-si♭ (también llamado de séptima de dominante)
Do 7.ª menor (C min7)	do-mi♭-sol- si♭
Do 7.ª menor con 5.ª dism., falsa o menor (C min7♭5)	do-mi♭-sol♭-si♭
Do 7.ª disminuida (C dim7)	do-mi♭-sol♭-si𝄫 (la)

Como ves, puedes aumentar los acordes añadiendo terceras. Otra forma de entender los acordes es hacerlos a partir de los tonos de una escala (mayor o menor, eso no importa).

He aquí una escala mayor:	do	re	mi	fa	sol	la	si	do
En el sistema inglés:	C	D	E	F	G	A	B	C
Abajo la numeramos:	1	2	3	4	5	6	7	8
Con números romanos:	I	II	III	IV	V	VI	VII	VIII

Un acorde puede construirse usando una nota sí, una nota no de la escala y luego alterándolas (poner un sostenido o un bemol) si es necesario:

Do 7.ª Mayor (C maj7)	1-3-5-7
Do séptima (C7)	1-3-5-7♭
Do 7.ª menor (C min7)	1-3♭-5♭-7
Do 7.ª menor con 5.ª dism., falsa o menor (C min7♭5)	1-3♭-5♭-7♭
Do 7.ª disminuida (C dim7)	1-3♭-5♭-7♭♭

En el teclado del piano es más fácil tocar estos acordes tal como se disponen aquí que con la guitarra. Un acorde de Do 7.ª Mayor, por ejemplo, en la guitarra se toca frecuentemente en la disposición do-mi-sol-si o do-sol-si-mi.

Si dedicas algún tiempo a comprender cómo se construyen los acordes, pronto serás capaz de construirlos tú mismo. Por ejemplo, si sabes cómo tocar un acorde de Do 7.ª Mayor y de pronto te encuentras con un acorde de Do 7.ª Mayor con la quinta aumentada, sólo necesitas tocar el acorde en su forma de 7.ª Mayor, sabiendo qué nota es la quinta del acorde y aumentándola un traste (un semitono) para hacer la quinta aumentada que constituye este nuevo acorde.

Además de los cinco tipos básicos de acordes de séptima que aprendiste, hay siete tipos más que son variaciones de éstos. He aquí los doce:

Do 7.ª Mayor (C maj7)	1-3-5-7
Do 7.ª (C7)	1-3-5-7♭
Do 7.ª menor (C min7)	1-3♭-5♭-7
Do 7.ª menor con 5.ª dism., falsa o menor (Cmin7♭5)	1-3♭-5♭-7♭
Do 7.ª disminuida (Cdim7)	1-3♭-5♭-7♭♭
Do 7.ª Mayor con la quinta aumentada (C major 7♯5)	1-3-5♯-7
Do 7.ª Mayor con la quinta disminuida (C major 7♭5)	1-3-5♭-7
Do 7.ª menor con la quinta aumentada (C7♯5)	1-3-5♯-7♭
Do 7.ª menor con la quinta disminuida (C7♭5)	1-3-5♭-7♭
Do menor 7.ª Mayor (C minor major)	1-3♭-5-7♭
Do 6.ª (C6)	1-3-5-6
Do menor 6.ª (C minor 6)	1-3♭-5-6

Piensa en esto: un acorde de 6.ª menor y un acorde menor de 7.ª con la quinta disminuida tienen las mismas notas, aunque tendrán la base diferente (la nota a partir de la cual se construye el acorde). Acorde de do menor 6.ª: do-mi♭-sol-la. Acorde de la menor 7.ª con la 5.ª disminuida: la-do-mi♭-sol.

Acordes diatónicos

Si sobre cada uno de los diferentes grados de una escala mayor construyes acordes usando las otras notas de la escala, consigues lo que se llaman los *acordes diatónicos*: todos los acordes que se construyen con las notas de la tonalidad sin alteraciones accidentales. Por ejemplo, en la tonalidad de Do Mayor son: Do 7.ª Mayor, re 7.ª menor, mi 7.ª menor, Fa 7.ª Mayor, sol 7.ª, la 7.ª menor, si 7.ª menor con la quinta disminuida, y Do 7.ª Mayor.

A partir de la escala menor armónica, consigues la siguiente secuencia:

(I)	do menor 7.ª Mayor	(C minor/major 7);
(II)	re 7.ª menor con 5.ª disminuida	(D minor 7♭5);
(III)	Mi♭7.ª Mayor con 5.ª aumentada	(E♭major 7♯5);
(IV)	fa 7.ª menor	(F minor 7);
(V)	sol 7.ª	(G7);
(VI)	La♭ 7.ª Mayor	(A♭major 7);
(VII)	si 7.ª disminuida	(B diminished 7);
(VIII)	do menor con 7.ª Mayor	(C minor/major 7)

Acordes menores

Hasta ahora has leído los acordes menores y sus muchas estructuras, ahora probarás a tocar unos cuantos. Los acordes menores tienen un aire triste o de blues. Las **FIGURAS 7-14** a **7-16** muestran tres acordes menores: el acorde de la menor (A minor), el de mi menor (E minor) y el de re menor (D minor). La canción «Drunken Sailor» (**FIGURA 7-17**) usa una combinación de estos acordes menores.

FIGURA 7-14A Y 7-14B: La menor

La menor
(A minor)

FIGURA 7-15A Y 7-15B: Mi menor

Mi menor
(E minor)

FIGURA 7-16A Y 7-16B: re menor

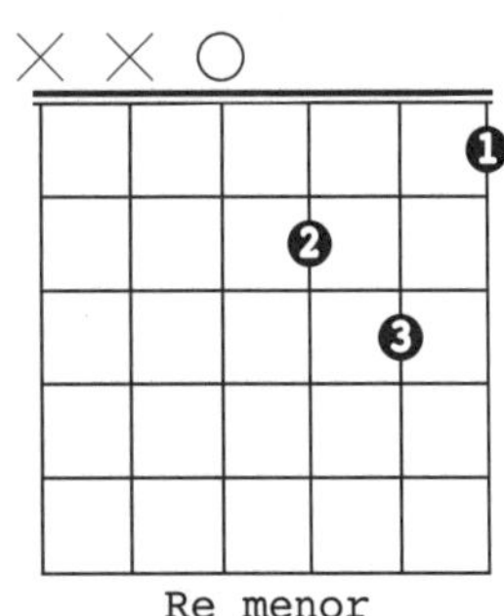

Re menor
(D minor)

FIGURA 7-17: «Drunken Sailor»

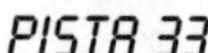

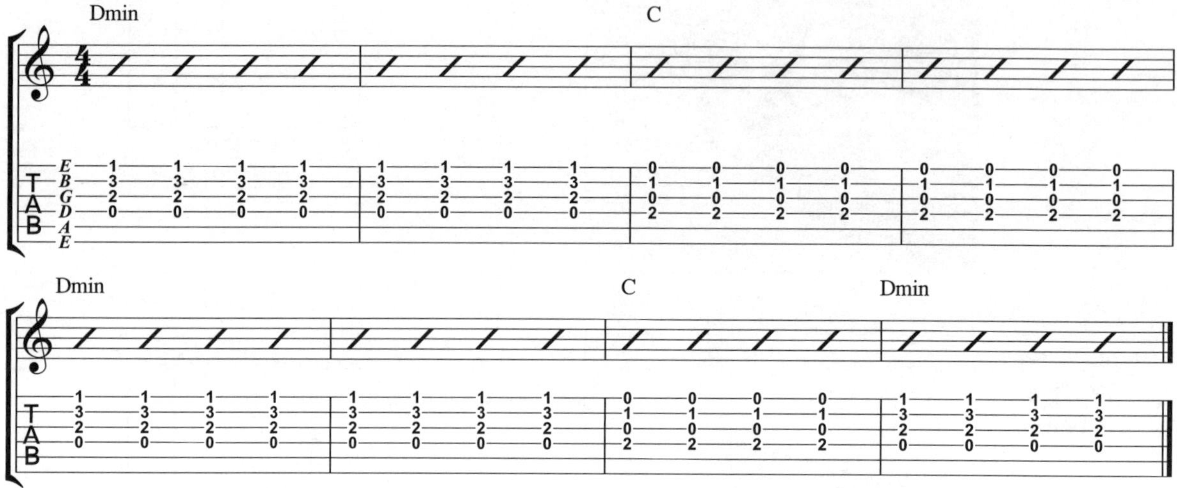

Drunken Sailor

What shall we do with the drunken sailor?
What shall we do with the drunken sailor?
What shall we do with the drunken sailor?
Earl-eye in the morning
Wey, Hey and up she rises,
Wey, Hey and up she rises,
Wey, Hey and up she rises,
Earl-eye in the morning

Las **FIGURAS 7-18** y **7-19** muestran una par de canciones más que usan estos acordes menores. Escucha estas canciones en las pistas 34 y 35 del CD que acompaña a este libro.

FIGURA 7-18: «Swing Low, Sweet Chariot»

PISTA 34

```
   D                 | G       D       | G       D       | Emin    A
E|-2---2---2---2-----|-3---3---2---2---|-3---3---2---2---|-0---0---0---0---|
B|-3---3---3---3-----|-0---0---3---3---|-0---0---3---3---|-0---0---2---2---|
G|-2---2---2---2-----|-0---0---2---2---|-0---0---2---2---|-0---0---2---2---|
D|-0---0---0---0-----|-0---0---0---0---|-0---0---0---0---|-2---2---2---2---|
A|-------------------|-----------------|-----------------|-2---2---0---0---|
E|-------------------|-----------------|-----------------|-0---0-----------|

   D                 | G       D       | D       A       | D
E|-2---2---2---2-----|-3---3---2---2---|-2---2---0---0---|-2---2---2---2---||
B|-3---3---3---3-----|-0---0---3---3---|-3---3---2---2---|-3---3---3---3---||
G|-2---2---2---2-----|-0---0---2---2---|-2---2---2---2---|-2---2---2---2---||
D|-0---0---0---0-----|-0---0---0---0---|-0---0---2---2---|-0---0---0---0---||
A|-------------------|-----------------|---------0---0---|-----------------||
E|-------------------|-----------------|-----------------|-----------------||
```

FIGURA 7-19: «Auld Lang Syne»

PISTA 35

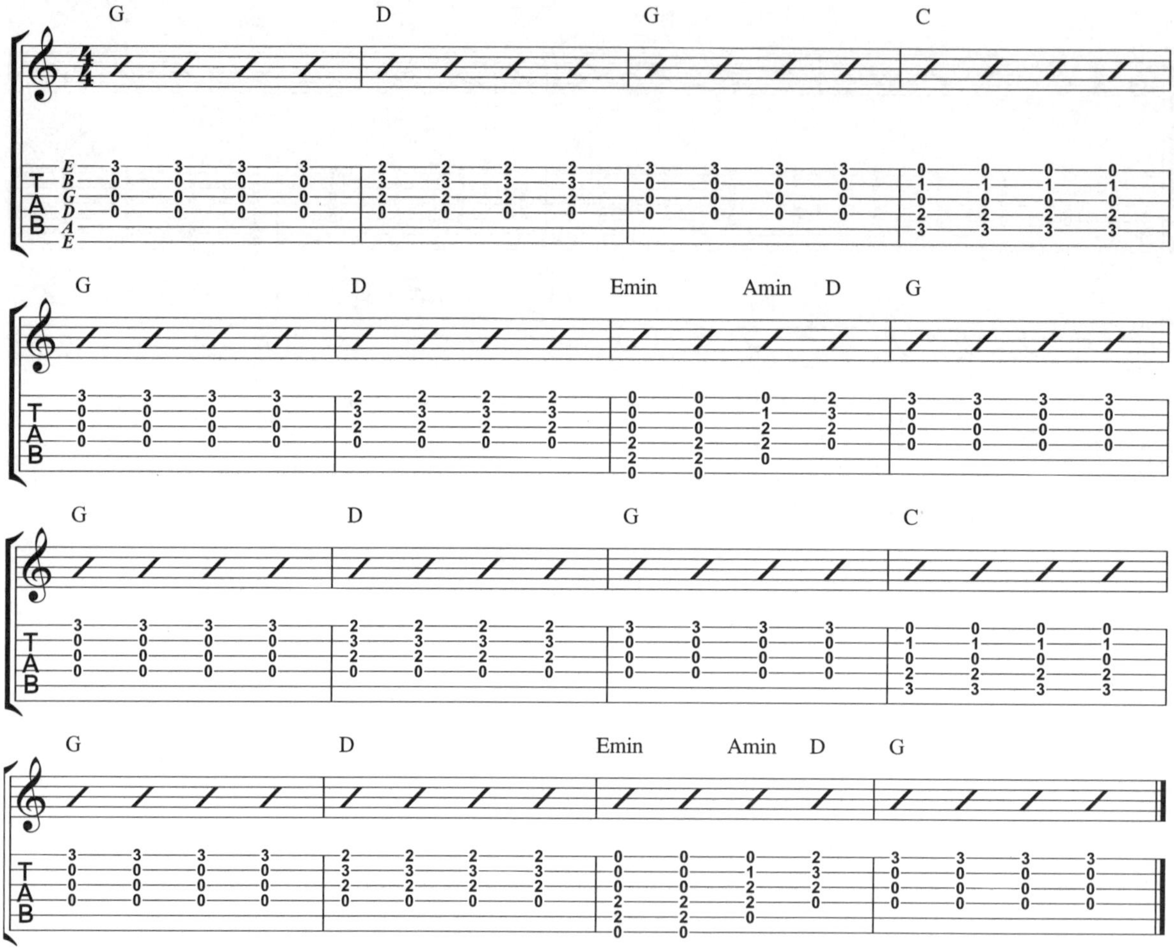

G D G C

G D Emin Amin D G

G D G C

G D Emin Amin D G

Familias de acordes

Los acordes se agrupan en familias (o, como se dice más formalmente, en tonalidades). Por ejemplo, un acorde de sol 7.ª pertenece a la familia de Do Mayor y un acorde de re 7.ª forma parte de la familia de sol. Toca estos acordes y verás que apenas tienen relación entre sí. Un acorde de re 7.ª, por ejemplo, no conduce a un acorde de Do Mayor con la fuerza que conduce a una de sol Mayor. Tócalos y fíjate.

Los acordes se dividen en tres tipos básicos:

- Acordes mayores (como Do Mayor o Sol Mayor), que suenan alegres.
- Acordes menores (como la m o re m), que suenan tristes.
- Acordes de 7.ª de dominante (como sol 7.ª o re 7.ª), que suenan ligeramente jazzísticos y parecen querer conducir a un acorde mayor para resolverse.

De acuerdo, ahora fíjate en el acorde de mi 7.ª, ilustrado en la **FIGURA 17-20**. Este acorde forma parte de la tonalidad (familia) de La Mayor, que incluye La Mayor y Re Mayor. Las **FIGURAS 7-21** y **7-22** muestran un par de canciones que usan este acorde de mi 7.ª y puedes escucharlas en las pistas 36 y 37 del CD que acompaña a este libro.

FIGURA 7-20A Y 7-20B: Acorde de mi 7.ª

Mi 7.ª (E7)

FIGURA 7-21: «Kumbaya»

A D A A

A D E7 E7

A D A D

A A E7 A A

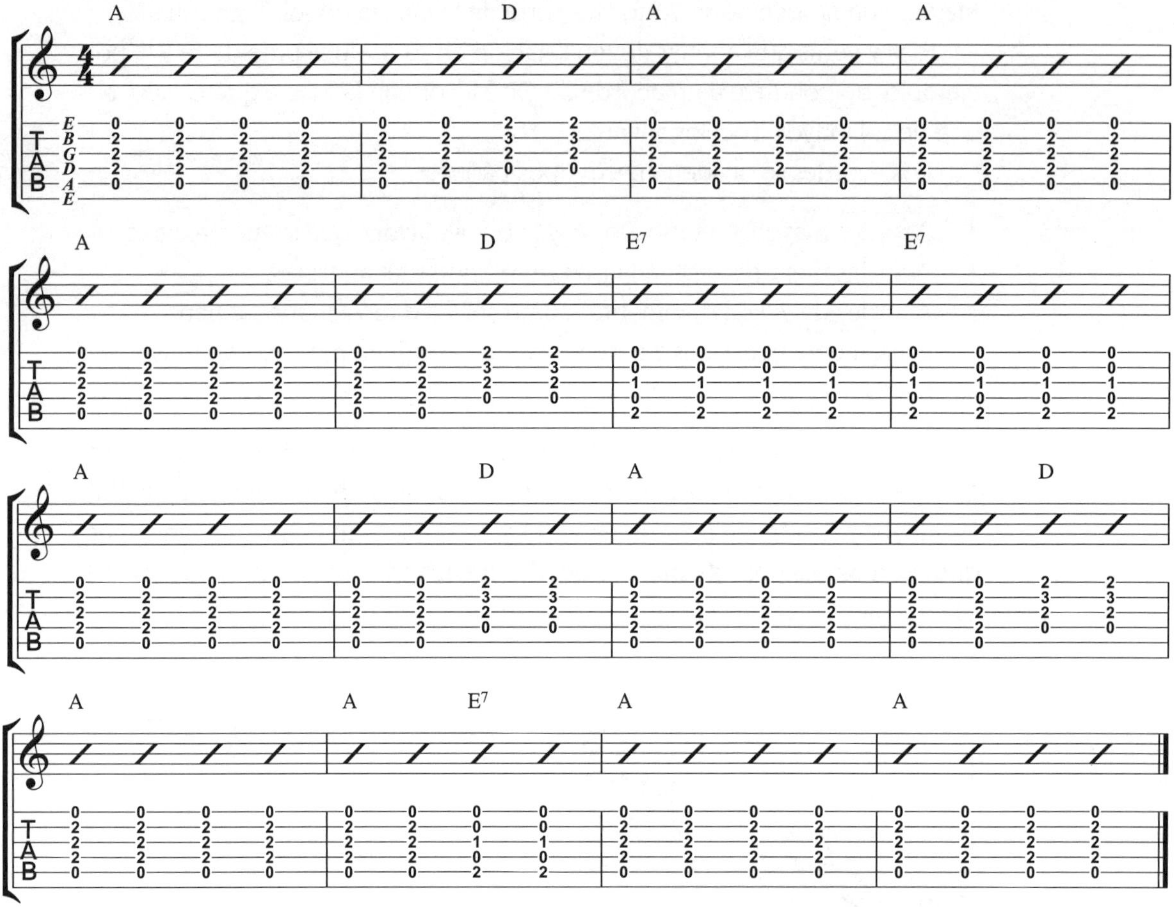

FIGURA 7-22: «When Johny Comes Marching Home»

PISTA 37

Amin

Emin

Amin

C

Amin Dmin

Amin E^7

Amin E^7

Amin

En las **FIGURAS 7-23** encontrarás todos los acordes abiertos que debes aprender. Una cosa que facilita el aprendizaje de los acordes es que las distintas familias tienen algunos en común o variaciones de los mismos acordes. Por tanto, cuando hayas aprendido a tocar un acorde de Do Mayor o un acorde de mi 7.ª, éste será siempre el mismo, al margen de en qué secuencia tonal lo encuentres.

FIGURA 7-23A

Tonalidad (familia) de Sol Mayor (G)

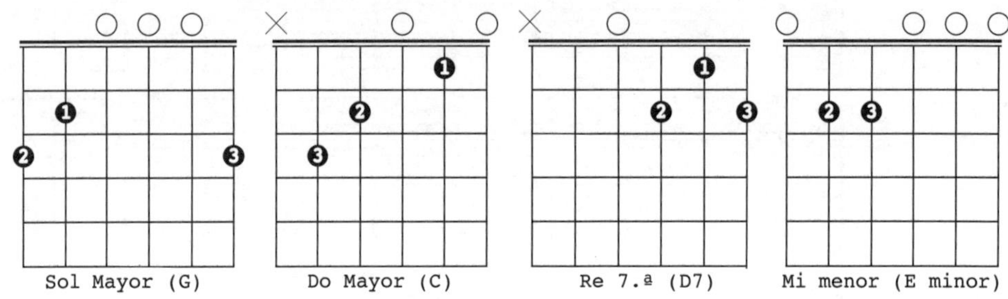

FIGURA 7-23B

Tonalidad (familia) de La Mayor (A)

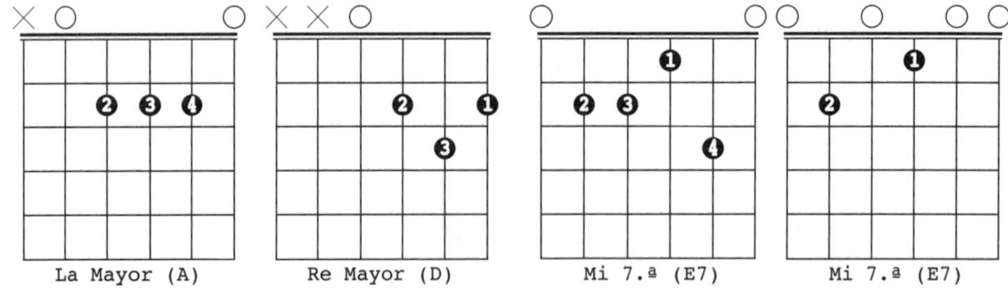

FIGURA 7-23C

Tonalidad (familia) de Do Mayor (C)

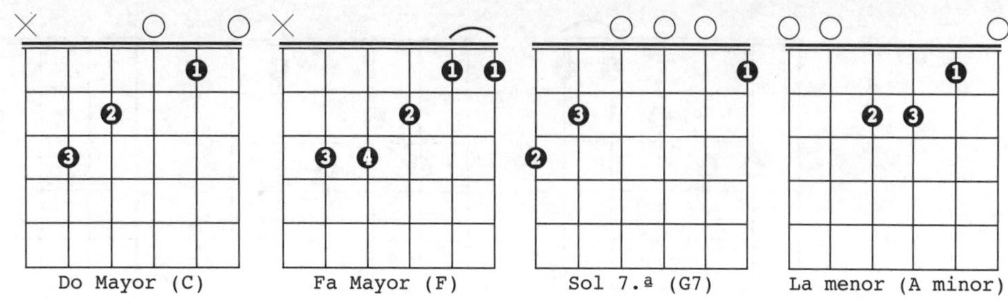

FIGURA 7-23D

Tonalidad (familia) de Re Mayor (D)

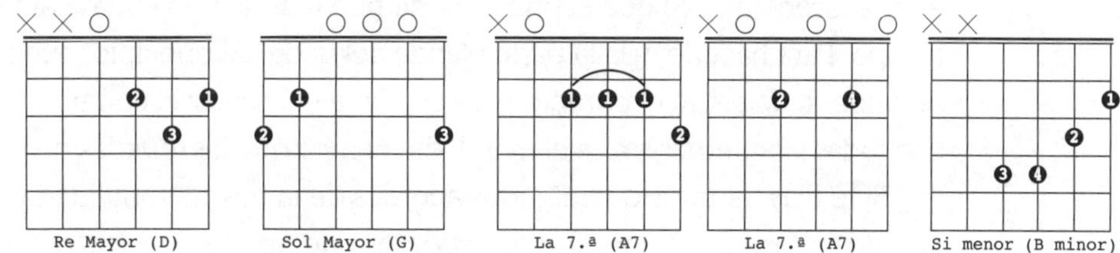

FIGURA 7-23E

Tonalidad (familia) de Mi Mayor (E)

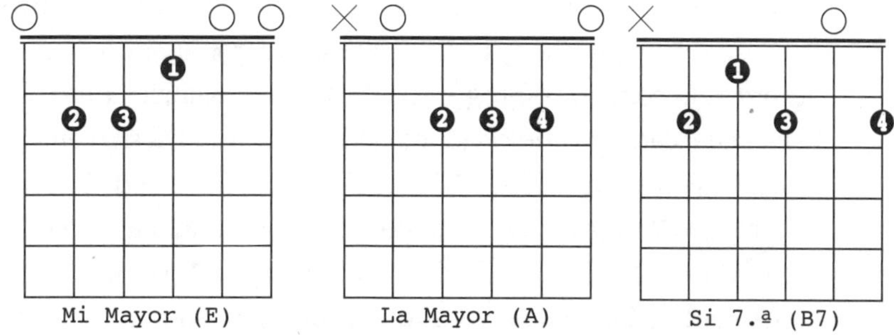

FIGURA 7-23F

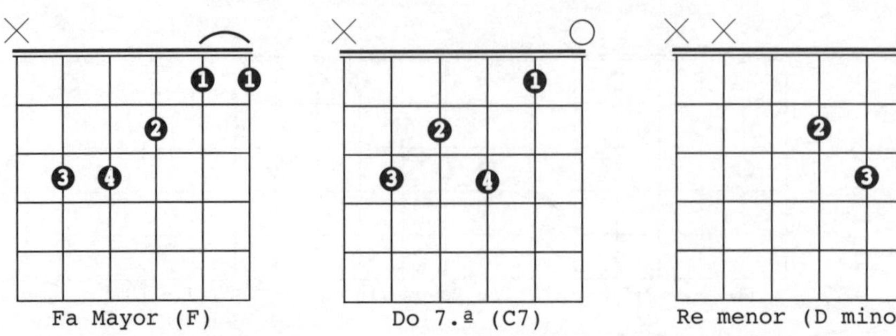

Compra algún libro de canciones o busca en internet algunas partituras de canciones. Asegúrate de que llevan impresos los acordes para que puedas practicarlas. Dedica algún tiempo a practicar el paso de un acorde a otro mientras rasgueas, hasta que lo hagas con facilidad. La realización de alguno de estos acordes implica que el primer dedo pise más de una cuerda al mismo tiempo. Para hacerlo, usa la parte blanda del dedo. Al principio, puedes apoyar el segundo dedo sobre el primero para ayudar a conseguir el contacto necesario con todas las cuerdas sobre el mástil, de manera que las cuerdas no zumben.

Si te fijas, notarás que algunos acordes de la misma tonalidad no aparecen. Esto es así, porque son acordes que no pueden ser tocados con cuerdas al aire. Pronto aprenderás cómo se tocan esos acordes.

Progresiones estándar

Sin saber que estabas haciéndolo, has estado tocando progresiones estándar de acordes. Lo que aquí se entiende por *estándar* es «generalmente aceptadas» o «normales». Hay melodías estándar, como «Over The Rainbow», «Moon River» e incluso «Happy Birthday to You» que se crearon usando ciertas *progresiones de acordes*. El concepto «progresión de acordes» significa una sucesión de acordes en la cual cada acorde conduce de forma natural al siguiente después de ser tocado. (Un acorde de sol 7.ª, por ejemplo, progresa de forma natural hacia un acorde Do 7.ª Mayor, en parte porque sol es la quinta nota en la escala y la tonalidad de Do Mayor.) Si vuelves a la página 106 y miras los acordes de la tonalidad de Do Mayor, verás que cada uno tiene un número romano debajo. Hay una razón para ello. En lugar de decir, Do 7.ª Mayor, Fa 7.ª Mayor, sol 7.ª, por ejemplo, puedes decir simplemente I, IV, V. Después puedes fijarte en las notas de cualquier escala mayor y tocar los acordes I-IV-V, construidos sobre la primera, la cuarta y la quinta notas de la escala (resultará una secuencia de acordes de 7.ª Mayor, 7.ª Mayor y 7.ª de dominante).

El blues

Para terminar, vas a usar una divertida y útil progresión que te hará pensar en el blues. Una secuencia de blues es en realidad justamente una secuencia I-IV-V. Por tanto, una progresión de blues en Si♭ Mayor, dilo tú mismo, sería con los acordes de Si♭ 7.ª Mayor, Mi♭ 7.ª Mayor y fa 7.ª.

La **FIGURA 7-24A** muestra una secuencia básica de blues en Do Mayor, que usa cuerdas al aire. Puedes escuchar esta progresión en la pista 38 del CD.

FIGURA 7-24A: Progresión de blues 1

PISTA 38

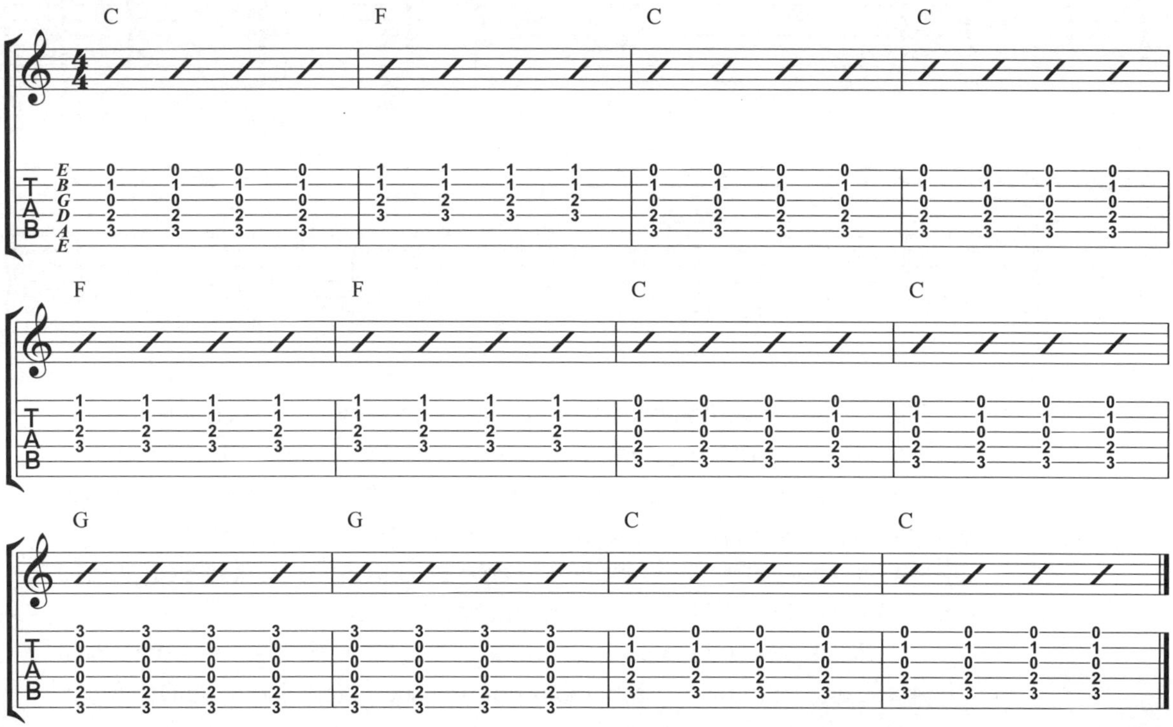

```
   C                F                C                C
E|-0--0--0--0--|-1--1--1--1--|-0--0--0--0--|-0--0--0--0--|
B|-1--1--1--1--|-1--1--1--1--|-1--1--1--1--|-1--1--1--1--|
G|-0--0--0--0--|-2--2--2--2--|-0--0--0--0--|-0--0--0--0--|
D|-2--2--2--2--|-3--3--3--3--|-2--2--2--2--|-2--2--2--2--|
A|-3--3--3--3--|-------------|-3--3--3--3--|-3--3--3--3--|
E|-------------|-------------|-------------|-------------|

   F                F                C                C
 |-1--1--1--1--|-1--1--1--1--|-0--0--0--0--|-0--0--0--0--|
 |-1--1--1--1--|-1--1--1--1--|-1--1--1--1--|-1--1--1--1--|
 |-2--2--2--2--|-2--2--2--2--|-0--0--0--0--|-0--0--0--0--|
 |-3--3--3--3--|-3--3--3--3--|-2--2--2--2--|-2--2--2--2--|
 |-------------|-------------|-3--3--3--3--|-3--3--3--3--|
 |-------------|-------------|-------------|-------------|

   G                G                C                C
 |-3--3--3--3--|-3--3--3--3--|-0--0--0--0--|-0--0--0--0--||
 |-0--0--0--0--|-0--0--0--0--|-1--1--1--1--|-1--1--1--1--||
 |-0--0--0--0--|-0--0--0--0--|-0--0--0--0--|-0--0--0--0--||
 |-0--0--0--0--|-0--0--0--0--|-2--2--2--2--|-2--2--2--2--||
 |-2--2--2--2--|-2--2--2--2--|-3--3--3--3--|-3--3--3--3--||
 |-3--3--3--3--|-3--3--3--3--|-------------|-------------||
```

Sin embargo, esto es bastante soso y podrías poner un poco más de color. Ahora, prueba usando los acordes de séptima de dominante ilustrados en la **FIGURA 7-24B** y ejecutados en la pista 39.

FIGURA 7-24B: Progresión de blues 2, acordes de séptima de dominante

PISTA 39

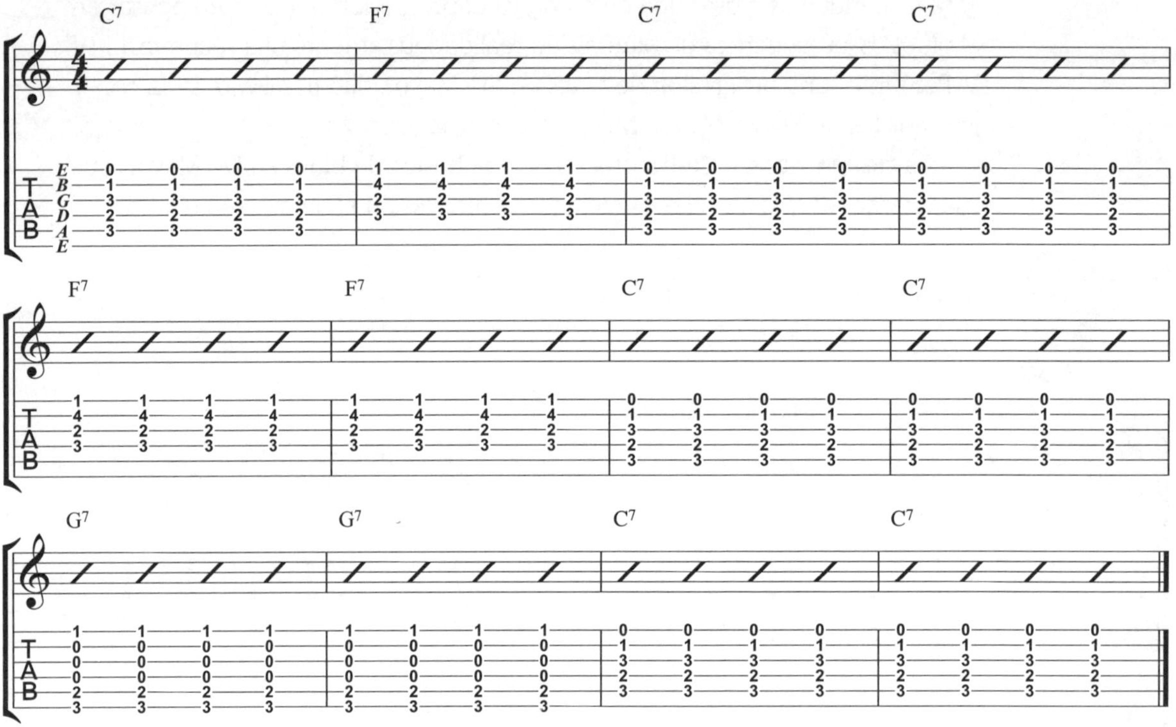

```
   C7                  F7                  C7                  C7
E |-0---0---0---0---|-1---1---1---1---|-0---0---0---0---|-0---0---0---0---|
B |-1---1---1---1---|-4---4---4---4---|-1---1---1---1---|-1---1---1---1---|
G |-3---3---3---3---|-2---2---2---2---|-3---3---3---3---|-3---3---3---3---|
D |-2---2---2---2---|-3---3---3---3---|-2---2---2---2---|-2---2---2---2---|
A |-3---3---3---3---|-----------------|-3---3---3---3---|-3---3---3---3---|
E |-----------------|-----------------|-----------------|-----------------|

   F7                  F7                  C7                  C7
E |-1---1---1---1---|-1---1---1---1---|-0---0---0---0---|-0---0---0---0---|
B |-4---4---4---4---|-4---4---4---4---|-1---1---1---1---|-1---1---1---1---|
G |-2---2---2---2---|-2---2---2---2---|-3---3---3---3---|-3---3---3---3---|
D |-3---3---3---3---|-3---3---3---3---|-2---2---2---2---|-2---2---2---2---|
A |-----------------|-----------------|-3---3---3---3---|-3---3---3---3---|
E |-----------------|-----------------|-----------------|-----------------|

   G7                  G7                  C7                  C7
E |-1---1---1---1---|-1---1---1---1---|-0---0---0---0---|-0---0---0---0---|
B |-0---0---0---0---|-0---0---0---0---|-1---1---1---1---|-1---1---1---1---|
G |-0---0---0---0---|-0---0---0---0---|-3---3---3---3---|-3---3---3---3---|
D |-0---0---0---0---|-0---0---0---0---|-2---2---2---2---|-2---2---2---2---|
A |-2---2---2---2---|-2---2---2---2---|-3---3---3---3---|-3---3---3---3---|
E |-3---3---3---3---|-3---3---3---3---|-----------------|-----------------||
```

Ligeramente más complicada es la progresión I-IV-II-V. Esta secuencia es la base de la mayoría de las progresiones de acordes estándar. Usando los acordes diatónicos (explicados en la página 108), en la tonalidad de Do Mayor, esta progresión sería Do 7.ª Mayor, la 7.ª menor, re 7.ª menor y sol 7.ª. Si analizas las canciones, comprendiendo en qué tono están escritas, descubrirás que esta secuencia I-IV-II-V se usa en muchas de ellas.

Una de las cosas que mejor observarás es que las notas base en la secuencia VI-II-V-I se encuentran todas separadas por una cuarta (en el tono de Do Mayor de la a re, de re a sol y de sol a do). La próxima vez que toques una canción, busca este modelo y esta secuencia. Cuanto más practiques el uso de este ciclo de cuartas, más fácil te será tocar progresiones estándar de canciones.

Intenta la progresión de blues jazzística ilustrada en la **FIGURA 7-24C** y ejecutada en la pista 40.

FIGURA 7-24C: Progresión de blues 3, una secuencia jazzística de blues

PISTA 40

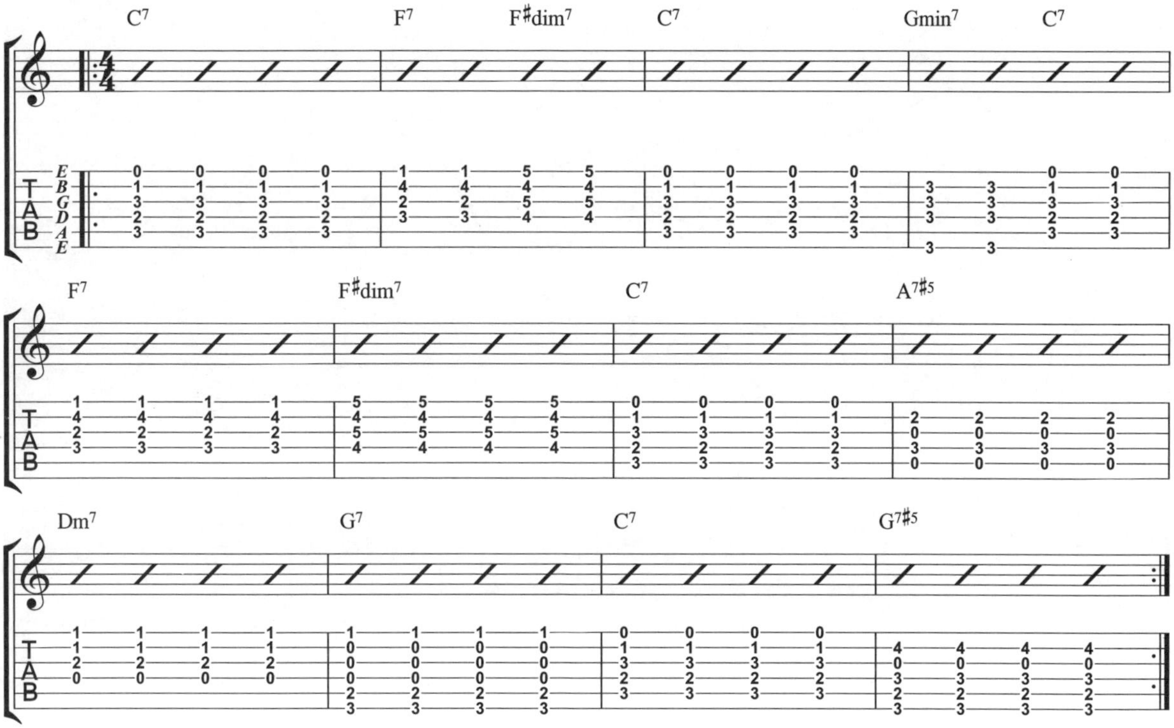

```
   C7                 | F7        F#dim7    | C7                  | Gmin7     C7
E|:-0----0----0----0--|-1----1----5----5----|-0----0----0----0----|-----------0----0--|
B|:-1----1----1----1--|-4----4----4----4----|-1----1----1----1----|-3----3----1----1--|
G|:-3----3----3----3--|-2----2----5----5----|-3----3----3----3----|-3----3----3----3--|
D|:-2----2----2----2--|-3----3----4----4----|-2----2----2----2----|-3----3----2----2--|
A|:-3----3----3----3--|---------------------|-3----3----3----3----|-----------3----3--|
E|:-------------------|---------------------|---------------------|-3----3------------|

   F7                 | F#dim7              | C7                  | A7#5
E|-1----1----1----1---|-5----5----5----5----|-0----0----0----0----|-------------------|
B|-4----4----4----4---|-4----4----4----4----|-1----1----1----1----|-2----2----2----2--|
G|-2----2----2----2---|-5----5----5----5----|-3----3----3----3----|-0----0----0----0--|
D|-3----3----3----3---|-4----4----4----4----|-2----2----2----2----|-3----3----3----3--|
A|--------------------|---------------------|-3----3----3----3----|-0----0----0----0--|
E|--------------------|---------------------|---------------------|-------------------|

   Dm7                | G7                  | C7                  | G7#5
E|-1----1----1----1---|-1----1----1----1----|-0----0----0----0----|-------------------:|
B|-1----1----1----1---|-0----0----0----0----|-1----1----1----1----|-4----4----4----4---:|
G|-2----2----2----2---|-0----0----0----0----|-3----3----3----3----|-0----0----0----0---:|
D|-0----0----0----0---|-0----0----0----0----|-2----2----2----2----|-3----3----3----3---:|
A|--------------------|-2----2----2----2----|-3----3----3----3----|-2----2----2----2---:|
E|--------------------|-3----3----3----3----|---------------------|-3----3----3----3---:|
```

Cuando practiques acordes y escalas, intenta practicarlos en la secuencia del ciclo de cuartas. Primero toca una escala de Do Mayor, después una escala de Fa Mayor, después una escala de Si♭ Mayor y así sucesivamente. Haz lo posible para practicar aprendiendo la lógica interna del ciclo de cuartas y quintas, basados en los acordes que has aprendido hasta ahora.

Capítulo 8

Fundamentos de nivel medio

Este capítulo te familiarizará con los conceptos básicos para tocar la guitarra, tales como las escalas cromáticas, los acordes móviles y los acordes con cejilla. Cuando domines los elementos descritos en este capítulo, tendrás las claves para tocar con éxito la guitarra, incluso usando algunos de los conceptos más difíciles. Por ejemplo, cuando entiendas los acordes con cejilla rápidamente te librarás del límite impuesto por los acordes abiertos y serás capaz de explorar todo el mástil. Con este capítulo pronto saldrás del reino del principiante recién llegado hacia el del principiante experimentado.

La escala cromática

Todas las notas juntas, doce, constituyen el alfabeto musical y forman lo que se denomina una escala cromática. La música proviene de unas notas que se tocan (melodía) y de la duración que tienen dichas notas (ritmo). Tú has aprendido conceptos de armonía (lo que se produce cuando tocas dos o más notas juntas al mismo tiempo) en el capítulo 7. He aquí la escala cromática completa, empezando por la nota mi y avanzando por semitonos:

Mi, fa, fa♯/sol♭, sol, sol♯/la♭, la, la♯/si♭, si, do, do♯/re♭, re, re♯/mi♭, (mi).
E, F, F♯/G♭, G, G♯/A♭, A, A♯/B♭, B, C, C♯/D♭, D, D♯/E♭, (E).

La **FIGURA 8-1** muestra el aspecto de una escala cromática escrita en notación musical estándar.

FIGURA 8-1: Escala cromática

PISTA 39

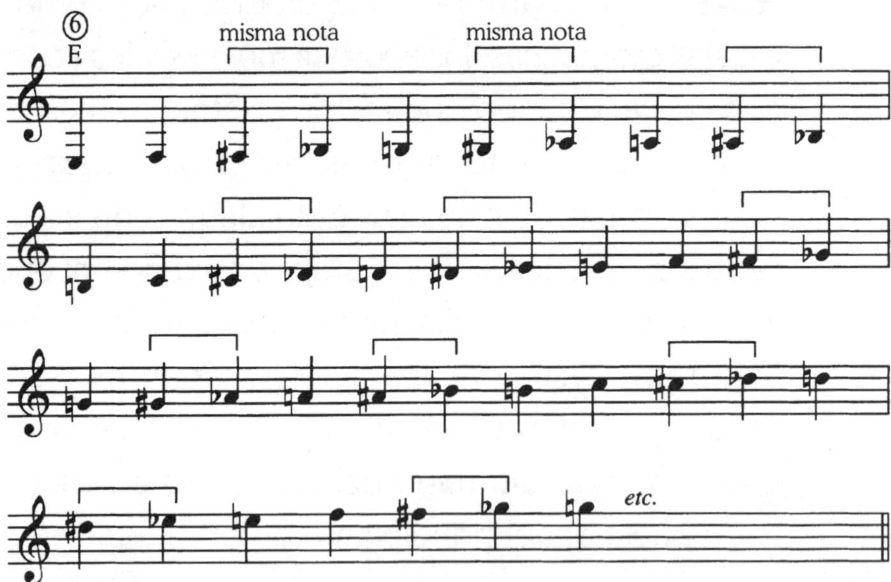

Observa que en la notación musical los signos de sostenido (♯) y de bemol (♭), se escriben delante de la nota. Un signo de becuadro (♮) delante de una nota implica que esa nota debe ser tocada sin alteración, ni sostenido ni bemol (lo que se llama tocarla *natural*).

¿Cómo encaja la guitarra en esto?

¿Y la guitarra qué tiene que ver con todo esto? Puedes recordar que los trastes de la guitarra distan entre sí medio tono. Por lo que el mástil de la guitarra forma de manera natural una escala cromática. Muy útil.

Si tocas un mi en la sexta cuerda al aire y luego tocas cada una de las notas de la cuerda mi, en los doce trastes, habrás tocado la escala cromática de mi. Inténtalo.

Si tocas un la en la quinta cuerda al aire y luego tocas cada una de las notas de la cuerda la, en los doce trastes, habrás tocado la escala cromática de la.

Entender la escala cromática es realmente importante, porque a partir de esto podrás hacer muchas cosas en el mástil de la guitarra, no te verás limitado a los acordes abiertos o a las escalas. La cosa más importante que podrás hacer es transportar las mismas modalidades de escalas (más conocidas como modelos) y las mismas formas de acordes arriba y abajo del mástil.

La **FIGURA 8-2** muestra todas las notas en todas las cuerdas.

FIGURA 8-2: Las notas de la guitarra

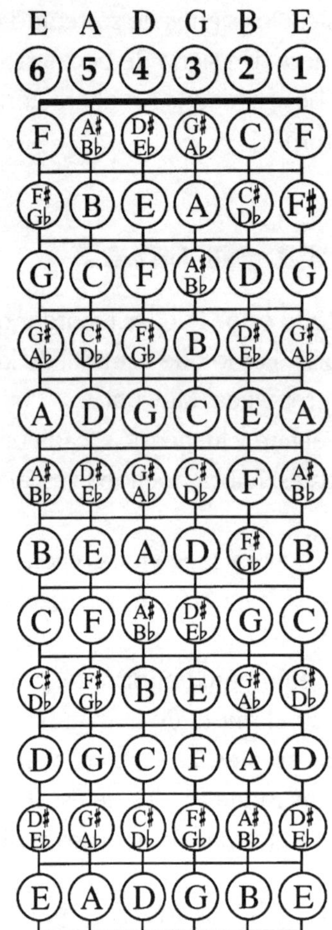

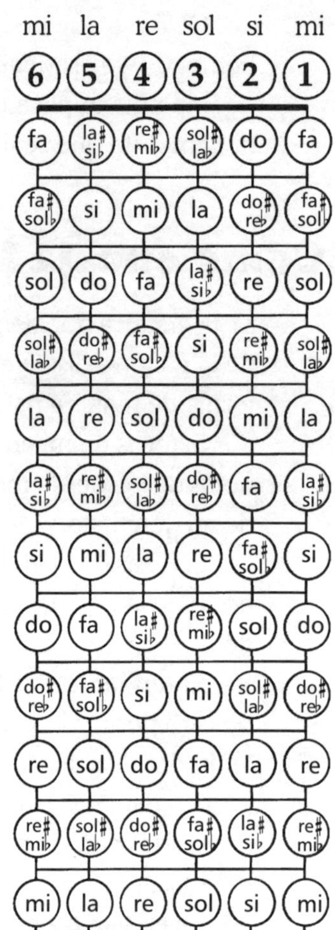

Introducción al modelo transportable

Hasta ahora, has recorrido un largo camino a través de las escalas mayores y menores y de los acordes. Ahora aprenderás a tocar nuevas versiones de estos acordes y de estas escalas arriba y abajo del mástil. Nos referiremos a las escalas por sus «formas» y a los acordes por sus «disposiciones». Empezarás el viaje con las formas de las escalas, esto te ayudará a aprender el nombre de las escalas en todo el registro del mástil. La primera forma de escala que vas a examinar es la de la escala mayor cuya base (nota por la que empieza) es la sexta cuerda.

La primera forma de escala que vas a aprender es la de Mi Mayor, que empieza en la sexta cuerda. En la **FIGURA 8-3A** puedes ver que la escala de Mi mayor utiliza cuerdas al aire y asciende hasta el quinto traste de la segunda cuerda. Puedes escuchar esta escala en la pista 41 del CD. La digitación para tocar esta forma de escala está escrita junto a las notas. Esta forma de escala mayor empieza en la base (nota con que empieza la escala) de la sexta cuerda.

FIGURA 8-3A: Forma de escala de Mi Mayor con cuerdas al aire

PISTA 41

A continuación fíjate en la escala de Sol Mayor digitada usando la forma de la escala de Mi Mayor (**FIGURA 8-3B**).

FIGURA 8-3B: Escala de Sol Mayor con la forma de la escala de Mi Mayor

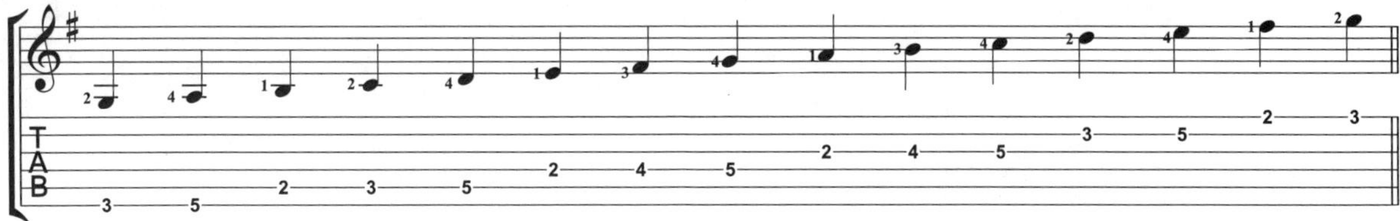

Las dos escalas coinciden en que ambas siguen un modelo de escala mayor que empieza en la sexta cuerda. La escala de Sol mayor es un modelo cerrado que no usa las cuerdas al aire. Date cuenta de las diferencias entre ambas variaciones respecto a dónde se tocan las notas. La ventaja de este sistema cerrado es que tu puedes tocar esta forma arriba y abajo del mástil y siempre sabrás que estás tocando una forma de escala mayor.

Fíjate en las siguientes formas de escala, ilustradas en la **FIGURA 8-4** y en cómo pueden ser usadas en diferentes tonalidades. Escucha la pista 42 del CD que acompaña a este libro para oír cómo suenan las escalas al tocarlas.

FIGURA 8-4A: Formas de escala mayor

PISTA 42

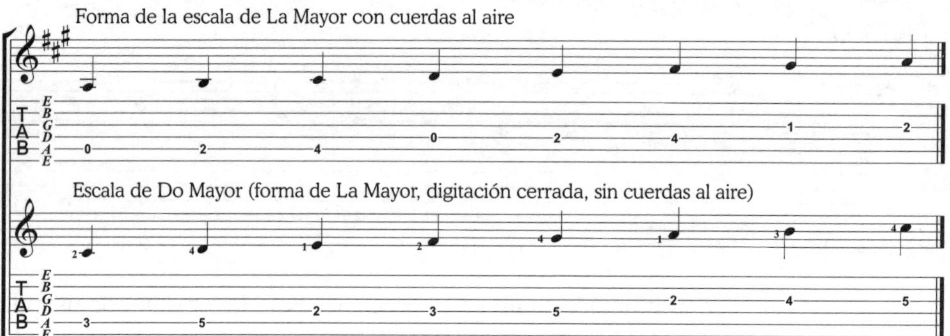

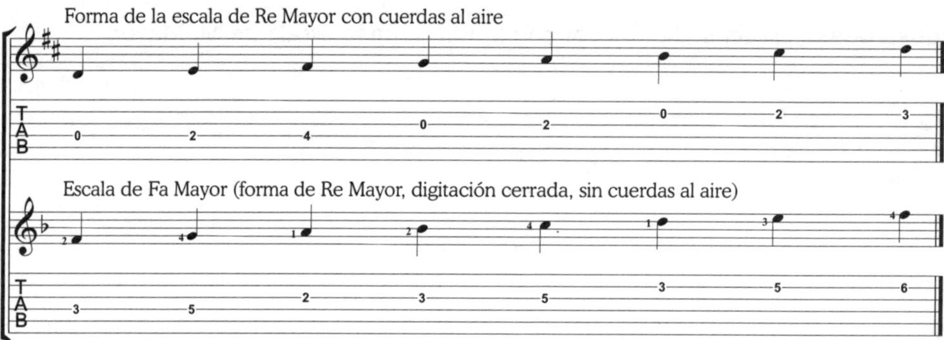

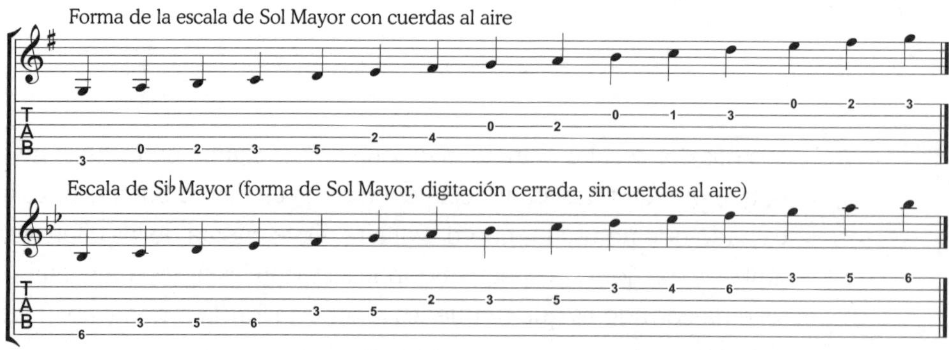

FIGURA 8-4A *(continuación)*

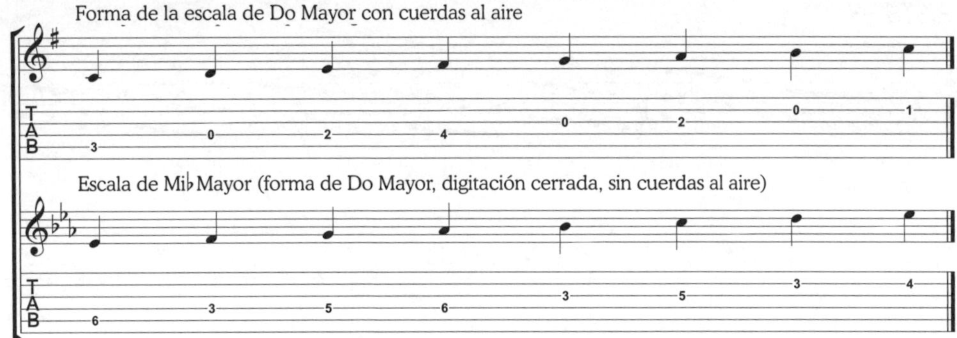

Estas escalas deben parecer muy nuevas y extrañas. Toca apoyándote en el CD para conseguir familiarizarte con ellas. Una vez que has incrustado en tu cabeza el concepto básico, intenta incorporar a las escalas el cromatismo. Las **FIGURA 8-5** y **8-6** muestran escalas mayores separadas entre sí por un semitono. Escucha las pistas 43 y 44 del CD para escuchar cómo suenan estas escalas.

FIGURA 8-5: Escala cromática basada en la forma de la escala mayor en la sexta cuerda.

PISTA 43

FIGURA 8-6: Escala cromática basada en la forma de la escala mayor en la quinta cuerda.

PISTA 44

Ahora puedes ver el modelo transportable de escala ascendiendo por el mástil. Una vez más, es mejor que escuches las pistas del CD para empezar tocando acompañado por ellas.

En la pista 45 puedes escuchar la secuencia de la escala de do menor (ilustrada en la **FIGURA 8-7**). Más adelante profundizarás el conocimiento de estas secuencias. ¡No te preocupes! Lo conseguirás, cada cosa a su tiempo.

FIGURA 8-7: Secuencia de la escala de do menor

PISTA 45

Acordes transportables

La idea de que puedes transportar la disposición de un acorde arriba y abajo del mástil y tocar muchos acordes distintos, habiendo aprendido una misma forma una sola vez, es bastante asombrosa. Estos acordes se llaman *acordes transportables*.

Tú ya sabes que hay diferentes tipos de acorde. Has aprendido que los hay mayores, menores y de séptima (también llamados acordes de séptima de dominante). Probablemente, te preguntas a qué deben su nombre estos distintos tipos de acorde. Por ejemplo, ¿por qué Mi Mayor o Do Mayor o sol 7.ª o la menor? Cada acorde tiene el nombre de una nota (la base del acorde). Esta nota normalmente se encuentra en una de las tres cuerdas graves.

Por ejemplo, en la **FIGURA 8-8** se muestra la base del acorde, la nota mi, en la sexta cuerda.

FIGURA 8-8

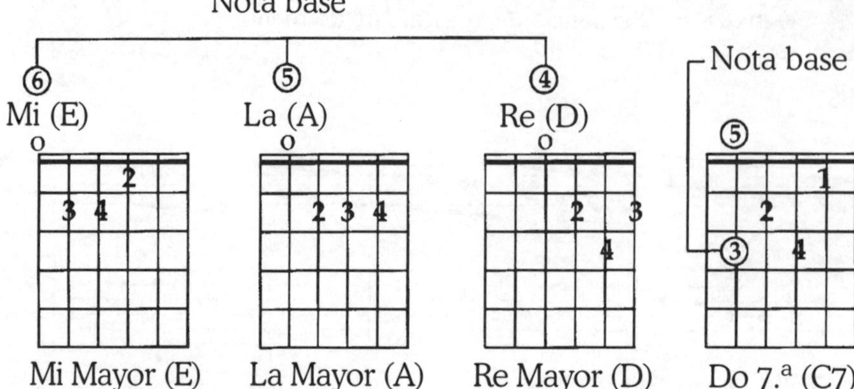

La nota que da el nombre o nota base de La Mayor, está en la quinta cuerda al aire, y la nota que da el nombre o nota base de Re Mayor se encuentra… ¿dónde? ¡Correcto! En la cuarta cuerda al aire.

Fíjate en el último acorde de la **FIGURA 8-8**. Es un nuevo acorde denominado do 7.ª. Le da el nombre la nota do del tercer traste de la quinta cuerda. Cuando lo tocas no uses la sexta cuerda ni la primera cuerda; usa solamente las cuatro cuerdas interiores.

Usando la misma digitación, desplaza la disposición de este acorde ascendiendo dos trastes. Tu tercer dedo, en la quinta cuerda, ahora estará en el quinto traste y tu primer dedo tiene que estar en el tercer traste de la segunda cuerda (los otros dos tienen que estar igual con respecto a ellos que en el modelo del diagrama).

Recuerda, este acorde recibe su nombre de la nota que se toca en la quinta cuerda. Fíjate en la escala cromática, fíjate en tus dedos sobre los trastes e intenta deducir cuál debe ser ahora el nombre del acorde. Lo que debes preguntarte es ¿qué nota hay en el quinto traste de la quinta cuerda?

He aquí la respuesta. Desplazando un acorde de do 7.ª desde la primera posición (fíjate en que tu primer dedo está tocando una nota en el primer traste) hasta la tercera (ahora tu primer dedo está tocando una nota en el tercer traste) tiene como resultado realizar un acorde de re 7.ª.
«Espera un momento», estarás diciendo. «Eh, ¿no tocabas el acorde de re 7.ª de otra manera? En el capítulo 5, me enseñaste a tocar el acorde de re 7.ª de esta otra manera.» (ver **FIGURA 8-9**.)

FIGURA 8-9

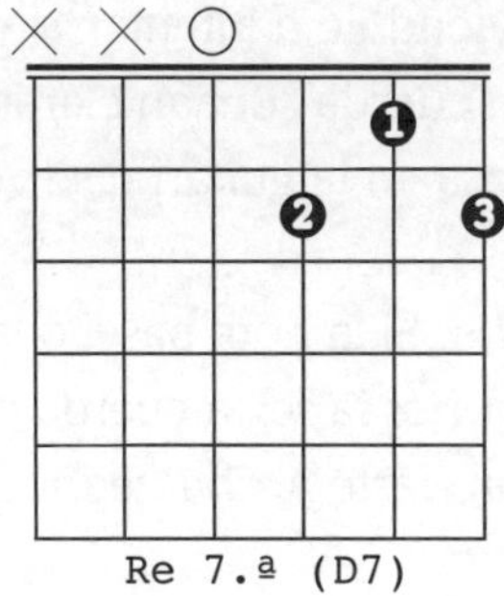
Re 7.ª (D7)

Tienes toda la razón. De hecho, puedes tocar el mismo acorde de diferentes maneras a lo largo del mástil (posteriormente veremos esto en más detalle). La cuestión es ésta: toca el acorde de re 7.ª tal como lo habías aprendido originalmente. Ahora tócalo usando esta nueva forma que acabas de aprender. Es el mismo acorde, pero de algún modo suena sutilmente diferente. Ahora puedes elegir entre dos maneras diferentes de tocar el acorde de re 7.ª, dependiendo de la sonoridad del acorde. Con un poco de práctica, te parecerá que es mucho más fácil cambiar de acorde a acorde usando las formas transportables.

Acordes con cejilla

Los acordes con cejilla son un tipo especial de acordes transportables. Los haces usando el primer dedo para cortar todas las cuerdas a la vez en un traste y luego tocas una forma transportable a partir de esta nueva cejilla. Que no cunda el pánico. Es bastante fácil, aunque requiere un poco de práctica.

Practica esto. Coloca tu primer dedo sobre las seis cuerdas en el primer traste. Si te preocupa que no todas las notas suenen claras, coloca tu segundo dedo encima del primero para ayudarle a apoyarse con suficiente presión para que las notas suenen limpias. Relájate. Ahora flexiona los dedos. Ahora vuelve a intentarlo. Desplaza tu primer dedo al segundo traste, toca las cuerdas, después relaja tu mano.

Repite esto en el tercer traste, después en el cuarto y así sucesivamente, intentando, mientras lo haces, obtener un sonido claro en cada nota de las cuerdas. Usa tu primer dedo para cortar todas las cuerdas en los trastes ascendiendo por el mástil tan arriba como puedas, tocando todas las cuerdas en los trastes, relajando la mano y luego volviéndolo a intentar, siempre asegurándote de que todas las notas de cada cuerda suenan claras y no zumban o suenan sordas. Como cualquier cosa en la guitarra, se vuelve más fácil con un poco de práctica.

Ahora fíjate en las notas de la sexta cuerda. Si la nota base, o la que da el nombre al acorde, para el acorde de Mi Mayor es la sexta cuerda al aire, entonces si mueves el acorde de Mi Mayor un traste arriba, teóricamente la nota base asciende un traste también.

Usa tu primer dedo como cejilla en el primer traste. Usa la digitación sugerida para tocar un acorde en disposición de Mi Mayor en la primera posición/traste, mientras cortas todas las cuerdas con tu primer dedo en el primer traste. No es fácil, pero insiste. Intenta conseguir que todas las notas en todas las cuerdas suenen claras cuando las tocas. Relaja tu mano.

La nota en el primer traste de la sexta cuerda es un fa. Esto significa que una disposición de acorde de Mi Mayor que en la primera posición (es decir, en el primer traste), con cuerdas al aire, recibe el nombre de Mi Mayor, ahora se llama de Fa Mayor. Asciende al tercer traste y ahora se llama Sol Mayor.

Test rápido: intenta encontrar y tocar estos acordes:

- Sol♭ Mayor.
- Fa 7.ª Mayor.
- Do 7.ª Mayor.
- La♭ Mayor.
- Mi♭ Mayor.
- Fa♯ Mayor.

(Una pista: encontrarás las notas base de todos estos acordes o en la sexta cuerda o en la quinta.)

¿Tienes problemas con este ejercicio? Tómate una pausa, coge una revista de guitarra y luego relee este capítulo hasta que te encuentres cómodo con el concepto y puedas encontrar estos acordes. No es tan difícil. De verdad.

La **FIGURA 8-10** muestra tipos de acordes transportables agrupados según la localización de la nota base. Algunos de estos acordes tienen digitaciones que no son muy fáciles, porque implican más de un dedo para hacer de cejilla en más de un traste –por ejemplo, el de La Mayor o el de re 7.ª menor– pero con un poco de práctica lo conseguirás.

FIGURA 8-10:: Forma de Mi: Mayor

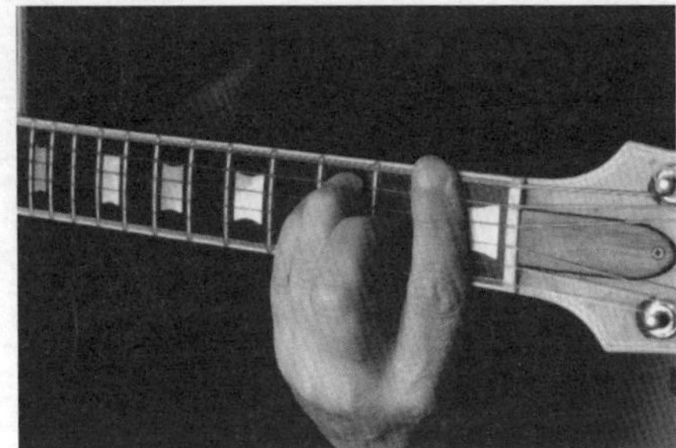

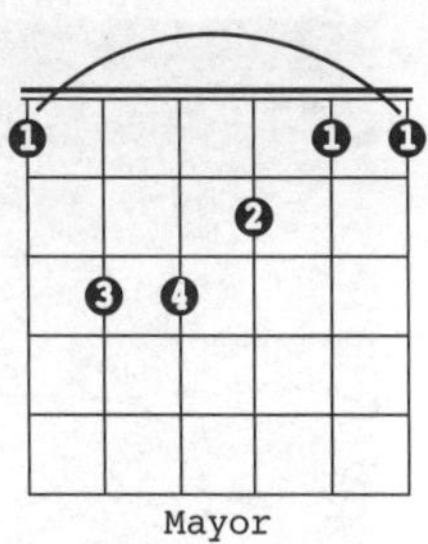

Mayor

Forma de Mi: 7.ª de dominante

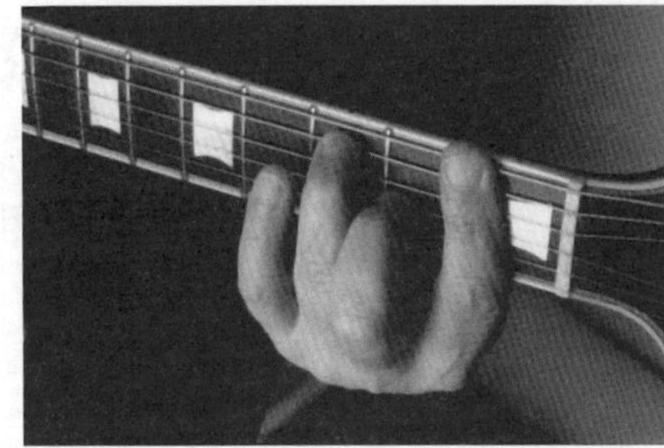

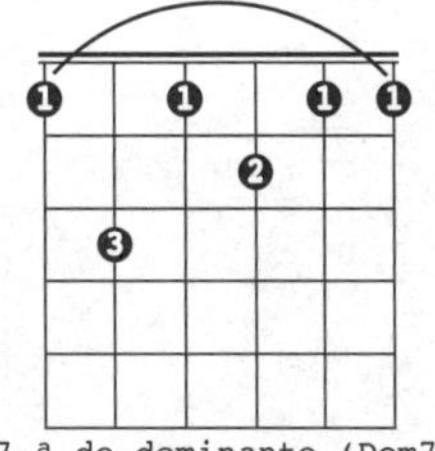

7.ª de dominante (Dom7)

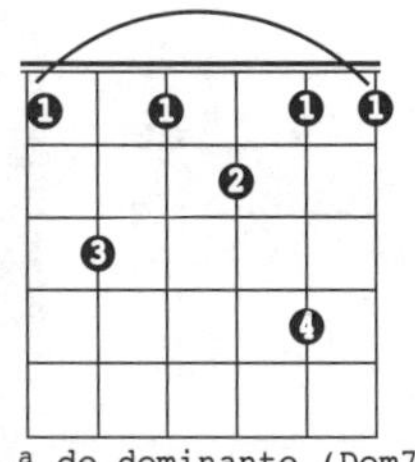

7.ª de dominante (Dom7)

Digitaciones alternativas

Forma de Mi: menor

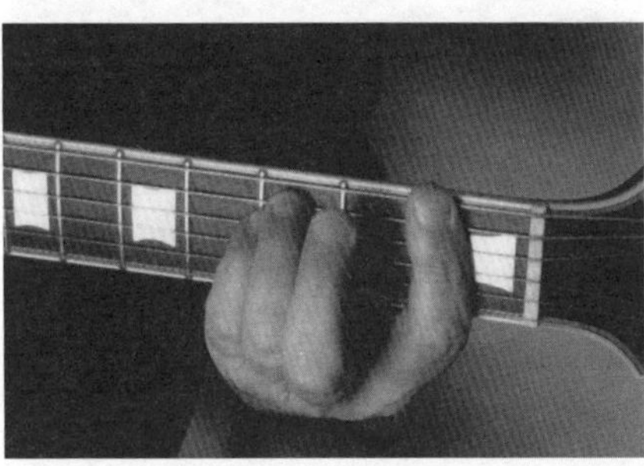

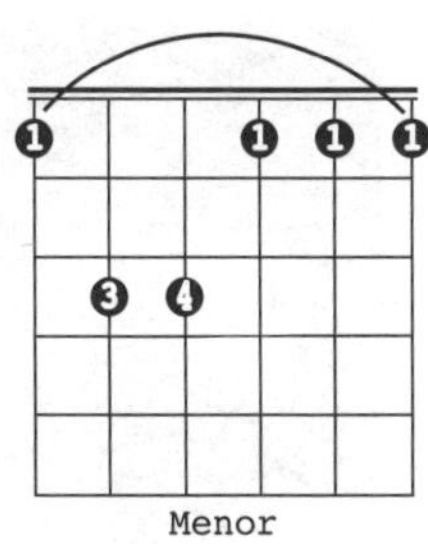

Menor

Forma de Mi: menor 7.ª

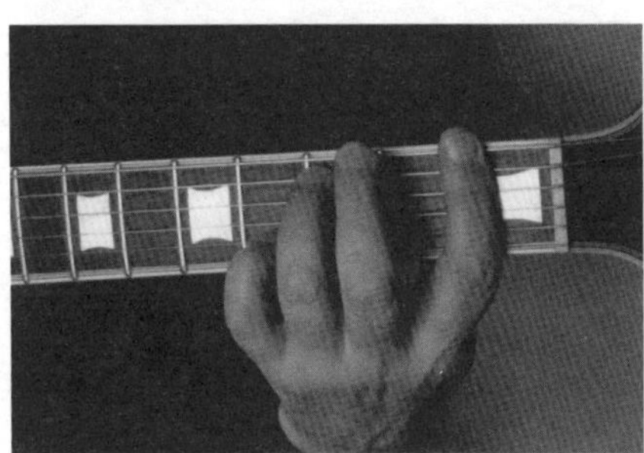

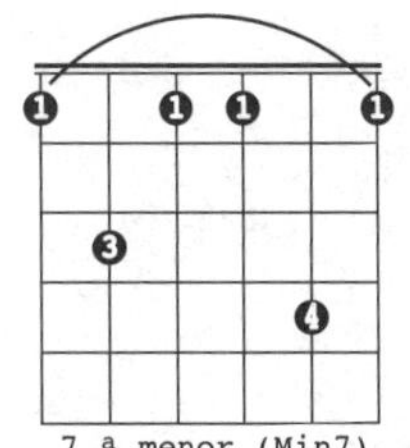

7.ª menor (Min7)

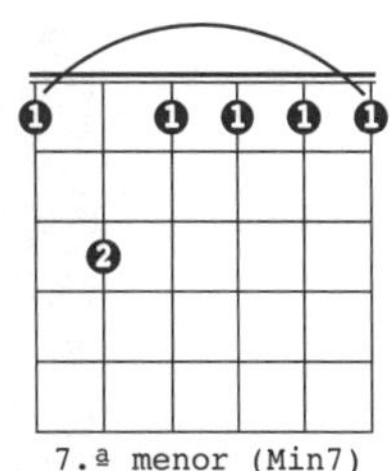

7.ª menor (Min7)

Digitaciones alternativas

Forma de La: Mayor (acorde con doble cejilla)

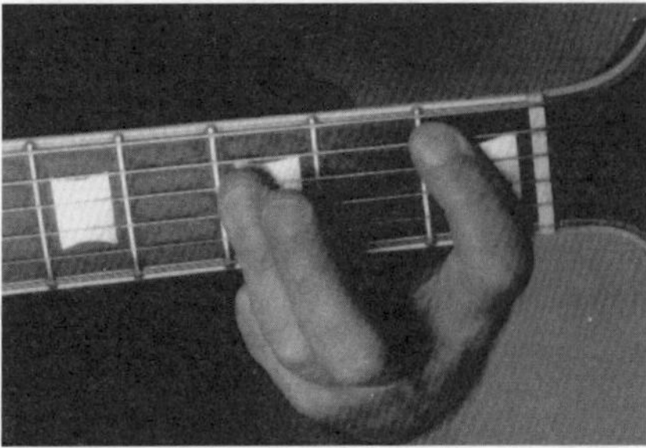

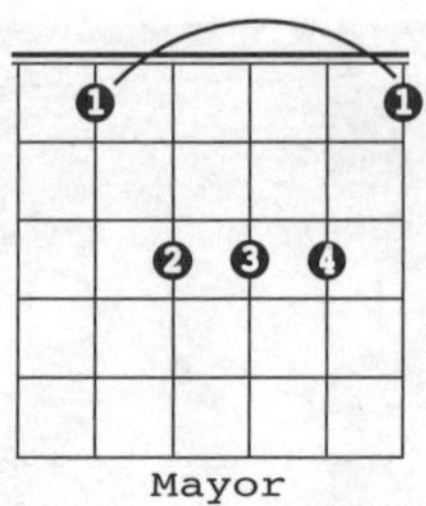

Mayor

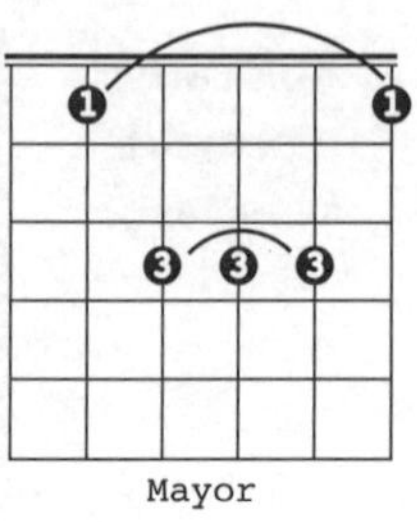

Mayor

Digitaciones alternativas

Forma de La: 7.ª de dominante

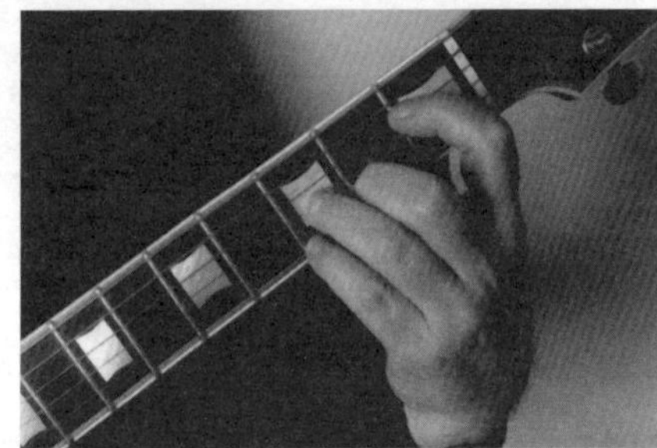

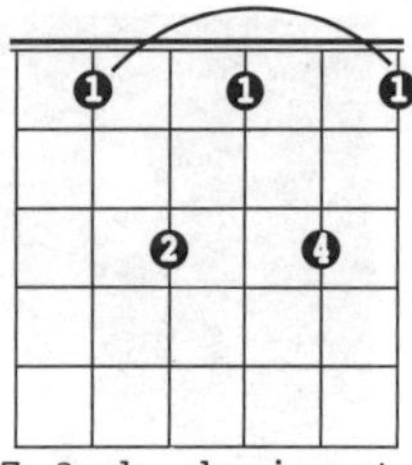

7.ª de dominante (Dom 7)

Forma de La: menor

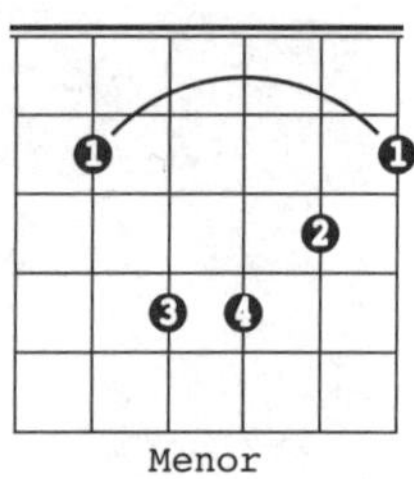

Menor

Forma de La: menor 7.ª

menor 7.ª (Min 7)

FIGURA 8-10: Forma de Re: Mayor

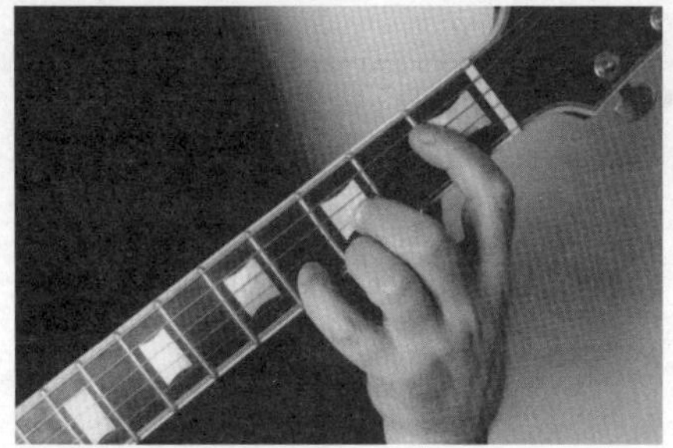

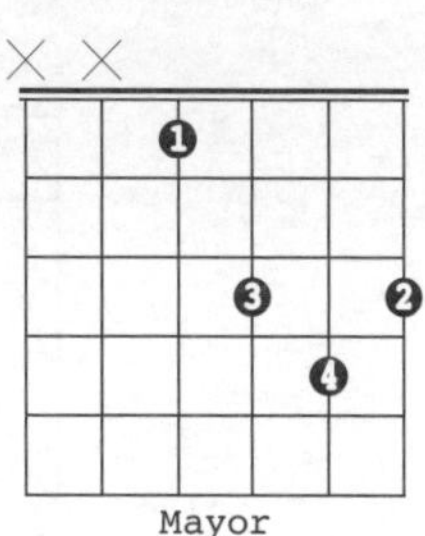

Forma de Re: 7.ª de dominante

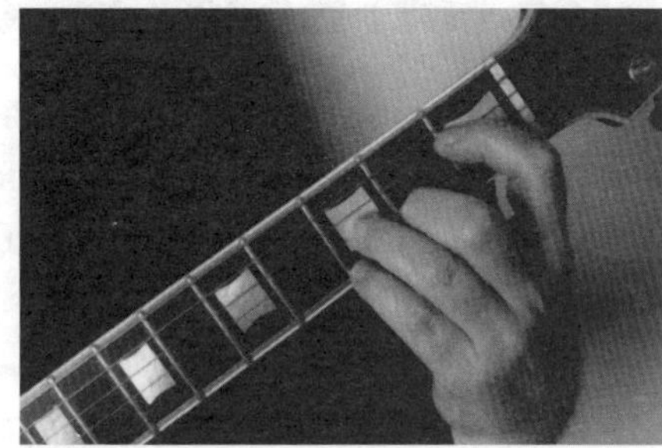

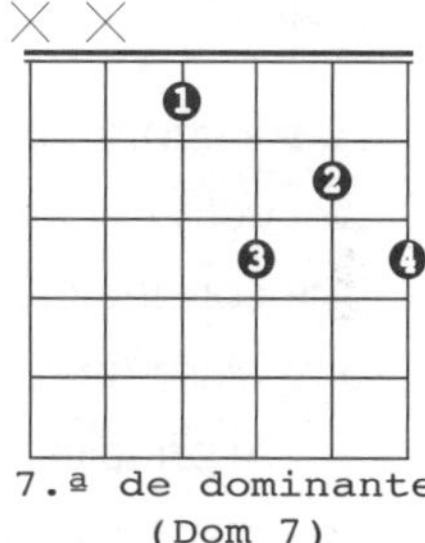

Forma de Re: menor

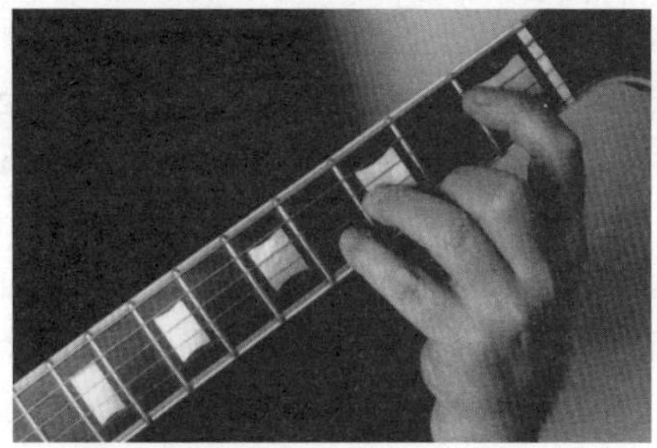

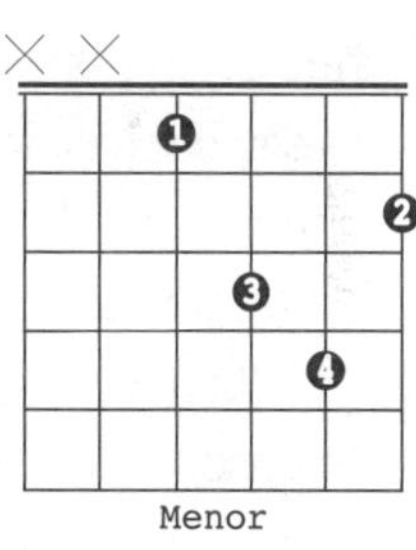

Forma de Re: menor 7.ª

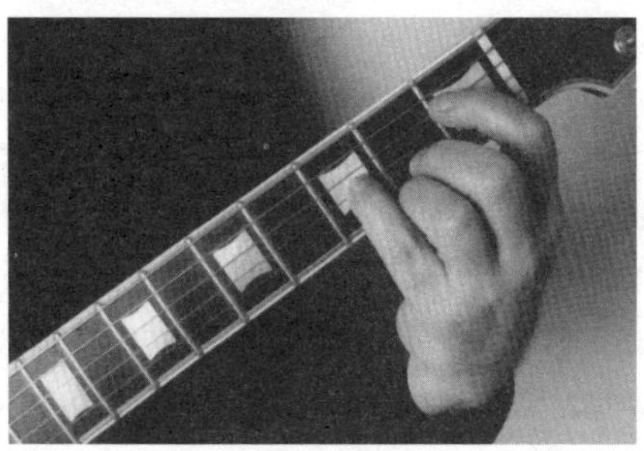

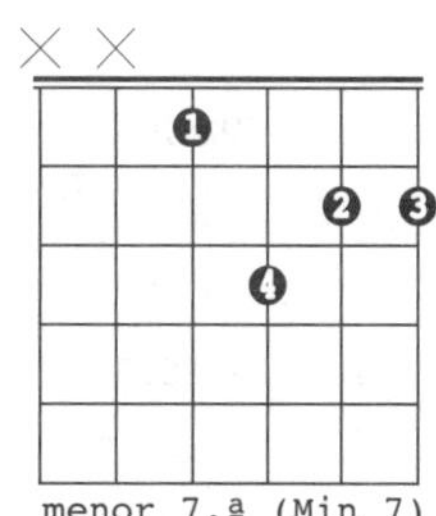

Forma de Do: Mayor (media cejilla)

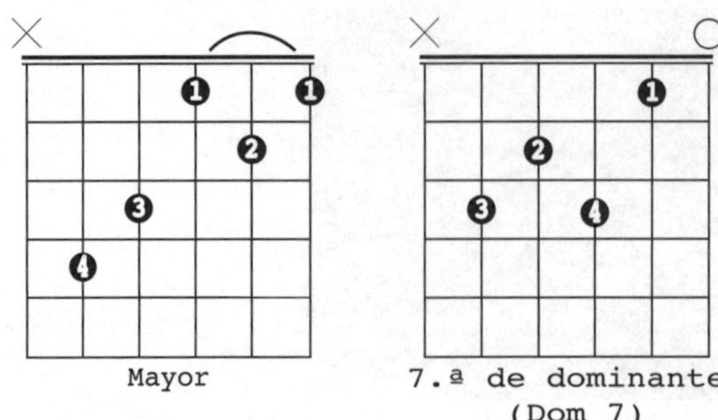

Acordes transportables con notas mudas

Hasta ahora no nos hemos creado ningún problema respecto a qué cuerdas rasgueas mientras colocas los dedos de un acorde. Nos hemos conformado con que consiguieras que las cuerdas sonaran claras sin emitir ningún zumbido u otra clase de ruido mientras colocabas la mano izquierda y tocabas.

Al principio de esta lección, tocaste el acorde de do 7.ª. Recuerda el consejo que acompañaba este acorde: «No toques las cuerdas sexta y primera, sólo las cuerdas interiores». Lo que hacías era ensordecer o amortiguar el sonido de las cuerdas sexta y primera, de modo que no sonaran al tocar el acorde. Esto era necesario porque si bien la nota mi forma parte del acorde de do 7.ª, si desplazas la disposición del acorde ascendiendo por el mástil, la nota mi en seguida chocará con las disposiciones de otros acordes de 7.ª que no contienen la nota mi (te remito al capítulo 7 para explicaciones más detalladas de armonía).

Un acorde con notas mudas es aquel en el que debes amortiguar (o ensordecer) una o dos cuerdas mientras tocas el acorde. Ensordeces las cuerdas para obtener las notas correctas de la tonalidad en la disposición del acorde cada vez que lo tocas, donde quiera que lo toques.

La **FIGURA 8-11** muestra un acorde de Sol Mayor transportable con dos cuerdas (es decir, dos notas) tachadas con una *x*: la quinta cuerda y la primera. Esto significa que no debes permitir que estas dos cuerdas suenen cuando tocas el acorde. Difícil, ¿no? Incluso habiendo aprendido los acordes con cejilla, ¿has estado todo este tiempo leyendo un libro que no paraba de repetirte que tenías que conseguir que todas las notas sonaran claramente? Pues bien, la respuesta es sí… y no. A medida que mejores tocando la guitarra, te darás cuenta de que hay cosa que eran buenas cuando empezabas y que ya no lo son tanto cuando vas adquiriendo un nivel avanzado.

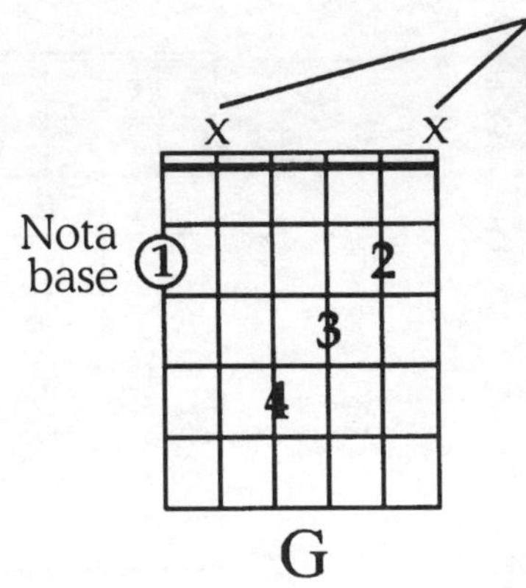

FIGURA 8-11:: Acorde de Sol transportable con notas mudas

Para ensordecer una cuerda, debes colocar la mano de manera que la cuerda quede anulada o amortiguada cuando rasguees el acorde. Para que una nota suene usas la yema de los dedos de tu mano izquierda. Para anularla o ensordecerla, usa la parte blanda o plana, ya sea del lateral del dedo o de la parte inferior de la yema, en función del tipo de acorde que estás intentando tocar. Ahora toca el resto de las notas del acorde hasta que suenen claramente. Tócalas individualmente (como si formaran un arpegio, explicado en el capítulo 6) para asegurarte de que suenan correctamente.

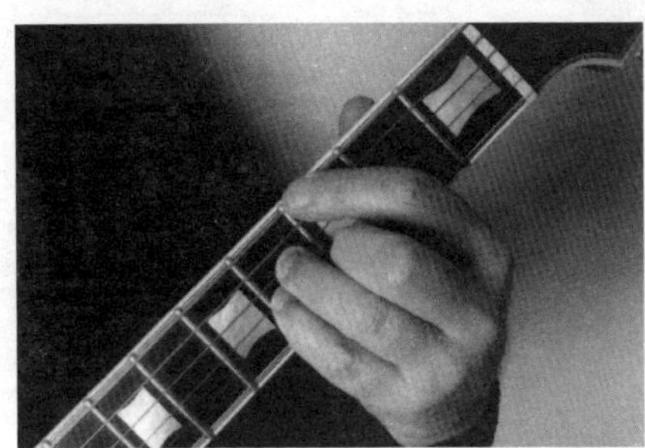

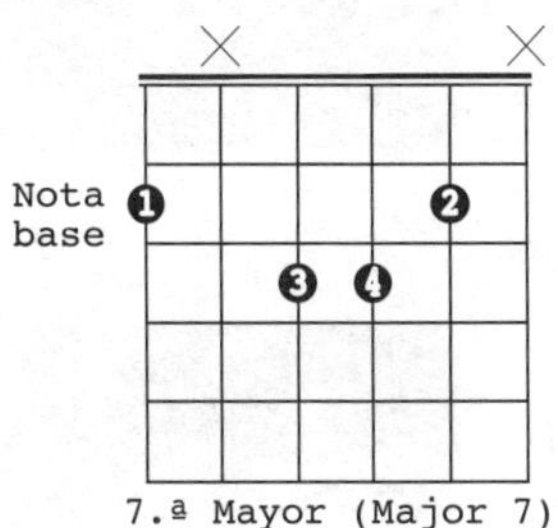

FIGURA 8-12:: 7.ª Mayor

La **FIGURA 8-12** muestra los cinco acordes básicos de séptima usando notas mudas.

Estos acordes tienen un sonido con mucho color. Te resultará muy gratificante si puedes aprender a tocarlos.

Por desgracia, éste no es el libro indicado para explorar realmente y por completo el concepto de acorde transportable y de acorde con notas mudas, pero existen muchos libros que profundizan el tema. Consulta, por ejemplo, *The Everything Guitar Chords Book*, de Marc Schonbrun, que contiene, sin exagerar, todos los acordes conocidos por el hombre (y un CD dónde puedes escuchar cómo suenan estos acordes tocados en la guitarra).

7.ª de dominante

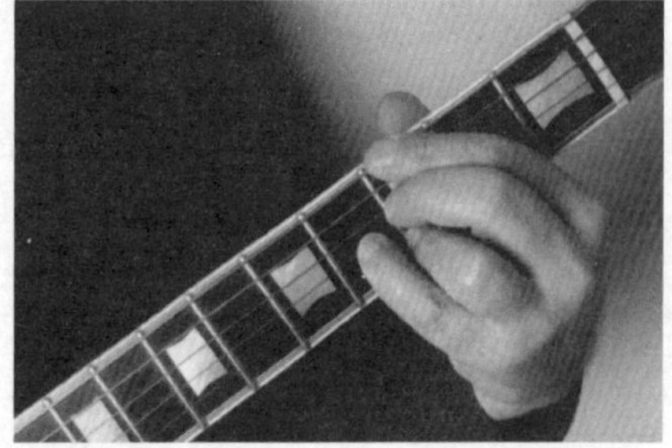

Nota base

7.ª de dominante (Dom 7)

7.ª menor

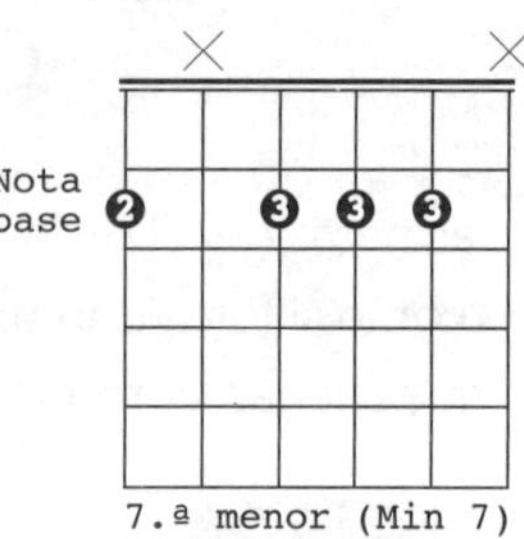

7.ª menor (Min 7)

7.ª menor con la quinta disminuida

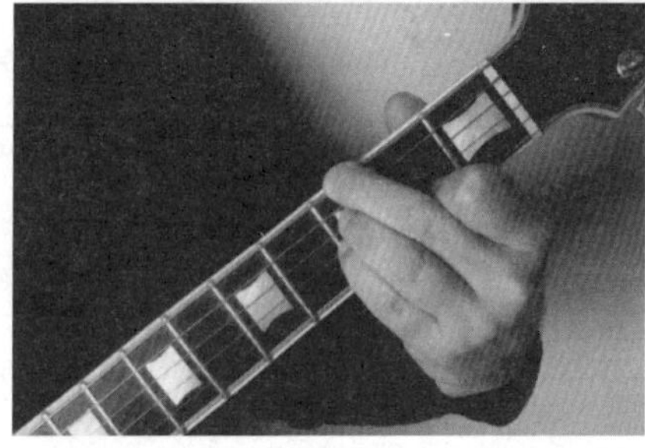

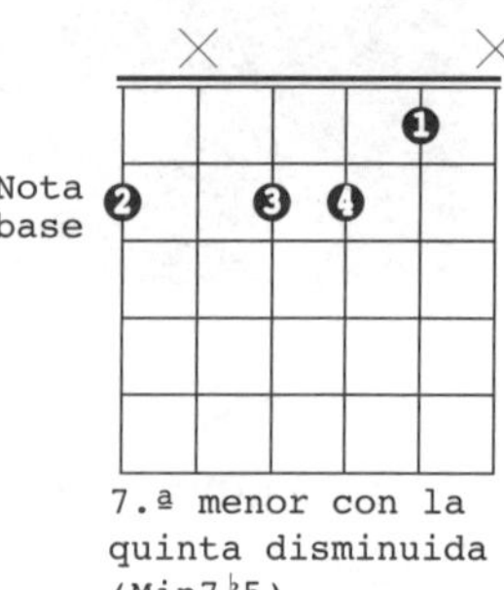

7.ª menor con la quinta disminuida ($Min7^{\flat}5$)

7.ª disminuida

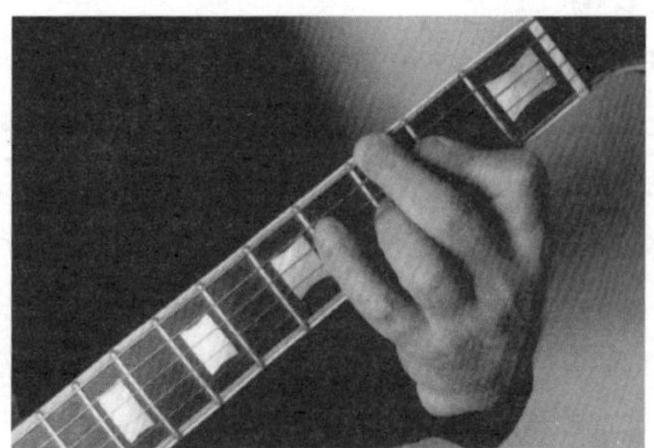

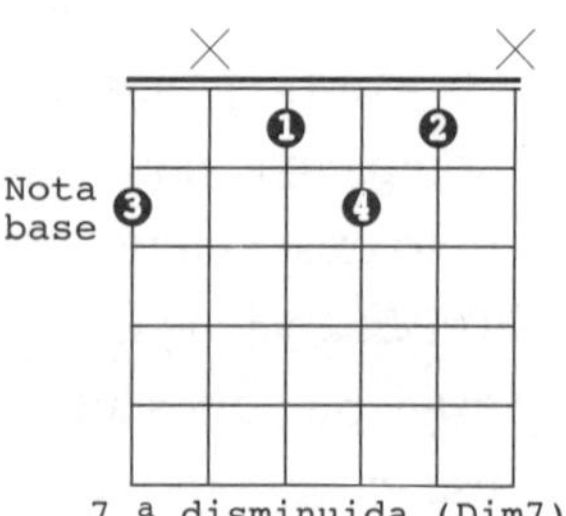

7.ª disminuida (Dim7)

Técnicas de la mano derecha

Ha llegado el momento de aprender algunas técnicas de punteo con la mano derecha. La primera cosa que tienes que aprender son los términos usados para referirse a los estilos de punteo de la mano derecha. Cada dedo tiene asignada una letra que se escribe en la partitura. Las letras para los dedos tienen su origen en los nombres españoles de los dedos usados para el punteo. Léelos a continuación:

p= pulgar
i= índice
m= medio
a= anular

Esta nomenclatura funciona tanto para el estilo clásico de punteo como para el de las guitarras eléctricas, pero fue desarrollado principalmente para las guitarras clásicas. Usando solamente cuerdas al aire, toca el ejercicio de la **FIGURA 8-13** que puedes escuchar en la pista 46.

Es un ejercicio muy simple para ejercitar los dedos en el modelo de punteo en todas las cuerdas. La razón para empezar este ejercicio con cuerdas al aire es que es muy difícil de controlar.

FIGURA 8-13: Ejercicio con cuerdas al aire

PISTA 46

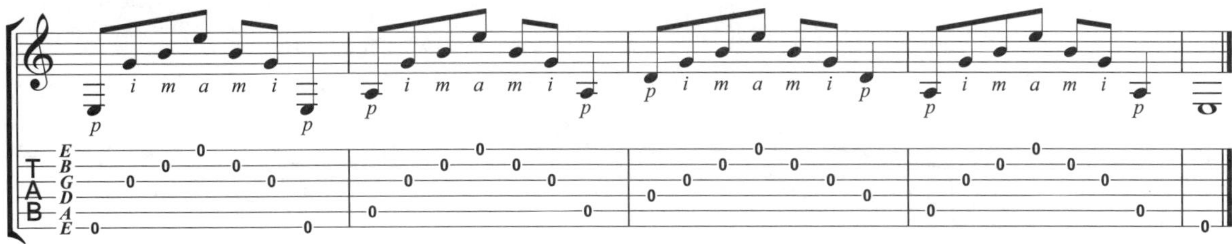

Para tener una buena técnica clásica, es mejor que te dejes crecer un poco las uñas para tener un ataque de calidad. También tienes que arquear ligeramente la muñeca para que los dedos queden verticales sobre las cuerdas.

La diferencia entre la posición de la mano derecha en los punteos del folk/blues y en los del estilo clásico es de gradación. Observa que si bien en el folk y en el blues la posición parece más relajada, puede causar tensión muscular si no vas con cuidado. Practica los modelos ilustrados en la **FIGURA 8-14** (que puedes oír en la pista 47 del CD que acompaña a este libro) diez minutos al día. Te ayudarán a desarrollar una coordinación mejor y la memoria muscular.

FIGURA 8-14: Ejercicios para la mano derecha con cuerdas al aire

PISTA 47

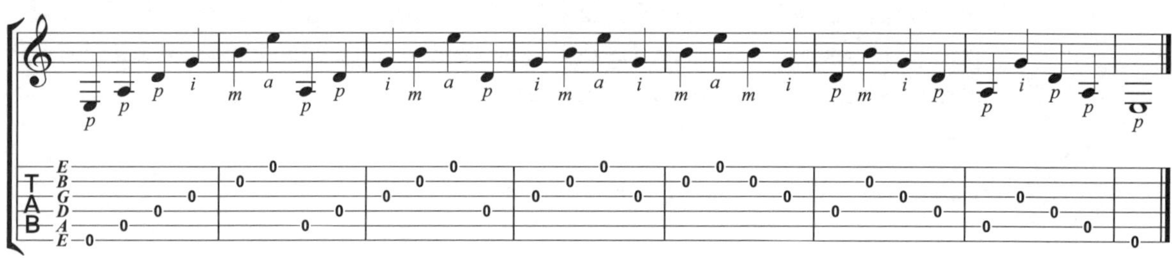

Aspectos básicos de los estilos clásico y folk en la guitarra

Los siguientes ejemplos musicales quieren proporcionarte una idea global de los estilos clásico y folk en el arte de tocar la guitarra. Puedes sentir el estilo clásico como un poco más «formal» que el folk, pero lo cierto es que será muy útil para desarrollar la mano derecha y la destreza de los dedos.

Ejemplos clásicos de guitarra

La **FIGURA 8-15** te plantea ejercicios en estilo clásico, que puedes escuchar en la pista 48 del CD que acompaña a este libro.

FIGURA 8-15: Ejercicios para la mano derecha, de Do Mayor a sol 7.ª

PISTA 48

FIGURA 8-16: Estilos folk para la guitarra

PISTA 49

Estilos folk de guitarra

La principal diferencia entre el enfoque de la técnica de la mano derecha de los estilos folk y clásico, es que en el folk los guitarristas tienden a usar sólo sus dedos pulgar, primero y segundo, siguiendo su técnica para tocar. Verás con frecuencia notaciones como ésta:

T= pulgar
1= primer dedo
2= segundo dedo

El modelo para la mano derecha será *pulgar, índice, pulgar, medio*. Ésta es una técnica alternativa de punteo. El tercer dedo no se usa tanto, dado que el principal uso de la guitarra en el estilo folk es el de acompañar a un cantante. Pero, aunque tú no cantes, ¡te puedes divertir igualmente con una persona al lado! Escucha las pistas del CD y quizás empieces a tararear secretamente mientras lo haces.

La **FIGURA 8-16** te proporciona ejemplos en estilo folk que puedes escuchar en la pista 49 del CD que acompaña a este libro. Ciertamente has aprendido algunas técnicas intensas. Para escuchar un intérprete clásico avanzado o cómo suena la técnica del punteo, te remito al «Andante» interpretado por Justin Holland en la pista 50 (ilustrado en la **FIGURA 8-17**).

FIGURA 8-17: Andante

PISTA 50

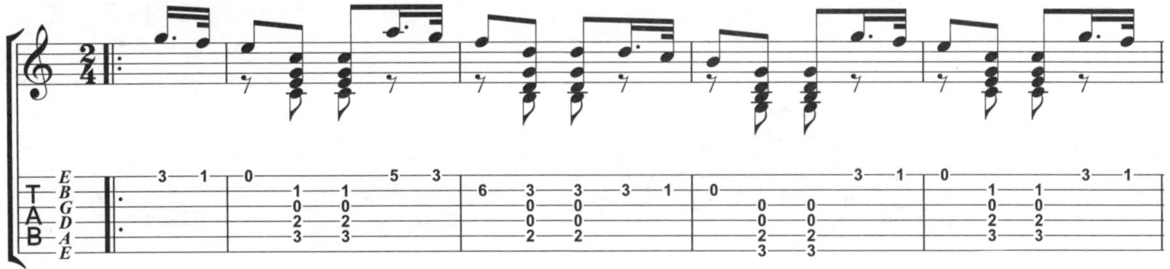

FIGURA 8-17: Andante *(continuación)*

PISTA 50

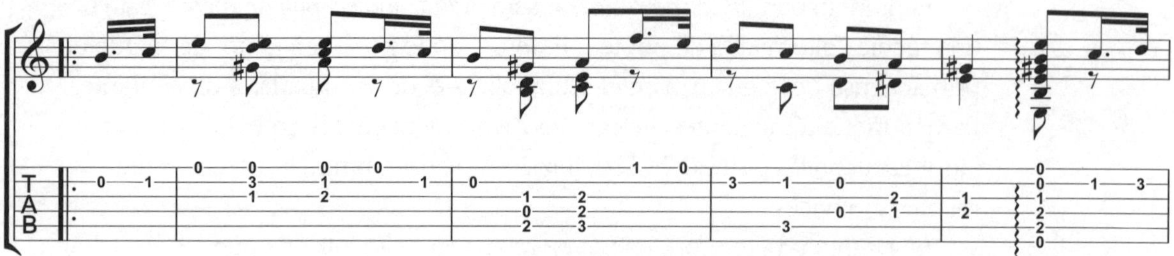

Repite las dos primeras secciones sin repeticiones y después ve a la siguiente sección.

Variaciones

Capítulo 9

Guitarristas clásicos y de flamenco

Aunque las guitarras y los guitarristas clásicos son criaturas muy diferentes de los flamencos, la técnica para tocar estos estilos es muy similar. Lo que tienen en común estas dos técnicas es el hecho de usar los dedos en lugar de un plectro o una púa. Los tres primeros dedos y el pulgar se usan para puntear las cuerdas. Se usan las uñas de los dedos para puntear las cuerdas, proporcionado articulación y tono al sonido. Como consecuencia, ambos estilos de tocar la guitarra requieren cuidarse las uñas, que hay que mantener fuertes e igualadas. La historia de las guitarras clásica y flamenca y de sus intérpretes constituye una fabulosa investigación y estudio. La música es realmente bonita. Los intérpretes son maestros del arte.

Fernando Sor (1778-1839)

Fernando Sor fue un gran compositor de música para guitarra. Era también violinista, organista y cantante. Su educación musical empezó en un monasterio, la Escolanía de Montserrat. Cuando Sor estudió ahí, era alumno del padre Anselm Viola. La primera formación musical de Sor consistió en canto, armonía y contrapunto. Dejó el monasterio a la edad de dieciséis años y se dirigió a Barcelona, donde ingresó en la academia militar. Durante los cuatro años que permaneció en la academia, conservó vivo su interés por la música y dedicó su vida a la guitarra después de oír la música para guitarra de Moretti.

La Escolanía de Montserrat es la escuela de música y el coro de niños más antiguos de Europa que sigue existiendo. Está documentada a partir del siglo XIII, cuando se instauró como institución religiosa y musical que integraba sólo un coro de niños.

Sor vivió en España, Londres, París y Rusia. Sus viajes le pusieron en contacto con muchas culturas y músicos diferentes. Cuando Francia invadió España, se familiarizó con la música y los ideales franceses. Después, en 1813, abandonó España y se trasladó a Francia para concentrarse por completo en su música.

Entre 1815 y 1823, Fernando Sor vivió en Londres, donde se hizo muy popular por su talento con la guitarra así como por sus habilidades vocales. Compuso el ballet *Cendrillon*, que se estrenó en el Teatro Real en 1822. El ballet tuvo tanto éxito que se estrenó en París al año siguiente y después en Moscú, dónde nuevamente obtuvo un gran éxito.

Sor permaneció en Moscú entre 1823 y 1826. Después volvió a París entre 1827 y 1828, y allí, finalmente, se estableció y vivió el resto de su vida consagrado a la guitarra. En esa época publicó uno de los más completos métodos de guitarra.

Fernando Sor compuso más de cuatrocientas obras para guitarra. Entre sus composiciones hay estudios, fantasías, temas con variaciones y sonatas.

Mauro Giuliani (1781-1829)

Mauro Giuliani fue un maestro compositor para la guitarra. Tocaba el violonchelo (su primer instrumento, que nunca dejó), el violín, la flauta y la guitarra. La guitarra se convirtió en su principal instrumento y su gran devoción. Fue considerado un virtuoso a la edad de veinte años.

La gira por Europa que realizó en 1800 aumentó su estatus de virtuoso ya conseguido en su país natal, Italia. Giulliani en 1806 se instaló en Viena, que se estaba convirtiendo en uno de los grandes centros musicales de toda Europa.

Giulliani estaba en Viena durante el período Clásico. Debió escuchar la música de Haydn, Mozart, Gluck y Beethoven. La Sinfonía Heroica de Beethoven se acababa de estrenar en 1803.

Mientras estaba en Viena, Giulliani fue nombrado músico de cámara y profesor de música de la familia real austríaca, los miembros de la cual frecuentemente estudiaron guitarra con él. La obra de Giulliani abarca desde los ejercicios más simples a las obras técnicamente más desafiantes. Encontramos conciertos junto a dúos de violín y dúos de flauta y guitarra.

Francisco Tárrega (1852-1909)

Nacido en Villarreal de los Infantes (Castellón), Francisco de Asís Tárrega Eixea, fue sin duda uno de los grandes guitarristas clásicos de todos los tiempos. Se le considera el fundador de la escuela clásica moderna. Era pianista y guitarrista. Estudió armonía y composición en el Conservatorio de Madrid. Con el tiempo, fue profesor de guitarra en los conservatorios de Madrid y Barcelona.

La dedicación de Francisco Tárrega es tal, que su escuela de guitarra clásica moderna y sus prácticas se utilizan todavía hoy. Tárrega definió el hecho de tocar la guitarra sentado, así como la posición de los brazos, piernas y manos. También insistió en el uso de un pie para levantar el cuerpo de la guitarra. El gran constructor de guitarras Antonio Torres acababa de perfeccionar una guitarra clásica nueva y de mayores dimensiones (la misma que se usa hoy en día) y a Tárrega le pareció que era necesario desarrollar nuevas técnicas para este asombroso instrumento nuevo.

Otra gran contribución de Francisco Tárrega fueron sus transcripciones de obras de Bach, Chopin, Beethoven y otros compositores. Sus transcripciones de los pianistas Enrique Granados e Isaac Albéniz están consideradas obras estándar del repertorio guitarrístico. Algunos alumnos de Tárrega fueron Emili Pujol, Miquel Llobet y Andrés Segovia.

Vahdah Olcott-Bickford (1885-1980)

Nacida Ethel Lucretia Olcott, en Norwalk, Ohio, Vahdah Olcott-Bickford empezó sus estudios de guitarra a la edad de ocho años y acabó estudiando con Manuel Ferrer (1828-1904), un distinguido guitarrista en América. Vahdah fue la última discípula de Ferrer.

Vahdah se trasladó a Nueva York en 1914, donde se dio a conocer por sus conciertos y sus clases de guitarra. Durante un tiempo vivió con la famosa familia Vanderbilt de Biltmore y fue profesora tanto de la señora Vanderbilt como de su hija Cornelia. También se interesó por la astrología y por ello acabó cambiándose el nombre por el de Vahdah, con el que es conocida comúnmente.

Puedes consultar la colección completa de Vahdah Olcott-Bickford por internet en la página web de la Universidad de California en Northridge (en http://library.csun.edu/igra). La propiedad de su colección completa fue legada a la Universidad de California en Northridge. Puedes leer más sobre Vahdah en http://library.csun.edu/igra/bios/olcott-bickford.html

En 1915 Vahdah conoció a Myron Bickford (el organista, director, compositor e instrumentista por excelencia) y se casó con él. En 1923, Vahdah y Zarh (el nombre astrológico de Myron) se trasladaron a Los Ángeles. Vahdah contribuyó decisivamente a fundar la American Guitar Society en Los Ángeles. Su dedicación a la guitarra clásica en América fue significativa por lo que se refiere al repertorio. De hecho, durante toda su vida Vahdah se dedicó a recoger documentación musical a gran escala. Su biblioteca de partituras es legendaria. Vahdah murió en

1980 a la edad de noventa y cuatro años. Se dedicó a la guitarra hasta el último momento.

Andrés Segovia (1893-1987)

Muchos músicos creen que sin los esfuerzos de Segovia, la guitarra todavía sería considerada un instrumento de garitos y tabernas. Se le considera el padre de la guitarra clásica moderna.

Segovia nació en Linares en 1893. Cuando tenía cuatro años su tío le cantaba canciones y fingía que tocaba una guitarra imaginaria. Un lutier (constructor de instrumentos) local hizo un instrumento para el niño y, aunque su familia desanimó a Segovia, él continuó por propia iniciativa el estudio del instrumento. Siendo autodidacto, adoptó muchas de las técnicas y prácticas de Francisco Tárrega, el influyente maestro de la guitarra de finales del siglo XIX.

En 1909, Segovia debutó a la edad de dieciséis años en Granada, en el Centro Artístico y realizó su debut profesional en Madrid en 1912. La guitarra era ampliamente considerada no apta para interpretar adecuadamente música clásica, pero Segovia sorprendió a los críticos con su habilidad. En 1916 empezó una gira por Suramérica y en 1924 debutó tanto en Londres como en París, empezando a ser conocido como el «embajador de la guitarra». Segovia llevó a cabo su debut americano en la ciudad de Nueva York en 1928. Tenía un amplio repertorio de obras líricas, que tocaba con gran expresividad, usando las uñas y cuerdas de tripa. Exigía, además, silencio y concentración por parte de su público.

El mensajero

Cuando Segovia envejeció, empezó a considerarse a sí mismo el mensajero que elevaría la guitarra al mundo de las salas de concierto, de manera que el instrumento encontrara su lugar junto al violín y el piano. Al cabo de poco tiempo, compositores de la talla de Héctor Villa-Lobos, empezaron a componer obras originales específicamente para la guitarra. El mismo Segovia arregló para la guitarra muchas obras del repertorio clásico –las más destacadas, las de J.S. Bach, al que rescató de las sombras del canon musical y convirtió en un compositor popular en el siglo XX–, así como de la música para laúd y clave.

El principal problema con el que se enfrentó al empezar su carrera fue asegurarse de que el sonido de la guitarra llenaría una sala de conciertos. Durante años, Segovia intentó resolver el dilema experimentando con otras maderas y diseños, para ampliar la resonancia natural del instrumento. El desarrollo de las cuerdas de nailon confirió a la guitarra un tono más consistente, al proyectar el sonido mucho más lejos y ser mucho menos propensas a romperse. Durante la década de 1940, usó preferentemente cuerdas de nailon y no de tripa, empezando una práctica que perdura hoy en día.

Segovia también estandarizó la forma en que se anotan las digitaciones de la guitarra en las partituras (escribiendo el número de la cuerda en un círculo sobre una serie de notas que podrían ser tocadas en otra cuerda del instrumento). También tomó partido en el debate entre los guitarristas clásicos sobre el uso de las uñas o de las yemas de los dedos, popularizando el hecho de puntear las cuerdas con las uñas de la mano derecha.

Segovia tocó una guitarra clásica Ramírez desde 1912 hasta los años treinta, cuando conoció al lutier (constructo de guitarras) alemán Hermann Hauser. Hauser quedó tan impresionado con la guitarra de Segovia que cambió su manera de construir guitarras. Hauser se presentó a Segovia con un nuevo instrumento en 1937, que el maestro usó hasta los años sesenta.

El regalo de Segovia

De los muchos regalos que Segovia hizo al mundo, quizás el más perdurable sea el hecho de haber convertido la guitarra en *el* instrumento popular del siglo XX. Además de grabar y realizar conciertos, Segovia dedicó el resto de su vida y de su exitosa carrera a influenciar a directores de conservatorios, academias y universidades, para que introdujeran la guitarra en sus programas docentes con el mismo énfasis que el violín, el violonchelo y el piano. A sus ochenta años, continuó dando conciertos. Su lucha pionera se explica en sus memorias de 1983, *Andrés Segovia: autobiografía de los años 1893-1920*. Murió en 1987.

Ida Presti (1924-1967)

Nacida Yvette Ida Montagnon, Ida Presti es considerada una de las mejores guitarristas clásicas del siglo XX. Empezó a tomar clases de piano con su padre a los cinco años, pero pronto cambió a la guitarra. Ida Presti estudió guitarra con el guitarrista y lutier Mario Maccaferri, que le enseñó armonía y teoría musical. En 1932, Ida dio su primer recital público, ¡a los ocho años de edad! A los diez años debutó en París como concertista. Cuando tenía dieciséis años, Ida tocó una guitarra que había pertenecido a Paganini y había sido tocada por él, en un concierto conmemorativo del centésimo aniversario de su muerte. ¡Vaya honor!

Ida Presti y Alexandre Lagoya integraron el primer dúo de guitarra clásica famoso en el siglo XX. Presti practicaba la poco habitual técnica de tocar con las partes laterales de sus uñas en lugar de con las puntas.

A la edad de veintisiete años, en 1952, Ida Presti conoció a Alexander Lagoya a través de un amigo. Se casaron un año más tarde. Éste fue el segundo matrimonio de Ida. Dos años después, el dúo de guitarras Lagoya-Presti realizó su primer concierto. A partir de ahí, sólo ofrecieron conciertos como dúo. Ida Presti murió trágicamente a causa de una hemorragia interna, cuando estaba preparando un concierto que tenía que ofrecer en Nueva York en 1967.

Narciso García Yepes (1927-1997)

Yepes era un guitarrista español de gran agilidad, precisión y calidad de ejecución. Fue el primero en realizar una grabación comercial del *Concierto de Aranjuez* de Joaquín Rodrigo en 1955. En 1963, empezó a tocar una guitarra clásica de diez cuerdas, diseñada por él mismo, a la que había añadido cuatro cuerdas graves afinadas en do, si♭, la♭ y sol♭. Estas cuerdas extra le ayudaron a arreglar e interpretar obras para piano de compositores como Albéniz y Falla en la guitarra, así como transcripciones completas de música barroca de compositores como Telemann y Scarlatti.

Puedes escuchar las mejores interpretaciones de Narciso Yepes y su guitarra de diez cuerdas en el CD titulado *Mad About Guitars*. El CD asimismo ofrece el talento del guitarrista alemán Göran Söllscher, que también tocaba una guitarra de diez cuerdas.

Julian Alexander Bream (1933)

Nacido en Battersea, Londres, en 1933, Bream es considerado por muchos estudiosos de la música clásica como el primer virtuoso de la guitarra y el laúd del siglo XX. Era admirador del músico de jazz gitano belga Django Reinhardt y empezó su carrera tocando la guitarra acústica. Cuando oyó una grabación de Segovia tocando *Recuerdos de la Alhambra* quedó cautivado y consagró su tiempo a estudiar guitarra clásica. Era básicamente autodidacto (si bien contaba con la ayuda de la Philarmonic Society of Guitarrists) y también asistió al Royal College of Music. Allí estudió piano y composición, porque la guitarra no era considerada un instrumento serio en aquella época.

En 1945, Julian Bream ganó un concurso junior tocando el piano. Su debut público fue en 1946 en la Cheltenham Art Gallery de Inglaterra. Empezó a transmitir para la BBC a final de los años cuarenta. También siguió tocando el laúd y estudió e interpretó música antigua. En 1960, fundó el Julian Bream Consort un conjunto de virtuosos de los instrumentos antiguos que gozó de un gran éxito, al tiempo que hizo revivir el interés por la música de la época isabelina.

Hacia los años cincuenta, Bream se había hecho famoso por su técnica y por su dominio de un amplio registro de estilos musicales. Como Segovia, animó a los compositores a escribir para la guitarra. A diferencia de Segovia, Bream impulsaba a componer obras modernas, frescas, a veces disonantes, que él interpretó, no obstante, con un tono atractivo y gran emotividad. En los años sesenta obtuvo dos premios Grammy y un premio Edison. En 1985 fue nombrado Comander of the British Empire, siendo invitado de honor en el cumpleaños de la reina.

John Williams (1941)

Nacido en Australia, Williams empezó a aprender a tocar la guitarra a la edad de cuatro años, sentado en las rodillas de su padre, Len, que era también un guitarrista de talento. Cuando en 1952 la familia se trasladó a Londres, Williams conoció a Segovia y estudió con él. Gracias a una recomendación de Segovia ingresó en la Academia Musicale di Siena, en Italia, donde ganó una beca para estudiar y dónde permaneció hasta 1961. En 1958, a petición de sus compañeros de estudio, Williams fue el primer alumno de todos los instrumentistas en ofrecer un recital completamente solo en la Academia Musicale. Empezó a realizar grabaciones y a hacer giras y en 1960 fue nombrado profesor del Royal College of Music de Londres.

Una de las principales contribuciones de Julian Bream al repertorio de la guitarra clásica fue el hecho de encargar la composición de obras a compositores del siglo XX, tales como Benjamin Britten, William Walton y Hans Werner Hense, entre otros. Para escuchar la enorme contribución de Julian Bream, consigue el CD veintiocho de la colección *Julian Bream: The Ultimate Guitar Collection*.

Segovia apodó a Williams como «el príncipe de la guitarra» y la brillantez de su técnica pronto llamó la atención en el mundo entero. Él y Bream tocaron y grabaron una serie de dúos y grabaron obras tan diferentes como algunas transcripciones de Scarlatti y el *Concierto para guitarra* de André Previn.

Bream, en su madurez, al mismo tiempo que animaba a los compositores contemporáneos a escribir para el instrumento, tuvo una participación fundamental en la revitalización de la música antigua. Williams, por otro lado, fue vanguardista en romper las barreras entre la música clásica y la música popular. Actuó con guitarristas flamencos en el Ronnie Scott's Jazz Club de Londres y en conciertos de rock, tocando instrumentos acústicos y eléctricos. Su álbum *Changes* (1971), contiene arreglos de canciones de los Beatles y de Joni Mitchell, así como una versión rock del «Preludio» de la *Suite en Mi Mayor* de J.S. Bach. La pieza «Cavatina» entró a formar parte de las listas de éxitos populares de Inglaterra en muy poco tiempo. En 1979 fundó Sky, un grupo que fusionaba los conceptos clásicos, jazz y pop.

Christopher Parkening (1947)

Siendo uno de los guitarristas clásicos mundiales que ha debutado en los últimos veinticinco años, Parkening ha recibido tres nominaciones a los premios Grammy a la mejor interpretación clásica y es doctor honorario en música de la Montana State University, donde imparte clases magistrales cada verano. Parkening sigue estimulando y sobrecogiendo al público en el mundo entero tanto por la brillantez de su técnica como por su maestría musical, ofreciendo más de ochenta conciertos al año.

Sharon Isbin (1956)

Sharon Isbin empezó a tocar la guitarra a los nueve años. Su padre era profesor de la University of Minnesota y se encontraba en un año sabático en Italia cuando ella empezó a estudiar en serio con Aldo Minella. Cuando volvió a Estados Unidos, prosiguió sus estudios con los profesores Sophocles Papas y Jeffrey Vant. También asistió a clases magistrales impartidas por Oscar Ghilia, alumno de Segovia, y tomó clases adicionales de Alirio Díaz.

Para escuchar hasta dónde llega Sharon Isbin en el uso increíble de la ornamentación barroca en la guitarra, recurre a sus grabaciones de las *Suites para laúd* de Bach. Interpreta las cuatro suites para laúd y es la primera vez que estas piezas fueron grabadas al completo con guitarra.

Sharon Isbin realizó su primera gira europea de conciertos a la edad de diecisiete años. Distinguida con tres premios; en 1975 ganó el primer premio en la competición internacional Guitar'75 de Toronto. En 1976 ganó el más alto galardón en el apartado de guitarra de la Munich International Competition, que fue televisada y retransmitida internacionalmente. En 1979, fue la vencedora del Concurso Internacional Reina Sofía de Madrid. Todos estos logros increíbles explican por qué Sharon Isbin fue nombrada en 1989 catedrática de guitarra de la Julliard Music School de Nueva York.

Ejemplos de piezas clásicas

Los siguientes ejemplos musicales, ilustrados en las **FIGURAS 9-1** a **9-5**, te ofrecen una panorámica del mundo de la guitarra clásica. Estas piezas muestran diversas técnicas usadas para tocar en este estilo.

FIGURA 9-1: Mauro Giulliani, *Estudios para guitarra*, n.º 81

FIGURA 9-2: Mauro Giulliani, *Estudios para guitarra*, n.º 97

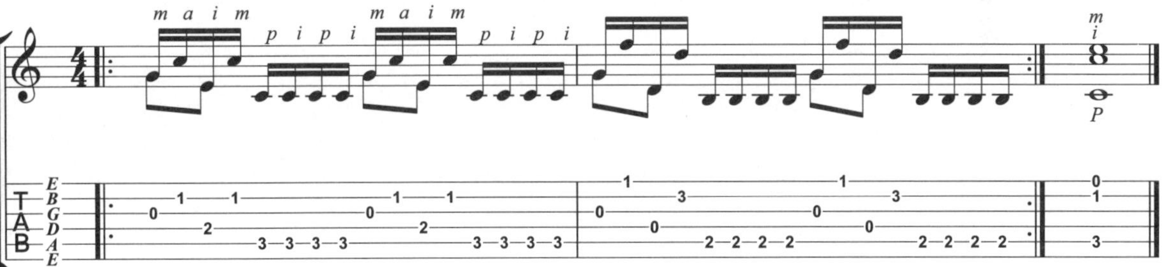

FIGURA 9-3: Carcassi, *Método de guitarra*, «Preludio en La Mayor»

FIGURA 9-1: George Fredrich Händel, *Gavota*

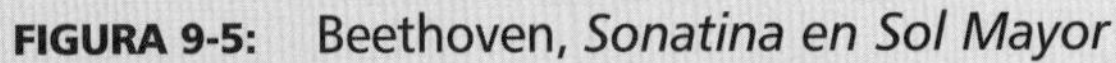

FIGURA 9-5: Beethoven, *Sonatina en Sol Mayor*

Ramón Montoya (1880-1949)

Nacido en el seno de una familia gitana de intérpretes de flamenco, Montoya estuvo influenciado por Rafael Marín, quien había estudiado con el gran maestro de guitarra clásica Francisco Tárrega. La manera de tocar de Montoya era sofisticada. Se basaba en las tradiciones existentes, a la que añadía ideas nuevas, enriqueciendo el vocabulario flamenco. Ya en los inicios de su carrera, en los años veinte, acompañó a muchos de los principales cantaores y bailaores en el Café de la Marina, en Madrid, y se hizo un nombre como virtuoso de la guitarra.

INFORMACIÓN

La guitarras flamencas tienen un sonido diferente que las clásicas, debido a su construcción más ligera, con el cuerpo de madera de ciprés y las cuerdas menos tensas.

La más importante contribución de Montoya al flamenco, sin embargo, fue romper con el papel de guitarrista acompañante y convertirse en un solista instrumental. Realizó muchas grabaciones de flamenco, pero las más antiguas, tales como «Granaína», llevada a cabo en París en los años treinta, se encuentran entre las más emocionantes y extraordinarias.

Carlos Montoya (1903-1993)

Tal como su tío Ramón Montoya, Carlos Montoya se convirtió también en un guitarrista flamenco exitoso e influyente. Nacido en el seno de una familia gitana española, su interés por la música y la guitarra se despertó a una edad temprana. Empezó a estudiar con su madre y con un vecino barbero. Finalmente fue alumno de Pepe el Barbero, guitarrista y profesor.

Montoya empezó a tocar profesionalmente a la edad de catorce años, acompañando a cantaores y bailaores en los cafés de Madrid. Dos de las bailaoras que acompañó con más frecuencia fueron La Teresina y La Argentina.

En los años veinte, empezó a realizar giras por Europa, Asia y Norteamérica. Cuando estalló la Segunda Guerra Mundial, en 1939, Carlos se encontraba de gira con una bailaora en Estados Unidos. Decidió instalarse en la ciudad de Nueva York y finalmente adoptó la ciudadanía estadounidense.

Al terminar la guerra, Carlos había ampliado su repertorio, que ahora incluía no sólo flamenco, sino también blues, jazz y música folk. Se convirtió en el primer guitarrista flamenco que viajó por el mundo acompañado de grupos y orquestas sinfónicas. Actuó para la televisión y grabó más de cuarenta álbumes, entre ellos *Suite Flamenco*, un concierto que ofreció en 1966 con la St. Louis Symphony Orchestra.

Carlos Montoya transformó la función de la guitarra flamenca de mero acompañamiento a una forma musical seria con entidad propia. Adaptó a su estilo personal otros tipos de música, convirtiéndose en el camino en una estrella internacional. Murió a los ochenta y nueve años en Wainscott, Nueva York.

Sabicas (1912-1990)

Nacido Agustín Castellón Campos, Sabicas era hijo de una familia gitana del norte de España. Un artista prodigioso, cuyo estilo virtuoso contribuyó a definir el flamenco moderno. Abandonó España en 1937 y se trasladó a México, dónde formó una compañía con la bailaora flamenca Carmen Amaya, con la que realizó giras por todo el mundo y grabaciones.

A mediados de los años cincuenta, Sabicas se trasladó a Nueva York, donde se concentró en su carrera como solista, realizando conciertos y grabaciones. Su estilo dramático, su articulación impresionantemente exacta y su técnica se convirtieron en un cliché para las futuras generaciones de intérpretes flamencos. Gran improvisador, dijo una vez que nunca podría tocar la misma cosa dos veces.

Paco Peña (1942)

Paco Peña empezó su carrera profesional a la edad de doce años. Después de realizar giras con diversos grupos como acompañante, se instaló en Londres y empezó una carrera como solista, haciendo conciertos y grabaciones. Sus apariciones en televisión, en los años sesenta, le proporcionaron más éxito. Cuando residía en Córdoba organizó un festival internacional de guitarra. Tocó en conciertos con John Williams, extendiendo su popularidad al público habitual de la guitarra clásica.

Paco de Lucía (1947)

Uno de los principales guitarristas de finales del siglo XX, Paco de Lucía nació en Algeciras, en el sur de España, en el seno de una familia de talentosos intérpretes de flamenco. Empezó a tocar a los siete años. Su padre le animaba a dedicar unas horas diarias al estudio y su casa, además, era visitada con frecuencia por Niño Ricardo, un importante guitarrista flamenco que había estudiado y tocado con Ramón Montoya. Más tarde descubrió las grabaciones de Sabicas, cuya agilidad y claridad interpretativas tuvieron una profunda influencia en el desarrollo de su estilo.

A los catorce años, De Lucía obtuvo el primer premio en un importante concurso de flamenco. En 1962, a la edad de quince años, acompañaba a su hermano cantante Pepe y ambos ganaron los máximos galardones en el concurso de Jerez, un prestigioso festival musical. Al año siguiente ingresó en la compañía de danza de José Greco, con la que fue de gira por Estados Unidos, donde conoció a Sabicas y a otros.

Enormemente inspirado por un viaje a Brasil, De Lucía inició una serie de innovaciones en la guitarra flamenca, basadas en los nuevos ritmos brasileños y el jazz. Además de liderar su propio sexteto, Paco de Lucía disfrutó de una larga y creativa asociación con Camarón de la Isla, el más importante cantaor flamenco.

Cada vez más influenciado por el jazz, a finales de los años setenta, Paco de Lucía trabajó con John McLaughlin y Larry Coryell. En los años ochenta él y McLaughlin siguieron juntos trabajando con Al Di Meola.

En 1991, De Lucía estudió de memoria y grabó el famoso *Concierto de Aranjuez*, de Joaquín Rodrigo, interpretándolo en estilo flamenco. En 1999 *Luzia*, disco que Paco de Lucía dedicó a su madre después de años de silencio, anunció su regreso al flamenco tradicional, aunque continuó tocando otros estilos musicales con otros músicos.

Técnicas para tocar clásico y flamenco

Para entender las técnicas de la guitarra clásica y de la flamenca, tienes que familiarizarte con la jerga usada para describir estos dos estilos.

Terminología de la mano derecha

Antes, en el capítulo 8 aprendiste que cada dedo de la mano derecha está representado por una letra que proviene del nombre del dedo en español:

- *p*= pulgar
- *i*= índice
- *m*= medio
- *a*= anular

Los siguientes términos describen la acción de la mano derecha:

- **Dolce:** las cuerdas son punteadas cerca del mástil de la guitarra, obteniendo un sonido más suave y apacible.
- **Pizzicato**: el pulgar puntea las cuerdas. El lado o el talón de la mano descansa sobre las cuerdas cerca del puente de la guitarra.
- **Ponticello**: las cuerdas son punteadas cerca del puente, obteniendo un sonido más nítido y agudo.
- **Técnica del trémolo**: el pulgar toca una nota en los graves e inmediatamente le sucede una nota aguda tocada tres veces, una por cada dedo, en este orden: *p-a-m-i, p-a-m-i, p-a-m-i.*

Apoyando y tirando

La pulsación de la mano derecha sobre las cuerdas puede ser de dos maneras, denominadas *apoyando* y *tirando*. *Apoyando*, el dedo puntea la cuerda y se apoya en la siguiente cuerda. Sólo se toca la cuerda con la punta del dedo. Esta técnica se usa principalmente para tocar pasajes de escala o melodías. Segovia desarrolló ejercicios de escalas que usaban el apoyando con dedos alternativos.

Tirando consiste en levantar el dedo de la mano derecha una vez que pulsó la nota. Esta técnica se usa para tocar acordes y arpegios. Los guitarristas folk y los cantautores también usan este método para acompañarse.

Terminología para la mano izquierda

En la guitarra clásica también existen términos para referirse a la técnica de la mano izquierda:

- **Armónico artificial**: es un tipo de nota que se toca apoyando el dedo de la mano izquierda sobre la cuerda, sin ejercer presión y luego tocando la nota con la mano derecha. La zona más adecuada del mástil para que estos sonidos se emitan bien se encuentra en los trastes séptimo y duodécimo.
- **Ligado**: es la articulación en la que dos o más notas se tocan, pero sólo la primera es pulsada por la mano derecha.
- **Trino**: adorno alrededor de unta nota principal en que las notas se tocan en una sucesión más rápida.

En la mano izquierda, cada dedo se indica por un número:

- 1 = primer dedo.
- 2 = segundo dedo.
- 3 = tercer dedo.
- 4 = cuarto dedo.

Capítulo 10

Guitarristas de blues

Una de las formas musicales americanas más antiguas. La música blues en su forma más simple podría estar vinculada a la poesía afroamericana aplicada a la música. Las palabras y la letra de las canciones pueden tratar temas que van desde peleas diarias a amores o diálogos. El blues está basado esencialmente en frases de doce compases y en compás 4/4. Los esclavos del campo del sur cantaban una forma antigua de blues. Hoy en día, el blues es un estilo musical popular con muchas variaciones e interpretaciones y se suele vincular a guitarristas que pueden cantar.

Leadbelly (1885-1945)

Huddie William Ledbetter nació en 1985 en la Jeter Plantation, en Mooringsport, Louisiana, en el seno de una familia granjera relativamente próspera que trabajaba primero con contrato de aparcería en Louisiana y más tarde como terrateniente en la frontera con Texas. Su tío Terrel Ledbetter le enseñó a tocar el acordeón y después la guitarra, y al poco tiempo destacó y usó su talento en fiestas locales o en la importante Fannin Street de Shreverport.

Tras tener a su segundo hijo a los dieciséis años, una comunidad enfurecida instó a Leadbelly a irse de casa. Se convirtió en un cantante y guitarrista itinerante y en granjero. Se quedó cerca de Dallas con el legendario cantante de blues Blind Lemon Jefferson aunque se separaron en 1917, cuando Leadbelly entró en prisión por agresión. Ésta fue la primera de las muchas veces que estuvo en las cárceles del sur.

Consiguió su apodo, Leadbelly («Barriga de plomo»), en prisión por su fuerte constitución física. Escapó de la cárcel y regresó a casa, pero tras esconderse durante un breve período de tiempo en la granja, se fue a Nueva Orleans y vivió bajo el nombre de Walter Boyd. A pesar de todo, se peleó con un pariente suyo, Will Stafford, que murió por un disparo en la cabeza. Aunque Leadbelly siempre defendió su inocencia, se le acusó de asesinato y agresión con intenciones homicidas y se le sentenció bajo el nombre de Walter Boyd a trabajar durante mucho tiempo en la dura granja de Shaw State.

Sus dotes musicales le ayudaron en prisión, donde se convirtió en el favorito de los guardias. Dice la leyenda que en 1925 Leadbelly rogó por su liberación (y la obtuvo) con su canción de «please pardon me» («por favor, perdóname») compuesta para y dirigida al gobernador Neff. Tras recibir su perdón, Leadbelly regresó a Mooringsport, pero su espíritu mujeriego y sus maneras toscas le llevaron a otro atraco con intenciones homicidas. En la granja-penitenciaría estatal Angola (en Louisiana) descubrieron sus antecedentes y se consideraron como agravantes a la conducta del artista. Esta vez rechazaron sus plegarias.

Descubrimiento

En los años treinta, el artista de folk texano John Lomax viajaba por el sur con una beca de la Library of Congress, y entre sus tareas estaba grabar los «tesoros musicales encerrados» en prisión. Lomax descubrió a Leadbelly en Angola en julio de 1933. Se quedó asombrado del enorme repertorio que tenía, de su estilo vocal intenso y de su presencia física tan imponente. Con medios de grabación precarios y aparatosos, Lomax empezó a grabar a Leadbelly.

John A. Lomax es conocido internacionalmente como quien difundió el archivo de canciones de música folk americana de la Library of Congress. Con muchas trabas, él y su hijo fueron los responsables de preservar esas raíces musicales. Hay información disponible sobre sus asombrosas contribuciones en la página web de la Library of Congress (http://memory.loc.gov/ammem/lohtml/lohome.html).

Para ahorrar gastos, Leadbelly salió de la cárcel antes de tiempo. Lomax decidió llevarlo a Nueva York, donde actuó ante audiencias de musicólogos en universidades de élite, infundiendo tanto miedo como admiración. El misterio de su pasado oscuro, su presencia física imponente, sus cicatrices terribles junto con su encanto, hacían de él una persona llamativa. Se desconocía la mayoría de su repertorio ecléctico interpretado con una guitarra de doce cuerdas, algo poco común para la época, y fue capaz de mantener con vida durante más de treinta años tradiciones rurales que estaban al borde del olvido. John Max firmó un contrato con la editorial Macmillan para escribir un libro sobre el mundo que rodeaba a Leadbelly y su hallazgo, que recibió el nombre de *Negro Folk Songs as Sung by Leadbelly*. Daba detalles sobre su historia, desde su repertorio hasta explicaciones del trasfondo de sus canciones y el lugar que ocupaban en el folklore americano.

Lomax también negoció un contrato de grabación con la American Record Company, que tenía equipos y estudios de grabación muy sofisticados. A pesar de todo, el momento de esplendor del blues rural había pasado hacía diez años, en el apogeo de Blind Lemon Jefferson, por lo que no obtuvieron demasiado éxito con sus publicaciones. Se compuso el álbum por insistencia de la compañía en que Leadbelly grabara blues en lugar de las canciones de folk que dominaban su repertorio y que precedían al blues. Eran el mayor atractivo artístico del cantante para el público blanco. Con el paso del tiempo y la estancia en Nueva York, la relación entre Lomax y Leadbelly se fue deteriorando y disolvieron la compañía en 1935.

Instinto de supervivencia

Leadbelly sobrevivió a trabajos poco habituales. El libro que Lomax publicó sobre su vida no obtuvo gran éxito de ventas, pero sí que le proporcionó algo de publicidad. El mercado de música afroamericana había cambiado y Leadbelly seguía encontrando entre los blancos su público más fiel, especialmente entre los sindicalistas. Con una predisposición continua a adaptarse a su entorno, Leadbelly añadió canciones de protesta a su repertorio, incluyendo temas como la segregación y la marginación.

A principios de 1939, lo volvieron a arrestar, esta vez por agredir a un hombre con un cuchillo, y estuvo ocho meses cumpliendo sentencia en Rikers Island. Lo soltaron a principios de 1940, a los cincuenta y un años de edad. De vuelta al círculo de folk de Nueva York, conoció a los recién llegados Woody Guthrie, Sonny Terry, Brownie McGhee, Pete Seeger, el Golden Gate Quartet, Burl Ives y otros muchos que se habían trasladado a Nueva York y propulsarían un folk más moderado durante y tras la Segunda Guerra Mundial.

Se sentía molesto por la imagen de convicto que proyectaba, pero le resultó imposible evitarlo. Pasó una temporada corta en Francia, donde el jazz se había hecho muy popular a principios de 1949. Mientras estuvo en París, sus problemas musculares persistieron y se le diagnosticó la enfermedad de Lou Gehrig, esclerosis lateral amiotrófica. Seis meses más tarde, el 6 de diciembre de 1949, falleció. En 1950 su single «Goodnight Irene» se convirtió en número uno en Estados Unidos de la mano de los Weavers.

Charlie Patton (1887-1934)

Nacido en Mississippi, Paton era considerado como una de las figuras innovadoras e influyentes más importantes del blues, del ragtime y de las canciones country y espirituales. Su canción «Pony Blues», del año 1929, se convirtió en un éxito comercial que hizo de él una estrella en el círculo de artistas de blues. Tocaba con un estilo poco estricto que alargaba los compases, aunque estaba lleno de ritmo y movimiento.

Charlie Patton era uno de los *showman* más grandes del blues. A menudo tocaba en pequeños bares llamados *jukes* o en la calle. Uno de sus trucos, que más tarde adoptaría Jimi Hendrix entre otros músicos de rock, era tocar la guitarra por detrás de su espalda.

Si se escucha con atención, muchas veces Patton responde a sus frases cantadas instrumentalmente . Evocaba sonidos con la guitarra imitando un estilo más percutido, golpeando las cuerdas y el instrumento. También afinaba su guitarra más agudo de lo normal para darle un sonido más brillante y penetrante. Cuando murió en 1934, se había convertido en la figura legendaria del delta del Mississippi e influenció en innumerables músicos de blues.

Big Bill Broonzy (1893-1958)

Nacido en Scott, Mississippi, en el seno de una familia aparcera, empezó a adentrarse en el mundo de la música antes de que su familia se trasladara a Arkansas. A los catorce, tocaba en pícnics y bailes country a cambio de propinas. A principios de los años veinte, se trasladó a Chicago, donde, bajo la guía de Papa Charlie Jackson, aprendió a tocar la guitarra blues. El abanico de blues del que disponía Big Billy Broonzy iba desde el blues con influencias del ragtime, al blues de ciudad con músicos de jazz, pasando por el blues de folk tradicional. Se le considera el padre fundador del panorama blues de Chicago.

Broonzy dejó huella en muchos músicos de blues y a menudo apoyaba a músicos que todavía no habían encontrado un lugar en el mundo musical asegurándoles sesiones de grabación y fechas de conciertos. Su reputación como artista de blues llegó mucho más allá de Chicago tras sus actuaciones en el ciclo de conciertos del famoso Sprituals to Swing de John Hammond, en 1938 y 1939, en el Carnegie Hall de Nueva York.

En 1951, Broonzy estuvo por Europa introduciendo el blues en Francia e Inglaterra, abriendo el paso a otros artistas americanos de blues. En 1955, con la ayuda del escritor Yannick Bruynoghe, escribió su autobiografía llamada *Big*

Bill's Blues. Publicada por primera vez en Londres, se trataba de una de las primeras autobiografías de artistas de blues. Dos años más tarde le diagnosticaron cáncer de garganta. Siguió ofreciendo conciertos, a menudo con gran dolor, hasta que murió por la enfermedad en 1958. En 1980, Broonzy fue miembro del Salón de la Fama de la Blues Foundation.

Blind Lemon Jefferson (1897-1929)

A pesar de ser el cantante de blues más famoso de los años veinte, se sabe muy poco acerca de su vida. Nació en 1897 en Couchman, cerca de Wortham, en Freesonte County, Texas. Era ciego desde la infancia, posiblemente desde que nació. Entre los años 1925 y 1929 hizo como mínimo 100 grabaciones, incluyendo versiones alternativas de otras canciones, y publicó 43 discos.

Pocos se atrevían a imitarlo, dada la complejidad técnica de su estilo a la guitarra y su peculiar voz, aguda y clara. De joven, Jefferson se colgó la guitarra y se puso a tocar en las calles de Wortham y de ciudades del este de Texas, como Groesbeck (que aparece en su «Penitentiary Blues»), Buffalo o Marlin. En 1917 se trasladó a Dallas y centró su actividad musical en el área de Deep Ellum, el equivalente en Dallas de la Beale Street de Memphis.

Fue justo ahí donde conoció a Leadbelly, un músico mayor, más experimentado y con un repertorio mucho más extenso. A pesar de todo, fue precisamente el joven quien dominó el blues. Tocaron juntos en Dallas hasta que enviaron a Leadbelly a la cárcel por agresión.

Blind Lemon Jefferson tocaba una guitarra Stella de doce cuerdas, pareadas al unísono a una octava de distancia, algo común en Centroamérica y Suramérica.

A principios de los años veinte, Jefferson tocaba por el Sur, especialmente en la región del delta del Mississippi, donde había oportunidades de hacer dinero para un músico de blues. Vendió al por entonces emergente mercado afroamericano más de un millón de *race records* (grabaciones dirigidas para el público negro). No obstante, murió pobre a finales de diciembre de 1929 en condiciones misteriosas.

Memphis Minnie (1897-1973)

Nacida Lizzie Douglas, en Algier, Louisiana, Minnie fue la primera de trece hermanos y hermanas. Se la considera una de las cantantes y guitarristas de blues más importante de todos los tiempos y pionera en su género. Recibió su primera guitarra a los once años de edad y grabó durante cuarenta, algo insólito para cualquier mujer de la época que se dedicara al espectáculo y única entre los artistas de blues. Memphis Minnie tenía un carácter extravagante, llevaba brazaletes de dólares de plata y fue la cantante de blues más importante de los primeros años de la depresión económica de la Segunda Guerra Mundial.

Tras haber aprendido a tocar la guitarra y el banjo de pequeña, Minnie escapó de casa a los trece. Se fue a Memphis, Tennessee, donde tocó la guitarra en clubes nocturnos o en la calle, bajo el nombre de Lizzie «Kid» Douglas. Al año siguiente se unió al circo Ringling Brothers. Grabó su debut en 1929 con su segundo marido, Kansas Joe McCoy. Su canción «Bumble Bee» fue un éxito y la fama la esperaba con los brazos abiertos.

Memphis Minnie era una de las primeras artistas de blues que empuñó una guitarra eléctrica. Combinó sus canciones de raíces country de Louisiana con el blues de Memphis y creó un sonido country-blues único. Minnie convirtió el country-blues en blues eléctrico urbano, camino que después seguirían Muddy Waters, Little Walter y Jimmy Rogers.

Minnie y su marido, McCoy, se separaron en 1935 y en 1939 estaba con Little Son Joe, con quien grabó cerca de 200 temas. En los años cuarenta creó una compañía de espectáculos ambulantes. Con el cambio de las tendencias musicales y culturales que se dieron en los cincuenta, el interés del público por la música de Minnie empezó a decaer, y en 1957 el matrimonio regresó a Memphis. En 1961, Joe falleció y Minnie quedó muy afectada por la pérdida, por lo que se retiró del mundo de la música y se quedó en centros de acogida hasta 1973, año en que murió. En 1980, Memphis Minnie fue elegida miembro Salón de la Fama de la Blues Foundation.

Lonnie Johnson (1899-1970)

Uno de los más originales de entre los músicos del siglo XX, Lonnie Johnson está a caballo entre dos de los estilos musicales más populares de principios de siglo: jazz y blues. Desafió la categorización con elementos de cada estilo.

Johnson contribuyó a definir el papel de la guitarra en el ámbito del blues y sus ideas melódicas y su estilo alegre iban unidos al primer genio trompetista de jazz, Louis Armstrong. Quizás no fuera casualidad que Johnson grabara en 1927 con los Hot Five de Armstrong. Este último se considera el primer músico de jazz en dar un paso al frente y empezar a improvisar un solo. No obstante, Lonnie Johnson fue el primer guitarrista que improvisó en la guitarra a partir de un coro de jazz. En 1928 y 1929 grabó dos duetos de guitarra, increíbles por su originalidad, con el guitarrista de jazz Eddie Lang, que ya había grabado varios temas bajo el irónico pseudónimo de Blind Willie Dunn.

INFORMACIÓN

Lonnie Johnson fue un coloso que mezcló muchos estilos de guitarra, especialmente jazz y blues. Normalmente grababa sus temas con una Stella de doce cuerdas o una estándar de seis cuerdas archtop.

Durante más de cuarenta años, Johnson tocó blues, jazz y baladas. Su versatilidad proviene en parte de la diversidad musical de Nueva Orleans. Su primer instrumento fue el violín pero desarrolló un estilo libre, sofisticado, fluido y melódico con su guitarra. Firmó un contrato con la Okeh Records y entre 1925 y 1932 grabó unos 130 temas.

Johnson se trasladó a Chicago y regresó para volver a grabar en 1939. En 1947, grabó uno de sus temas más famosos, la balada «Tomorrow Night», que llegó a los puestos más altos de listas de R&B durante siete semanas en 1948. Le siguieron más éxitos pero a finales de los años cincuenta Johnson se ganaba la vida de conserje en un hotel de Philadelphia.

El banjo Elmer Snowden lo «redescubrió» y disfrutó de un regreso increíble a los escenarios, creando series de álbumes para la Prestige's Bluesville durante los primeros años sesenta. También hizo una gira por Europa con el American Folk Blues Festival.

Desgraciadamente, en 1969, Johnson fue atropellado por un coche en Toronto, y murió un año más tarde a causa de las lesiones, que nunca llegaron a curar del todo. Se fue forjando una seña de identidad que se reflejaría en Robert Johnson, con un estilo muy parecido al de su tocayo, o incluso en Elvis Presley y Jerry Lee Lewis, que hicieron sus respectivas versiones del «Tomorrow Night» de Lonnie.

Howlin' Wolf (1910-1975)

Nacido Chester Arthur Burnett, la influencia de este artista va desde los rockeros de los años cincuenta, pasando pos las estrellas del rock más clásico de los sesenta hasta los grupos de grunge de los noventa, más toda una legión de imitadores cuyo número rivaliza con el de fans del mismísimo Elvis.

Nacido el 10 de junio de 1910 en White Station, Mississippi, una pequeña parada ferroviaria entre Aberdeen y West Point, Chester sintió fascinación por la música desde edades muy tempranas. A menudo golpeaba una cazuela con un palo imitando el silbido de los trenes que pasaban por su pueblo natal. También cantó en la coral de la White Station Baptist Church, donde predicaba su severo tío Hill Young.

Cuando se separaron sus padres, su padre se trasladó al Delta y su madre dejó a Chester con su tío Hill, que lo trataba muy ariscamente. Su madre pasó gran parte de su vida cantando en la calle, ganándose la vida vendiendo canciones de gospel escritas a mano por unos centavos. Repudiaba a su hijo y decía que tocaba «la música del Diablo». La paranoia de Chester con respeto a las mujeres en algunas de sus canciones se puede justificar con la triste relación que tenía con su madre.

Convirtiéndose en un lobo

Cuando tenía trece años, Chester se marchó para reunirse con su padre y sus hermanastros, que vivían en la Young and Morrow Plantation, cerca de Ruleville. Ahí fue donde Chester se quedó prendado por los músicos locales de blues, especialmente del primer gran cantante de blues Charlie Patton, que vivía cerca de la Dockery Plantation.

Cuando su padre le compró su primera guitarra en enero de 1928, consiguió convencer a Patton para que le diera clases. Chester también aprendió a tocar la armónica de manos de Sonny Boy Williamson, que estaba flirteando con su hermanastra Mary. Aprendió a cantar escuchando las grabaciones de músicos como Blind Lemon Jefferson, Jimmi «the Singing Brakeman» Rodgers o Lonnie Johnson. Cuando no trabajaba con su padre en la granja viajaba por el Delta con músicos como Robert Johnson, Charlie Patton, Son House y Willie Brown, tocando la guitarra y la armónica de blues a la vez. Desde el principio, la voz de Chester era tan impresionante, grave y potente, parecida a la de Patton, que recibió el pseudónimo de El Lobo de Howlin (Howlin' Wolf).

Howlin' Wolf tenía una presencia intimidadora. Medía casi dos metros y pesaba aproximadamente 135 kilos. Su voz era penetrante y se comparaba incluso al sonido de una apisonadora.

Alcanzar la fama

En 1948, a los treinta y ocho años de edad, Howlin' Wolf se mudó a West Memphis, Arkansas, donde creó una banda que incluía armónicas como las de James Cotton y Junior Parker y guitarras como Pat Hare, Matt «Guitar» Murphy y Willie Johnson. También consiguió un puesto en la estación de radio KWEM, donde tocaba blues y anunciaba equipamiento para granjeros. En 1951, Wolf atrajo la atención del joven pero muy influyente productor Sam Phillips, en Memphis, que le llevó al estudio, le dejó grabó los temas «Moanin' at Midnight» y «How Many More Years», y después los vendieron a Chess Records. Publicados en 1952, lograron situarse entre los 10 temas más exitosos de las listas de R&B de Billboard. Entonces, en 1953, Wolf se trasladó a Chicago, donde se quedaría el resto de su vida. Phillips, que también descubrió a Elvis Presley, Carl Perkins, Jerry Lee Lewis, Johnny Cash y Charlie Rich, dijo que la pérdida de Wolf cuando se fue a Chicago fue la más grande de toda su carrera como productor.

En sus últimos años, Wolf continuó actuando muchísimo, casi de manera enfermiza. A menudo lo hacía en pequeños clubes que otros famosos cantantes de blues ya habían abandonado. Tocaba la guitarra eléctrica sin púa, algo muy peculiar para ser artista de blues de Chicago, y su estilo excéntrico hizo de Wolf el guitarrista favorito de Eric Clapton, Jimmy Page, Stevie Ray Vaughan y Jimmi Hendrix.

Una última actuación

A finales de los años sesenta, Wolf sufrió varios infartos y en 1970 tuvo un accidente de coche en el que perdió los riñones. Durante el resto de su vida recibió tratamientos de diálisis cada tres días. A pesar de su estado de salud tan delicado, Wolf siguió grabando y actuando estoicamente.

En 1970 grabó *The London Howlin' Wolf Sessions* en Inglaterra, con Eric Clapton, miembros de los Rolling Stones y demás estrellas británicas del rock. Fue su álbum más vendido, llegando al puesto 79 de las listas de éxitos.

En 1973 grabó su primer álbum en estudio: *Back Door Wolf*. Incluía su gran éxito «Coon on the Moon», su tema autobiográfico «Moving» y «Can't Stay Here», un tributo a Charlie Patton. La última actuación de Wolf fue en noviembre de 1974 en el Chicago Amphitheater. En un concierto con B.B. King, Albert King, O.V. Wright, Luther Allison y muchos otros cantantes de blues, Wolf parecía haberse levantado literalmente de su lecho de muerte para interpretar por última vez sus antiguas canciones, haciendo algunas de sus típicas y antiguas travesuras sobre el escenario, como gatear durante la canción «Crawling King Snake». Al público le encantó y le dieron una ovación de cinco minutos sin parar de aplaudir. Se esforzó tanto durante el concierto que al finalizarlo tuvo que reanimarle un equipo sanitario. Dos mese más tarde, durante una operación su corazón dejó de latir y falleció.

Pasó a formar parte del Salón de la Fama de la Blues Foundation en 1980 y del Salón de la Fama del Rock and Roll en 1991. En su pueblo natal, West Point, erigieron una estatua en su honor en 1997 y cada verano se celebra un festival de música para recordar a Howlin' Wolf.

Robert Johnson (1911-1938)

Nació el 8 de mayo de 1911 en Hazlehurst, Mississippi, y se trasladó con su madre a Robinsonville, una comunidad algodonera al norte de la región, pequeña pero próspera y moderna, a unos 30 kilómetros al sur de Memphis. Como músico consumado, el talento de Johnson era tal que empezaron a surgir mitos sobre su persona. Especialmente se difundió uno que afirmaba que había vendido su alma al Diablo para obtener éxito mundial.

Durante la adolescencia de Johnson, su principal instrumento era la armónica. No empezó con la guitarra hasta finales de los años veinte. Creó una estructura de soporte para su arpa de boca y rápidamente escogió acompañamientos adecuados para este instrumento y para su voz. Willie Brown, todo un músico lleno de habilidad y talento, intentó enseñarle a Johnson algunos trucos y fue así como conoció a Charlie Patton.

Johnson trabajó en una granja durante una temporada pero tanto su mujer de dieciséis años, Virginia, como su hijo murieron durante el parto en abril de 1930. No pasaron ni dos meses cuando Son House se trasladó a Robinsonville por petición de Willie Brown. House, una combinación precaria de cantante de blues y predicador, trajo consigo un estilo de música cuya intensidad no era compartida por nadie más, ni siquiera por Patton. Era emoción pura y dura y Johnson siguió a House y a Brown allá donde fueran. La influencia que ejerció House sobre Johnson se puede palpar en sus grabaciones de los años 1936 y 1937.

El país se encontraba en plena depresión económica por aquel entonces, pero Mississippi tenía la suerte de tener al gobierno construyendo autopistas por la zona para intentar dar trabajo e inyectar energía a la economía. Los encuentros de cada sábado por la noche en bares y cantinas un tanto oscuras se convirtieron en el escenario de Johnson, y el artista de blues Ike Zinnman se convirtió en su mentor. Johnson también descubrió que las mujeres podían proporcionarle casi cualquier cosa.

No se quedaba en ningún sitio en concreto durante demasiado tiempo, y creó una técnica de selección de mujeres que le permitió pasar una buena temporada sin pasar hambre. Nada más llegar a un nuevo municipio, encontraba a una acogedora mujer que lo cuidaba. Con unas pocas palabras amables sabía que recibiría una casa y una sonrisa cálida y confortable durante su estancia. No obstante, su espíritu mujeriego lo metió en más de un aprieto.

Recorrió el río de arriba abajo, tocando en campamentos cercanos a los diques, para bandas de la carretera y en bares y cantinas, visitando a familias y amigos en Robinsville y Memphis. Incluso se aventuró a llegar a Canadá y Nueva York, pero siempre se instalaba en Helena, Arkansas, una de las ciudades musicalmente más activas de la zona del Delta.

Johnson protegía bastante su estilo para que otros no lo imitaran o lo destrozaran. Si alguien le observaba con demasiado interés, se levantaba en plena actuación, daba una pobre excusa y desparecía durante meses. Puede parecer muy estrafalario, pero investigaciones recientes demuestran que seguramente tuvo un método muy personal para afinar la guitarra.

Sin que lo necesitara, Johnson desarrolló una habilidad para tocar todo aquello que le pidieran. Además del blues, género por el cual era famoso, tenía un repertorio que incluía pop, hillbilly, polkas, danzas, canciones sentimentales y baladas. De entre las piezas que tocaba con más frecuencia destacan «Yes, Sir, That's My Baby», «My Blue Heaven» y «Tumlbing Tumbleweeds».

Todos los grandes músicos de la época pasaron por Helena. Sonny Boy Williamson, Robert Nighthawk, Honeyboy Edwards, Howlin' Wolf y muchísimos más actuaron por la zona en pubs y locales nocturnos. En muy poco tiempo, el rumor de que Johnson iba estar en este o aquel lugar se extendía y la gente se desplazaba hasta donde fuera para ir a verlo. Sabían que Johnson era garantía de buena música y diversión.

Se llegó a decir que Johnson tenía bastante con escuchar una sola vez una canción para ser capaz de interpretarla él mismo. Podía estar sumergido en una conversación, oír una melodía y, sin haber dejado de hablar para escucharla, ser capaz de reproducirla después a la perfección. Su talento dejaba boquiabierto a grandes músicos y nunca supieron cómo lo hacía.

Entrar en el club de Ernie

Ernie Oertle era el representante de la American Record Company y guía no oficial de los talentos de la parte central del Sur a finales de los años treinta; tras una audición, Oertle decidió llevarse a Johnson a San Antonio, Texas, a grabar.

La primera sesión, en noviembre de 1936, dio como fruto el tema por el que es más conocido: «Terraplane Blues». Fue un *best-seller* de la Vocalion Records, y con razón. Le invitaron de nuevo a Texas a grabar nuevos temas pero ninguno tuvo tanto éxito como «Terraplane». A pesar de que seis de las once grabaciones de Johnson se encontraban en el catálogo de la Vocalion en diciembre de 1938, no volvió a recibir llamada alguna esa primavera ni el verano siguiente. Vocalion publicó un final 78 rpm en febrero de 1939, pero seguramente fue debido al interés de Joh Hammond por Johnson.

El último trabajo de Johnson

Un día de agosto de 1938, Johnson se marchó de Helena y se pasó por Robinsonville para saludar a su gente antes de un concierto que tenía en el Delta. Como siempre, se hizo «amigo» de una mujer de la zona que, por desgracia, resultó ser la mujer del propietario del local donde iba a tocar.

El 13 de agosto de 1938, el bar llamado Three Forks ofreció el talento de Robert Johnson y del cantante y armonicista Sonny Boy Williamson. Aquel sábado por la noche la música fue la protagonista, ya que ambos músicos tocaron sus temas de blues. Williamson notó la atracción que sentía la mujer del dueño del local y previó que la situación iba a ser tensa, y el tenía muy buen ojo para prever situaciones tensas.

Robert Johnson tocaba a menudo una Gibson L-1 con un puente de clavijas y el orificio en forma de círculo en lugar de la clásica f. Gibson siempre había construido famosas guitarras con orificios en f, pero a partir del año 1926 comenzó con las de orificio circular.

Durante una pausa, Johnson y Williamson se encontraban de pie en la barra del bar cuando alguien le trajo a Johnson una botella medio llena de whisky abierta. Justo cuando iba a tomársela, Williamson la arrojó al suelo y le dijo que nunca bebiera de una botella que ya estuviera abierta. No obstante, Johnson estaba enfadado y le dijo a Williamson que nunca le volviera a tirar una copa.

Cuando le trajeron una segunda botella abierta a Johnson, Williamson no pudo hacer nada más que quedarse quieto y observar. De nuevo en el escenario, no pasó mucho tiempo hasta que Johnson no pudo seguir cantando. Williamson lo sustituyó con su voz y su armónica, pero Johnson se detuvo en pleno número, se levantó y se marchó. Durante el transcurso de la noche fue mostrando cada vez más síntomas de envenenamiento. Parece ser que el dueño finalmente se vio dominado por los celos y decidió tomarse la justicia por su mano mezclando estricnina con el whisky de Johnson. Irónicamente, Johnson sobrevivió al veneno, pero murió de neumonía. Fue el jueves 16 de agosto de 1938 a los veintisiete años de edad.

Fue enterrado en el cementerio de la iglesia Little Zion, al norte de Greenwood, Mississippi. Se publicaron once grabaciones de 78 rpm durante su vida y otra más, ya póstuma. Incluyendo el material que nunca salió a la luz en dicho formato, hay un total de cuarenta y dos grabaciones; unas grabaciones de uno de los más genuinos músicos americanos.

Muddy Waters (1914-1983)

Nacido McKinley Morganfield, Mudyy Waters, llamado así por decisión de su abuela Della Rose, se convirtió en un icono del blues. Conocido como «Hoochie Coochie Man», su voz profunda de blues mississipiana es la personificación del delta del río. Bajo la influencia de la música de Son House y Robert Johnson, Muddy Waters alcanzó su propio estilo de voz con la fuerza de un huracán. Waters ganó más y más experiencia y habilidad tocando en bares y cantinas a lo largo y ancho del Mississipi.

Muddy Waters grabó su música por primera vez para la Library of Congress, que es lo que hicieron Son House y Robert Johnson al inicio de sus carreras. Pero Muddy tuvo que esperar un poco más para la publicación de sus temas. Muddy era un trotamundos que tocaba en bares por dinero o simplemente por gusto. En ocasiones lograba descansar en sus grabaciones cuando las hacía para la Columbia Records, bajo la dirección de Leonard Chess. Su contrato estaba refrendado por un simple apretón de manos. Con ellos grabó la legendaria «I'm Your Hocchie Coochie Man» en 1954 y «Got My Mojo Working» en 1956.

La influencia de Muddy Waters en la música en general es amplia. Importó el blues del Delta a Chicago, con una guitarra eléctrica, y lo convirtió en el electrizante estilo de blues de Chicago. Además, añadió el componente sexual de la música, que encontró su personificación completa en Led Zeppelin. En su día, Keith Richards llamó a su banda según el clásico de Waters «Rolling Stone». Muddy Waters desempeñó un papel importantísimo en la evolución del rock and roll de tres acordes, tocados con potencia y ritmos llenos de energía.

Albert King (1923-1992)

Conocido como «The Velvet Bulldozer», Albert King es uno de los gigantes de los «Three Kings» de las guitarras de blues eléctricas (junto con B.B. King y Freddie King). Medía casi dos metros y pesaba casi 100 kilos. Su nombre de nacimiento es Albert Nelson, y nació en Indianola, Mississippi, en una plantación de algodón donde trabajó durante sus primeros años. Su padre, Will Nelson, fue una de sus primeras influencias musicales, puesto que también era guitarrista.

El álbum *Fathers and Sons* es un tributo a los logros y al talento de Muddy Waters por parte del guitarrista Michael Bloomfield y del armonista Paul Butterfield. Este álbum, producido por la Chess Records, juntaba a maestros del blues con muchos artistas jóvenes que fueron influenciados por la experiencia.

King empezó su labor profesional como músico con un grupo llamado Groove Boys, en Osceola, Arkansas. El acercamiento de Albert King a tocar solos de guitarra consistía en tonos extremos, cambios y pura energía. Su lema cuando tocaba era «cuanto menos, más». Su instrumento de apertura, la Gibson Flying V, a la que llamó *Lucy*, se tocaba con la mano izquierda y las cuerdas en el orden inverso. Un diestro distorsionaría la nota empujando la cuerda hacia arriba, contra el traste haciendo que la nota suba de tono. Albert hacía lo contrario, la estiraba hacia abajo, para obtener el mismo resultado.

El primer tema de King fue «I'm A Lonely Man», publicado en 1959. En 1961, publicó «Don't Throw Your Love on Me So Strong». Éste fue su primer gran tema, alcanzando el puesto catorce de las lista de R&B. Cuando firmó contrato con la Stax Records en 1966, empezó a grabar su legendario álbum *Born Under a Bad Sign*, publicado en 1967. La canción cuyo título da nombre al álbum fue escrita por Booker T. Jones y William Bell.

King tocando la guitarra era tan amenazante como su estatura. Los guitarristas de la época se quedaban asombrados. Pero Eric Clapton vio algo especial en los solo de King, e incluso llegó a reelaborar algunos, nota por nota, en «Strange Brew». También grabó el «Born Under a Bad Sign» de King, con la que alcanzó los puestos más altos en la época británica del blues-rock.

King murió el 21 de diciembre de 1992 en Memphis, Tennessee, de un infarto. Tiene una estrella a su nombre en el Paseo de la Fama de St. Louis.

B.B. King (1925)

B.B. King y su esposa musical, su guitarra Gibson llamada *Lucille* son uno de los dúos de guitarra de blues eléctrico más famoso del mundo. Inspirado en sus comienzos por Lemon Jefferson y Lonnie Johnson, también se vio influenciado por los primeros guitarristas de jazz como Charlie Christian. King desarrolló un estilo tocando que no usaba la guitarra únicamente como acompañamiento rítmico, sino también como base de apoyo, una voz acompañante, cuando cantaba tocando frases melódicas de notas cortas de estilo riff. Su primer éxito llegó en 1951 con su «Three o'Clock Blues», y siguió grabando mucho más, con grandes acompañamientos de bandas y frases estilo jazz.

INFORMACIÓN

La guitarra Gibson 335, un instrumento de cuerpo simétrico que se convirtió en principal para artistas del blues como B.B. King o Freddie King, apareció por primera vez en 1958. Durante los años cuarenta, B.B. King usaba un amplificador Fender Bassman con su Gibson, y tal combinación se estableció como la clásica para tocar y grabar blues hasta finales de los años ochenta.

Johnny Winter (1944)

Nacido John Dawson Winter III en Beaumont, Texas, Johnny Winter es el primero de los hijos de John y Edwina Winter. Él y su hermano más pequeño, Edgar Winter, son leyendas del blues. Resulta curioso que ambos hermanos eran albinos. A los catorce años, Winter acumuló una enorme colección de grabaciones de las que incorporó varias tendencias a su estilo. Su carrera empezó a los quince. Durante esa época, pudo ver actuaciones de artistas de blues clásicos como Muddy Waters, B.B. King y Bobby Bland.

Rolling Stone publicó un artículo sobre el blues de Texas y de un guitarrista local anónimo. En la versión de 1968, el escritor Larry Sepulvado describió a

Johnny Winter como un «raquítico albino bizco con pelo largo y flácido que toca la guitarra blues con la mayor fluidez que jamás se haya conocido». Gracias a este artículo, Winter pasó a ser el centro de atención del momento. En 1968, Johnny empezó a tocar en un trío con el bajista Tommy Shannon y el batería Uncle John Turner. El álbum *Johnny Winter* fue publicado por la Columbia Records a finales del mismo año. De entre sus temas grabados en ese álbum destacan «Be Careful with a Fool», «I'm Yours and Hers» y «When You Got a Good Friend». En 1969, el trío actuó en diversos festivales de rock, incluyendo el Woodstock.

En 1973, tras un luchar contra su drogadicción, Winter regresó a su estilo clásico con «Still Alive and Well». En 1977, produjo la grabación de Muddy Waters, «Hard Again». Su trabajo en común dio como fruto muchos premios Grammy, y Winter grabó el álbum Nothing but the Blues con miembros de la banda de Muddy Waters. En 1988 lo incluyeron en el Salón de la Fama de la Blues Foundation.

Joe Bonamassa (1977)

Joe Bonamassa tuvo uno inicio de lo más afortunado. Su padre tocaba la guitarra, así que este instrumento siempre estaba por la casa y en su vida. «Eran como las mesas o las sillas, en el sentido de que siempre estaban en casa», dijo Bonamassa. Joe empezó a tocar en locales de la zona a los diez años, y a los doce le pidieron que hiciera de telonero de B.B. King. ¡Qué gran honor! Cuando King oyó tocar a Joe, declaró: «El potencial de este chico es increíble. Apenas está comenzando a hacer camino. Es realmente único».

La primera banda de Joe se llamó Bloodline, un grupo que formó con Berry Oakley Jr.; firmaron un contrato con la EMI Records y publicaron su CD debut con dos grandes éxitos: «Stone Cold Hearted» y «Dixie Peach», ambos fusión de blues, boogie, funk y rock de carretera del Sur. Tras su éxito inicial, la banda se disolvió.

En 2000, Joe trabajó con el productor legendario Tom Dowd, quien tenía, a lo largo de sus veinticinco años de carrera en la Atlantic Records, derechos de autor de rock and roll. Dowd trabajó en el CD debut en solitario de Joe, *A New Dat Yesterday*. La canción con el mismo título fue grabada por primera vez en 1969 por el grupo Jethro Tull.

Tom Dowd trabajó con Aretha Franklin, Ray Charles, Eric Clapton, Rod Stewart, John Coltrane y Ornette Coleman. Ayudó a dar forma al sonido de Memphis e incluso era miembro del equipo que trabajó en el Manhattan Project. Se puede apreciar su historia en *The Music of Tom Down.*

En 2002, Bonamassa trabajó con el productor Clif Magness para grabar «So, It's Like That», cuyo gran tema apareció varias veces en las listas de éxitos de blues de la Billboard. Cuando acabó la gira «So, It's Like That», Bonamassa volvió a grabar algunos de sus temas blues favoritos con el productor Bob Held y el ingeniero Gary Tole. El resultado fue una publicación en 2003 llamada *Blues Deluxe*, incluyendo nueve reediciones de clásicos del blues y tres originales más.

Joe participa en el programa «Blues in the Schools», promovido por la Blues Foundation, que pretende cuidar la herencia y el legado de la música blues en las nuevas generaciones de fans. Después de que B.B. King lo invitara personalmente a inaugurar la Eightieth Birthday Celebration Tour en el verano de 2005, Bonamassa fue el candidato más joven de la Blues Foundation del año 2006. Junto a su colección interminable de guitarras, en la actualidad, Bonamassa se encuentra en Los Ángeles.

Capítulo 11

Guitarristas de jazz

La guitarra jazz tuvo que superar más barreras para desarrollarse que otros tipos de guitarra. Puesto que necesitaba más potencia, menos retroalimentación y se salía de la zona de acompañamiento con acordes, la guitarra jazz ha recorrido su propio largo camino. Costó mucho hasta que la guitarra desempeñó realmente un papel importante en la evolución del jazz, pero el estilo musical ha gozado siempre de variedad y de eventos. Todo esto fue en parte gracias al desarrollo de la guitarra archtop, que podía competir en volumen de sonido al tocar en grandes bandas. Ahora siguen algunos de los grandes guitarristas del jazz.

Eddie Lang (1902-1933)

Eddie Lang es considerado por muchos como el padre de la guitarra jazz y, por lo tanto, el primer virtuoso de este tipo de guitarra. Lang tomó clases de violín durante once años, pero se cambió a la guitarra antes de hacerse profesional en 1924 con la Mound City Blue Blowers. Sus patrones de acordes sofisticados hicieron de él un acompañante único. Lang era un músico versátil que podía acompañar a cantantes de blues, tocar música clásica o participar con los mejores músicos del momento. Usando su pseudónimo Blind Willie Dunn, Lang trabajaba a menudo con el guitarrista de blues Lonnie Johnson. Eddie Lang dirigió varias grabaciones propias entre los años 1927 y 1929, incluyendo una sesión con King Oliver y Johnson bajo el nombre de Blind Willie Dunn and His Gin Bottle Four.

Lang también trabajó regularmente con Bing Crosby a principios de los años treinta y se les puede ver por un momento en la película *The Big Broadcast*. Gracias a que trabajaba con Crosby, Lang ganaba entre 1.000 y 1.200 dólares por semana en 1932, ¡en plena depresión económica! Lang murió trágicamente en 1932 debido a que durante una operación normal para extirparle las amígdalas perdió demasiada sangre. Bing Crosby quedó muy afectado por la muerte de Lang, no sólo por lo repentino de la pérdida de uno de sus mejores amigos, sino porque fue él quien instó a Lang a que se sometiera a la operación.

La técnica de acordes de Eddie Lang se puede rastrear en grandes del jazz como George Van Eps, Django Reinhardt y Charlie Christian.

Django Reinhardt (1910-1953)

Django es considerado como la primera gran figura no americana del jazz. Que además fuera guitarrista, el menor rango en la sección de ritmo de una banda, da más importancia aún al hecho de que sea considerado como tal. Nacido en Bélgica, en el seno de una familia gitana y musical, Reinhardt pasó su infancia en un campamento gitano a las afueras de París. A los doce años de edad ya tocaba el banjo y el violín en varios locales y sus primeras grabaciones fueron en 1928 con un acordeonista y una flauta de émbolo.

El mismo año tuvo un percance con una vela en una caravana y estuvo atrapado en un infierno ardiente. Quedó tan gravemente quemado que tuvo que guardar cama durante dieciséis meses, y su mano izquierda quedó tan dañada que no parecía que fuera a recuperarse nunca lo suficiente como para volver a tocar.

Lo que hizo después es toda una muestra de cuán talentoso era y de la fuerza de voluntad que tenía. Ideó una manera completamente distinta de tocar la guitarra con los dos únicos dedos de su mano izquierda que no le quedaron dañados. Consistía en usar los muñones de sus dedos quemados para cejillear creando un sonido armónicamente moderno para la época. También desarrolló una técnica para su mano derecha y lograba hacer paseos cromáticos coordinando un cambio de dedo de la mano izquierda con una subida o bajado del plectro de su mano derecha, para cada nota de la frase.

Es evidente que Django y Grappelli trabajaban bien juntos. Lo que quizás no esté tan claro es que antepusieran su éxito en común al de cada uno de ellos. Django era un improvisador fiero, poderosamente emocional y natural, pero también era impetuoso e impredecible. Grappelli era lo contrario, relajado, elegante, el *blando* del grupo.

Cuando la Segunda Guerra Mundial estalló, el grupo se encontraba en Londres. Grappelli se quedó en Inglaterra, mientras que Django regresó a París. Irónicamente, a pesar de que los nazis odiaran el jazz, parece que este género floreció tras su ocupación de Francia en 1940. Django reorganizó el Hot Club de Francia, reemplazando a uno de los guitarristas por un batería y a Grappelli por un clarinetista.

Sus primeras grabaciones con la guitarra fueron en 1931 como acompañante de un cantante. Acostumbrado a escuchar y tocar las formas improvisadas de la música gitana, el jazz americano le fascinó, así como los paralelos del flamenco. Seguramente escuchó temas de Duke Ellington, Louis Armstrong, Lonnie Johnson o del violinista Joe Venuti y de guitarristas como Eddie Lang, que también grabó algunos dúos clásicos para guitarra con Lonnie Johnson.

En 1935, tras grabar con los Hawkins y con el grupo de Michel Warlop, Reinhadrt se sintió profundamente atraído por la música americana y quería conocerla de primera mano. Sus grabaciones con Hawkins, Benny Carer,

Dicky Wells, Eddie South y Bill Coleman resultaron ser unos clásicos. En 1934, se formó el Quintette Du Hot Club De France con Django como guitarra principal, dos guitarras rítmicas, un bajista y el violinista Stephan Grappelli.

Django tenía ambición de componer para agrupaciones más grandes, pero no sabía leer ni escribir música y dependía de otros que se ofrecieran a transcribir lo que tocara.

INFORMACIÓN

La Selmer Maccaferri, famosa gracias a Django Reinhardt, tenía un orificio en forma de *d* en la guitarra, un corte llano y un mástil de dos octavas. El interior de la guitarra estaba diseñado para potenciar el volumen y la reverberización. La guitarra salió en 1932, pero a finales de los años cuarenta, Django usaba una pastilla Stimer con su Maccaferri y una pequeña combinación de amplificadores para obtener un sonido más eléctrico.

Llegada a América

Tras la guerra, Django se fue a América para realizar una serie de conciertos. Esperaba ser acogido como un héroe, pero el público se mostró más bien distante a causa de sus travesuras. Por ejemplo, no trajo guitarra, y tuvieron que correr para encontrarle una. En su primer concierto con la banda de Duke Ellington en el Carniege Hall, llegó tan tarde que Ellington tuvo que disculpar personalmente la ausencia de su compañero. Poco después, Django apareció sobre el escenario y empezó a tocar.

Adoptando la guitarra eléctrica

En 1946, Reinhardt se reencontró con Grappelli, a pesar de que continuaba tocando en otras bandas a la vez. El mayor cambio en su carrera fue la adopción de la guitarra clásica.

A partir de 1937, empezó a usar una Selmer Maccaferri de diseño exclusivo, que era más potente que un instrumento acústico normal. Tras su aventura americana, usó una pastilla Charlie Christian en su Maccaferri antes de pasarse cien por cien a la guitarra eléctrica en 1950.

Por entonces, la improvisación de Reinhardt estaba influenciada por el emergente estilo de Charlie Christian y Charlie Parker con sus armonías y ritmos más complicados. En los últimos años de su vida, Reinhardt vivió semirretirado en un pueblo de Samois-sur-Seine, pasando el tiempo pescando, pintando y jugando al billar. No obstante, siguió tocando con artistas franceses emergentes como el pianista Martial Solal y Raymond Fol o el saxofonista Hubert Fol. Grabó su último tema con instrumentos cien por cien eléctricos con esta generación de músicos.

El 16 de mayo de 1953 acabó un concierto en el Club St. Germaine en París y cogió un tren a Avon, la estación más cercana a Samois. Fue a un bar local a tomar algo y se desmayó. Lo llevaron enseguida al hospital en Fontainebleu, pero murió al poco tiempo. Tres días más tarde, fue enterrado en Samois a los cuarenta y tres años de edad.

Les Paul (1915)

Nacido Lester Polfuss en Waukesha, Wisconsin, Les Paul es un guitarrista y lutier de guitarras americano. Era uno de los pioneros de la guitarra eléctrica de cuerpo sólido. En 1941 creó su primer prototipo que se llamó «el tronco». No era más que un simple poste de verja rectangular con puente, mástil y una pastilla enganchada. También inventó la guitarra con puente flotante, pastillas electrodinámicas, guitarras con doble pastilla y la «Les Paulveriser», una máquina usada durante sus actuaciones para grabar sonidos, volverlos a reproducir y modificarlos electrónicamente. También es un innovador en técnicas de grabación en estudio, desarrollando tendencias tan radicales como el multipistas, el *echo-delay* y técnicas de acercamiento al micrófono. Sus primeros trabajos salían del garaje de su casa en California, donde grababa para la Capitol Records.

Hoy en día, nadie sabe todavía cómo funciona la «Paulveriser», pero está claro que algunas de sus funciones no pueden duplicarse con tecnología normal.

Les Paul sigue actuando regularmente en Nueva York. Ganó un Grammy en el año 2006 a los noventa años por *Les Paul and Friends: American Made, World Played.*

Charlie Christian (1916-1942)

Charles Cristian nació el 29 de julio de 1916 en Bonham, Texas, en el seno de una familia de músicos. Su madre tocaba el piano para películas mudas y su padre cantaba y tocaba tanto la trompeta como la guitarra. Los hermanos de Christian, Clarence y Edward, también eran músicos profesionales.

La familia se trasladó a Oklahoma en 1918. El primer instrumento que cogió Charlie fue una trompeta, que influiría decisivamente en su posterior estilo melódico y picado de improvisación con la guitarra que le haría tan famoso.

El novelista y amigo de la familia Ralph Ellison dijo que a los doce años Christian «nos impresionaba y entretenía en la escuela con su primera guitarra, una que hizo con una caja de puros… tocando sus propios riffs. Pero estaban basados en acordes sofisticados y progresiones que Blind Lemon Jefferson nunca conoció».

Durante su juventud, tocaba en la banda familiar y actuaba en clubes de Oklahoma. Fue ahí donde escuchó por primera vez al gran saxofonista tenor Lester Young. Fue un momento decisivo en su vida.

«Lester Young no sacó a Charlie Christian de la oscuridad», comentó Ralph Ellison, «Charlie ya estaba en la luz. Tendría apenas unos doce o trece años cuando hacía esas guitarras con cajas de puros en clase de manualidades, pero nadie las sabía hacer como él. Y entonces escuchó a Lester y creo que es todo lo que necesitaba».

A finales de los años treinta, Christian tocaba como bajo y guitarra en una banda liderada por su hermano Eddie y estaba ocupado aprendiendo solos de Django Reinhardt y Lonnie Johnson. Después de estar al mando de su propia banda durante un corto período de tiempo, tocaba el bajo o la guitarra con varias bandas regionales bastante conocidas.

Otro momento importantísimo en la vida de Christian fue en 1937, cuando descubrió la guitarra eléctrica. La guitarra eléctrica amplificada era todavía una novedad experimental, aunque el guitarrista y trombonista Eddie Durham ya la tocaba como un instrumento más en la banda de Jimmie Lunceford. El nuevo instrumento hizo posible que la guitarra fuera un instrumento solista en la música jazz por primera vez. Salvo el caso de Lonnie Johnson y Eddie Lang, los guitarristas eran parte de la sección rítmica de una banda con sus acordes. Ahora, los guitarristas podían competir en volumen de sonido y aguantar la nota con los amplificadores; en otras palabras, podían producir un sonido como el de un saxofón o una trompeta.

Christian y Goodman

Christian rápidamente se dio cuenta del potencial de la guitarra eléctrica y desarrolló un estilo para tocarla inspirado en el saxofón que recordaba a su héroe Lester Young.

Se hizo con una Gibson ES-150 (a un precio en 1936 de 77,50 dólares, incluyendo un cable de casi cinco metros de largo) y en 1938 tocaba la guitarra eléctrica en el Al Trent Sextet. En 1939, su estilo innovador ganó la admiración de muchos músicos influyentes en el círculo del jazz, incluyendo a pianistas como Teddy Wilson y Norma Teagarden. La pianista Mary Lou Williams lo recomendó para al productor y promotor de jazz John Hammond. En agosto de 1939, Hammond le organizó a Christian una audición con Benny Goodman, que en aquel entonces era conocido como el «King of Swing», y con el cuñado de Benny Goodman. Goodman, que era blanco, no solamente era un gran clarinetista, sino que también era pionero en hacer giras de swing con músicos blancos y afroamericanos.

Goodman necesitaba algo de convencimiento. Cuando Hammond le volvió a llamar, cuando Christian llegó a Los Ángeles, Goodman se encontró con un pueblerino, por decirlo de alguna manera. Le hizo una audición normal y le pidió que trabajara sobre el tema «Tea for Two» sin permitirle conectar el amplificador. No quedó nada impresionado.

Christian había experimentado con la amplificación y las guitarras durante muchos años para lograr un sonido parecido al del saxofón. La guitarrista Mary Osborne creyó oír un saxofón tenor en un club de Bismarck, en Dakota del Norte, en 1934, y descubrió que era Christian tocando su guitarra ante un micrófono.

Hammond logró convencer a Goodman para que fuera a ver una actuación de Christian sobre el escenario aquella noche, en la sala Victor Hugo. De mala gana, Goodman señaló a Christian para que hiciera un solo en el tema «Rose Room», que suponía que desconocería. «¡Un número que suele durar tres minutos se alargó hasta los cuarenta y cinco! Todo el mundo se alzó en pie y aplaudió con entusiasmo y no había duda de que el mejor solista de todos los tiempos acababa de gustar a Goodman», escribió Hammond.

INFORMACIÓN

Charles Gibson tocaba una Gibson ES-150. Sacada a la venta en 1936, esta guitarra estaba basada en la acústica de la L-50 archtop con una pastilla pesada grande y magnética y un control de volumen y tono. Más tarde se pasó a la más moderna ES-250.

Goodman se quedó asombrado. La presencia de Christian dio energía al grupo y Goodman sacó lo mejor del sonido del nuevo guitarrista. Sus primeras grabaciones de estudio con la banda fueron en Nueva York el 2 de octubre de 1939, en una sesión que incluía «Rose Room», «Flying Home» y el solo memorable de Christian «Stardust». En 1940, grabó «Gone With What Wind» y «Air Mail Special», que tenía fuertes reminiscencias de Django, y fue seleccionado por los lectores como el «top-guitarrist» de la revista *Metronome*.

Aunque algunas veces Goodman se adjudicó el mérito de melodías compuestas en realidad por su compañero, cedió de todos modos parte del crédito de varios clásicos, entre ello«Seven Come Eleven», «Air Mail Special» o «Solo Fight».

Sesiones de improvisación

El sexteto hizo de Christian una estrella en el mundo del jazz y ayudó a justificar y afianzar la guitarra eléctrica como instrumento de jazz. Algunas de las últimas grabaciones de Christian se hicieron durante sesiones *after* en Harlem, en los vanguardistas entornos de Minton's y la Monroe's Uptown House.

Se consideran las primeras grabaciones que muestran en los años treinta el estilo swing que acabó convirtiéndose en el estilo bebop, apasionado y armónica y rítmicamente mucho más complejo.

Minton's, en la Cale 18 Oeste, creado por un saxofonista retirado llamado Henry Minton, se encontraba en el comedor del Hotel Cecil. El manager era un amigo saxofonista y cabeza de banda Teddy Hill, que contrató una sección rítmica que incluía a Thelonious Monk y Kenny Clarke. Estas sesiones en ocasiones duraban toda la noche

A Christian le gustaban tanto estas sesiones que se compró un segundo amplificador para dejarlo siempre ahí. La banda incluía a menudo a Kenny Kersey al piano, a Kenny Clarke a la caja, a Joe Guy a la trompeta y a Nick Fenton al bajo. Unas grabaciones privadas de un aficionado al jazz en Minton's nos muestran a Charlie Christian en su fase más innovadora y experimental, como se ve en la película *Swing to Bop*.

Una muerte temprana

En verano de 1941, Christian desarrolló los primeros síntomas de una tuberculosis. Tuvo que abandonar la gira de la banda de Goodman e ingresar en el Seaview Sanatorium, en Staten Island. El doctor de Count Basie lo vigiló bien. Teddy Hill lo visitaba una vez a la semana con pollo frito y demás. Y otros amigos le traían whisky y droga a escondidas. Empezó a mejorar, pero no tenía ganas de seguir viviendo, así que se escapó con unos amigos de fiesta, enfermó de un resfriado y murió. La fecha fue el 2 de marzo de 1942. Tenía veinticinco años. Christian fue enterrado en un pequeño cementerio en Bonham. A pesar de que se desconoce el lugar exacto donde fue enterrado, se erigió una marca y un busto en su honor en 1994.

Lo que más llama la atención de Christian es que a pesar de haber grabado durante sólo tres años, logró ejercer una gran influencia en varias generaciones de músicos. A menudo es citado tanto por músicos de blues como de rock, así como por guitarristas de jazz. Realmente carece del virtuosismo técnico que despliegan algunos guitarristas contemporáneos, pero el estilo vivo y original de Christian al tocar solos con notas punteadas ayudó a popularizar la guitarra eléctrica como instrumento solista, y anunció la era de Charlie Parker y del bebop.

Talmage (Tal) Farlow (1921-1998)

Mientras trabajaba en el Red Norvo Trio con Norvo al vibráfono y Charlie Mingus como bajista, Tal Farlow dijo que sólo había dos *tempos* en el grupo: rápido y aún más rápido.

Farlow es uno de los dos guitarristas bebop más importantes e influyentes que llevaron al jazz a la década de los años cincuenta tras Charlie Christian, inspirado en Charlie Parker. El otro fue su gran amigo Jimmy Raney, aunque se suele considerar a Farlow algo más influyente. Las grandes manos de Farlow le ayudaron a crear acordes sofisticados llenos de espacios y con ligeras disonancias mientras que sus improvisaciones basadas en líneas melódicas rápidas y su uso imaginativo de armónicos artificiales le hicieron cobrar una gran importancia en el mundo del jazz.

INFORMACIÓN

Tanto Barney Kessel como Tal Farlow usaban una Gibson ES-350, la primera archtop eléctrica con *cutaway*, puesta a la venta en 1946.

Nacido en Carolina del Norte, Farlow empezó a tocar la guitarra profesionalmente a la relativamente tardía edad de veintidós años. Empezó a tocar siendo pintor de señales por la insistencia de su padre, guitarrista, y de manera intermitente volvió a trabajar como pintor a lo largo de su carrera artística. Tal, un hombre tímido con un sentido del humor peculiar, comentó en una ocasión que tocar jazz era bastante parecido a pintar una señal.

Farlow era básicamente autodidacto, inspirado al oír a Charlie Christian con Benny Goodman en la radio. Se trasladó a Nueva York, donde cayó rápidamente bajo la influencia de grandes músicos del bebop como Charlie Parker y Bud Powell, a quien escuchaba y para quién tocó alguna vez cerca de la Calle 52. Empezó a destacar tocando con el clarinetista Buddy DeFranco, pero su gran estrellato llegó en 1949, cuando se incorporó al Red Norvo Trio (1949-1953) por recomendación del guitarrista Mundell Lowe. Este trío fue una de las primeras expresiones del jazz de cámara moderno.

Tras Norvo, Farlo se unió a los Gramercy Five de Artie Shaw, y después dirigió su propio grupo. Grabó muchos clásicos de jazz antes de casarse en

1958 y retirarse de la élite. Se mudó a Sea Bright, Nueva Jersey, donde siguió tocando por la zona, dando clases y trabajando como pintor de señales.

Durante los años setenta, regresó de su retiro, firmó con la Concord Records y empezó a dar giras internacionales otra vez. Durante sus últimos años actuó y grabó con los Great Guitars: Herb Ellis, Charlie Byrd y Barney Kessel. Lorenzo DeStefano publicó *Talmage Farlow*, un documental de 58 minutos de duración. Un buen ejemplo de su obra es una compilación hecha a partir de los siete discos de Farlow para la Verve a principios de los años cincuenta, *Jazz Masters 41* y *Tal*, también en la Verve. Murió de cáncer en 1998.

Johnny Smith (1922)

Smith, igual que Tal Farlow, era un guitarrista con largos dedos y desarrolló un estilo distintivo con la guitarra que se pudo capturar bien en la grabación de su éxito «Moonlight in Vermont», del año 1952, que también contaba con la colaboración del saxofonista Stan Getz. Trabajó con Benny Goodman a principios de los años cincuenta y se estableció como músico de sesión en la NBC de Nueva York.

Un autodidacto que tocaba la trompeta, el violín y la viola antes de pasarse a la guitarra, Johnny Smith incorporó fraseos de la música clásica y una articulación muy precisa. Durante los años sesenta, se trasladó a Colorado y abrió una tienda de música, impartió clases y mantuvo un perfil más bien discreto haciendo algunas grabaciones en Nueva York.

Barney Kessel (1923-2004)

Nacido en Muskogee, Oklahoma, Kessel tomó el relevo a Christian y no lo soltó hasta finales de los años ochenta. Un guitarrista innovador que siguió y desarrolló el estilo swing de Charlie Christian, especialmente las posibilidades armónicas del instrumento para demostrar que un guitarrista podía hacer lo mismo que un pianista y, a veces, incluso mejor.

Kessel obtuvo su primera guitarra a los doce años y, al cabo de dos años, ya tenía conciertos con todas las bandas negras. A los dieciséis conoció a Charlie Christian, cuya música conocía de grabaciones y de la radio con

Benny Goodman. Un año más tarde se marchó de Los Ángeles para hacerse músico.

Encontró trabajo en la banda de Chico Marx, y a mediados de los años cuarenta tocaba junto con Charlie Parker y Lester Young. También tocaba con Lionel Hampton en los conciertos de la Jazz at the Philharmonic. Para 1947, había trabajado con muchas de las grandes bandas, incluyendo las de Benny Goodman y la de Artie Shaw. Ese mismo año fue al estudio con Charlie Parker y el resultado fueron unos cuantos clásicos bebop que hicieron de Kessel un músico realizado y de calidad.

Siguió tocando jazz y dando giras hasta 1992, fecha en que sufrió una embolia cerebral que lo apartó de los escenarios. Siguió dando clases a pesar de todo, y recuperó el habla y la movilidad.

En 1934, Gibson introdujo la Super 400, con una caja más grande, diseñada para obtener más volumen.

En 1952, Kessel se unió al Oscar Peterson Trio para una gira de la Jazz at the Philharmonic que pasó por 14 países. Siguió grabando con Peterson y muchas otras estrellas del jazz. A finales de los años cincuenta y a lo largo de los sesenta, se convirtió en una figura central de la industria discográfica de Los Ángeles. La publicación de 1955 de su Trío *Cry Me a Rive*, con la cantante Julie London, es un clásico del género. También realizó unas grabaciones conocidas como *The Poll Winners* con el bajista Ray Brown y el batería Shelley Mann. Se llamaron así (*poll winners*, «ganadores de encuestas») porque siempre ganaban las votaciones de los lectores de las revistas *Down Bea*, *Esquire*, *Playboy*, *Metronome* y *MelodyMaker*.

John L. «Wes» Montgomery (1925-1968)

Considerado como uno de los más grandes guitarristas de jazz, Wes Montgomery admitió estar influenciado por la música de artistas como Charlie Christian y, más adelante, por la del saxofonista John Coltrane, con quien tocó durante poco tiempo en un grupo sin obras grabadas.

El desarrollo y uso de las octavas de Wes resultaron tanto una influencia para otros músicos como un reclamo comercial, pero Wes tardó bastante en convertirse en una verdadera estrella. Consiguió éxito comercial en Verve durante los últimos años, antes de morir prematuramente de un infarto.

Como su ídolo, Charlie Christian, Wes provenía de una familia de músicos. Aprendió a tocar la guitarra a partir de los solos de Charlie Christian y Django Reinhardt, de quien le surgió la idea de desarrollar octavas. Intentó usar una púa según el estilo convencional pero finalmente optó por su pulgar porque prefería el sonido grueso y cálido que producía. Dio giras con la big band de Lionel Hampton de 1948 a 1950 y se le puede oír en algunas emisiones de la época. Después regresó a Indianápolis, donde no destacó demasiado durante el resto de la década, trabajando de día y tocando en clubes de noche.

Grabó con sus hermanos Buddy (al piano y al vibráfono) y Monk (al bajo) de 1957 a 1959, e hizo su primer álbum, *The Wes Montgomery Trio*, con Mel Rhyne al órgano.

En 1960, la fecha de publicación de su álbum *The Incredible Jazz Guitar of Wes Montgomery*, se hizo famoso en el mundo del jazz. Más tarde, ese mismo año, tocó con el John Coltran Sextet.

Mientras estuvo con Riverside (1959-1963) grabó sus temas de jazz más innovadores, en sesiones de grupos pequeños con colaboradores como George Shearing, Tommy Flanagan, James Clay, Victor Feldman, Hank Jones, Johnny Griffin o Mel Rhyne.

Desde 1964 hasta 1966, Montgomery se fue a Verve y grabó varios temas orquestales con el arreglista Don Sebesky y el productor Creed Taylor. Estas grabaciones lo lanzaron a la fama entre el público general, más allá del puramente aficionado al jazz. En 1967 siguió con el éxito al firmar con Creed Taylor para la A&M, donde grabó tres álbumes que fueron sendos éxitos, en los que aparecía tocando melodías pop con una orquesta de cuerda y viento de madera detrás.

Wes Montgomery murió de un infarto en la cumbre de su éxito. No obstante, su influencia aún se nota en muchos guitarristas jóvenes, especialmente en Pat Metheny.

Jimmy Raney (1927-1995)

Todo un guitarrista de jazz y un solista de bop muy fluido con un sonido apagado, pero con mucho fuego interior; también con influencia de Charlie Christian. Su estilo evolucionó acorde no sólo al de Charlie Parker, sino también al de la escuela cool bop de Lennie Tristano. De hecho, a Jimmy Raney le llamaban el Lee Konitz de la guitarra por el famoso contralto compañero de Lennie Tristano.

Como solista, Raney enfatizó líneas inspiradas en las de Lester Young. Compensó la falta de emoción en sus improvisaciones con largas frases melódicas muy finamente articuladas. Uno de los más innovadores instrumentistas de la guitarra, Raney ejerció una profunda influencia en guitarristas de los años cincuenta.

Nacido en Louisville, Kentucky, Raney también recibió influencias de su madre, que tocaba la guitarra. Ranet aprendió de Hayden Causey, a quien sustituyó en una banda dirigida por Jerry Wald. En 1944 se trasladó a Chicago, donde trabajó con el pianista Lou Levy. En 1948, se unió a la orquesta de Woody Herman y grabó con Stan Getz.

Tras su período con Herman, Raney tocó con Al Haig, Buddy DeFranco, Artie Shaw (1949-1950) y Terry Gibbs, y entonces se unió al quinteto de Getz. Fue este grupo el que lo hizo popular puesto que su nombre corrió en boca de todos gracias a que tocaba en los álbumes más importantes de Getz de 1951 a 1953. Sustituyó a Tal Farlow en el Red Norvo Trio (1953-1954) y trabajó en el Blue Angel, en Nueva York, de 1955 a 1960, en un trío dirigido por el pianista Jimmy Lyon. Se volvió a unir a Getz en 1962, pero sólo durante un año más.

A mediados de los años sesenta, Raney era un activo músico de estudio en Nueva York tanto en la radio como en la televisión, antes de regresar a Louisville en 1968. Más tarde tocó en clubes en Nueva York (1972), dio un recital en el Carnegie Hall con Al Hag (1974) y giras internacionales con Haig y su hijo Doug Raney, con quien también grabó dúos de guitarra. Durante los años ochenta, actuó y grabó como líder en su propio grupo, que incluía a su hijo, aunque una incipiente sordera le fue impidiendo tocar cada vez más durante sus últimos años. Murió en 1995.

Jim Hall (1930)

Un sutil guitarrista cuyo estilo parece ser el equivalente en jazz de un cuadro japonés. Jim Hall ha sido fuente de inspiración para muchos guitarristas, aunque algunos de ellos, como Bill Frisell, no lo imiten en absoluto.

Inspirado, como casi todos los guitarristas de la época, en Charlie Christian y en el saxofonista Lester Young, Jim Hall fue al Cleveland Institute of Music y estudió guitarra clásica en Los Ángeles con Vicente Gómez. Es miembro fundador del Chico Hamilton Quintet (1955) y en 1956 se unió al Jimmy Guiffre Three.

Después de una gira con Ella Fitzgerald en 1960 y de algunos dúos con Lee Honit, Hall se unió al cuarteto de Sonny Rollins en 1961 y grabó el clásico cuarteto para guitarra y saxofón *The Bridge*. También codirigió un cuarteto con Art Farmer en 1962 y grabó con Paul Desmond. Entonces se hizo músico de estudio en Nueva York.

Desde entonces, Hall ha gozado de protagonismo y ha trabajado en sus propios proyectos para varios tipos de producciones, como, por ejemplo, el clásico álbum de dúos con el pianista Bill Evans. También publicó otro con su propio nombre junto a Pat Metheny en 1999.

John McLaughlin (1942)

John McLaughlin, nacido el 4 de enero de 1942, conocido también como Mahavishnu John McLaughlin, es un guitarrista de fusión de jazz de Doncaster, Yorkshire, Inglaterra. Saltó a la fama a finales de los años sesenta con el grupo eléctrico de Miles Davis y con otros grandes músicos como Chick Corea y Tony Williams.

El guitarrista John McLaughlin popularizó la Ovation de fibra de vidrio y tapa trasera abombada, así como la Gibson EDS-1275, una guitarra con dos mástiles, uno con seis cuerdas y otro con doce.

Antes de trasladarse a Estados Unidos, McLaughlin grabó *Extrapolation*, con Tony Oxley y John Surman, en 1969. El álbum mostró a McLaughlin como un guitarrista de gran virtuosismo técnico, poder, velocidad e inventiva, y con la capacidad de tocar en compases extraños.

McLaughlin se trasladó a Estados Unidos en 1969 para unirse al grupo de Tony Williams, Lifetime. Posteriormente tocó en los históricos álbumes de Miles Davis *In a Silent Way*, *Bitches Brew* (el cual tiene una canción titulada en su honor), *Big Fun* (donde hizo de solista en «Go Ahead John») y *A Tribute to Jack Johnson* (Davis lo alabó en los agradecimientos diciendo que el estilo de McLaughlin era «muy profundo»). Regresó a la banda de Davis para actuar en un encuentro grabado de una semana en un club que se publicó como parte del álbum *Live/Evil*.

Su reputación creció, apareciendo en grabaciones con Miroslav Vitous, Larry Coryell, Wayne Shroter, Carla Bley y otros.

La banda de los años setenta de McLaughlin, la Mahavishnu Ochestra, incluía al violinista Jerry Goodman (más tarde sería Jean-Luc Ponty), a Jan Hammer al teclado (más adelante sería Gayle Moran/Stu Goldberg), al bajista Rick Laird (más adelante Ralphe Armstrong) y al percusionista Billy Cobham (después Narada Michael Walden). La banda gozaba de respeto y reconocimiento por su virtuosismo técnico y su compleja fusión de jazz eléctrico y rock con trazos de influencias hindúes del este.

Tras la disolución de la Mahavishnu Orchestra, McLaughlin trabajó con el grupo acústico Shakti. Este grupo combinaba música india con elementos de jazz, por lo que se les puede considerar como pioneros mundiales. McLaughlin era uno de los primeros occidentales, por no decir el primero, en crear música hindú para un público hindú.

Junto con Carlos Santana, McLaughlin era un seguidor del gurú Sri Chinmow, y en 1973, colaboraron en un álbum de canciones de amor, *Love Devotion Surrender*, que incluía grabaciones de composiciones de Coltrane como «A Love Supreme».

A principios de los años ochenta, McLaughlin se unió al guitarrista flamenco Paco de Lucía y a Larry Coryell, que sería sustituido más adelante por

Al Di Meola, creando The Guitar Trio, la unión equilibrada del talento de tres músicos. El trío se reunificó en 1996 con motivo de una segunda grabación y de una gira mundial. A principios de los noventa, McLaughlin dio una gira con Trilok Gurtu y Dominique DiPiazza para dar apoyo al álbum *Qué Alegría*.

Actualmente ha estado dando giras con Remember Shakti. Además de contar con el miembro original del grupo Shakti, Zakir Hussain, ahora también incluye a eminentes músicos hindúes como U. Srinivas, V. Selvaganesh, Shivkumar Sharma y Hariprasad Chaurasia.

Sus proyectos más recientes han sido una partitura para ballet, *Thieves and Poets*, publicada en 2003 junto con arreglos para formaciones de guitarra clásica de estándares de jazz así como un álbum de fusión de hard-bop y jazz, llamado *Industrial Zen* y publicado en junio del 2006.

Pat Martino (1944)

Uno de los guitarristas de jazz más originales de los años sesenta, Martino empezó a tocar profesionalmente a los quince años. Trabajó con grupos dirigidos por Willis Jackson, Red Holloway y muchos organistas como Don Patterson, Jimmy Smith, Jack McDuff, Richard «Groove» Holmes y Jimmy McGriff. Después de tocar con John Handy (1966), absorbió influencias del mundo vanguardista del jazz, del pop y del rock y las aplicó a su estilo de hard-bop. Su álbum debut, *El hombre* (1967) fue todo un *boom*.

Martino se recuperó asombrosamente bien de una intervención cerebral en 1980 para corregir una aneurisma que le hacía olvidar por completo cómo se tocaba la guitarra. Le costó años, pero logró recuperarse, en parte escuchando sus grabaciones. No volvió a tocar hasta 1984 ni a grabar hasta su álbum de 1987, *The Return*.

Joe Pass (1929-1994)

Un impactante guitarrista bebop muy precoz en su carrera, Pass se hizo famoso como gran solista. Su extraordinaria técnica, registrada en la serie *Virtuoso*, le dio una popularidad merecida y poco reconocida a comienzos de su carrera.

Originario de Philadelphia, y obviamente influenciado por el agitado pero a la vez virtuoso guitarrista de jazz Billy Bean, Pass empezó a tocar la guitarra en algunas bandas de swing y con Charlie Barnet durante algún tiempo en 1947. Tras su servicio militar, Pass se volvió drogadicto, pasando casi una década saliendo y entrando de la cárcel.

Mientras Pass se recuperaba junto a otros músicos en la Synanon Halfway House, el consejo de la ciudad de Santa Monica decidió disolverla. Con tal de conseguir dinero para establecer este centro de desintoxicación en las afueras de la ciudad, usaron el talento de los pacientes. Tomaron instrumentos prestados y fueron a un estudio de grabación para grabar canciones originales de jazz. *Sounds of Synanon* (1962) tuvo tanto éxito que no tardó en traer el reconocimiento a Pass como un nuevo talento del género. Tras esta publicación le siguió otra que dirigió él mismo, *Catch Me*, y después *For Django*, antes de pasar a grabar muchos otros álbumes para Pacific Jazz y World Pacific.

En 1974, Pass firmó con el sello Pablo, de Norman Granz, y publicó *Virtuoso*, la primera de sus grabaciones como solista. Tuvo gran aceptación entre el público. Tras esto grabó tanto sin acompañamiento como en grupos pequeños con artistas como Neils Hennig, Osted Pedersen, Sarah Vaughan, Ella Fitzgerald, Duke Ellington, Oscar Peterson, Milt Jackson y Dizzy Gillespie, hasta que murió de cáncer.

George Benson (1943)

Nacido en Pittsburg, Pennsylvania, Benson empezó a actuar de joven cantando en clubes nocturnos y grabando varios cortes para la Radio Corporation of America (RCA). En 1960, Benson creó una banda de rock pero en seguida mostró más interés por el jazz gracias a intérpretes como Charlie Christian o Charlie Parker. Tras una temporada en la Brother Jack McDuff's Band, Benson formó su propio grupo de jazz en 1965 y grabó varios álbumes para Columbia y apareció en el álbum *Miles in the Sky* de Miles Davis. En 1967, Benson firmó con Verve y después se marchó al sello CTI del productor Creed Taylor durante casi toda la década de 1970.

A finales de los años setenta, Benson grabó con la Warner Bros., centrándose en su conmovedor estilo de voz a lo Nat King Cole. Benson empezó a producir muchos álbumes de pop, comenzando por *Breezin'*, de

1976, que llegó al Top 10, y con su single «This Masquerade», y trabajó con en el productor Quincy Jones en el que sería su mayor álbum hasta el momento: *Give Me the Night*, en 1980.

Siguiendo una carrera paralela a la de Wes Montgomery, Benson perdió contacto con los fanáticos del jazz más puro, pero se hizo más popular y exitoso entre el público general. Durante los años ochenta, el talento vocal de Benson era mejor conocido que su talento con la guitarra, también increíble. Aun así, a principios de los noventa empezó a centrarse otra vez en su instrumento.

Emily Remler (1957-1990)

Nacida en Nueva York, Emily empezó a tocar la guitarra a los diez años y siguió con sus estudios musicales en la Berklee School of Music desde 1976 hasta 1979. Emily Rember era una guitarrista que cobró importancia durante los años ochenta. Trabajó en clubes de blues y de jazz en Nueva Orleans antes de empezar a grabar en 1981 con el apoyo del gran guitarrista Herb Ellis.

Además de su carrera de grabaciones como líder de banda o compositora, Emily tocó en grupos de blues, en Broadway y con artistas como Larry Coryell, con quien grabó un álbum titulado *Together*, y con la cantante Rosemary Clooney. Tocó en el foso en la versión de Los Ángeles del espectáculo *Sophisticated Ladies* entre 1981 y 1982, durante un período de tres meses.

A Remler le gustaba tocar tanto con púa como sin ella en estilos tan diversos como el bop, el jazz-rock y la música latina. Su estilo incorporaba pasajes fluidos de corcheas, octavas dobladas al estilo de Wes Montgomery y frases propias del blues. Grabó siete álbumes de bop, jazz y guitarra de fusión antes de morir por un paro cardíaco a los treinta y dos años durante una gira por Australia. Se puede apreciar su increíble estilo en los vídeos institucionales de Hot Licks *Advanced Jazz and Latin Improvisation with Emily Remler* y en *Bebop and Swing Guitar with Emily Remler* (1986).

Al Di Meola (1954)

Al Di Meola ganó cinco veces el premio de la revista *Guitar Player* como el mejor guitarrista de jazz. Di Meola es conocido por su maestría técnica y sus solos y composiciones extremadamente rápidos y complejos. Tiene una mezcla única de culturas mediterráneas y géneros acústicos como el flamenco, que se pueden apreciar en «Mediterranean Sundance» y «Lady of Rome, Sister of Brazil», del álbum *Elegant Gypsy* (1977). Ejerció mucha influencia en los guitarristas de rock y de jazz.

Di Meola siguió explorando la música latina fusionándola con el jazz en álbumes como *Casino* y *Splendido Hotel*. Su técnica acústica es feroz. Es legendario su estilo en piezas como «Señor Mouse» y «Fantasia Suite for Two Guitars», del álbum *Casino*, y en el álbum en directo de enorme éxito con McLaughlin y Paco de Lucía *Friday Night in San Francisco*.

INFORMACIÓN

En 1979, el guitarrista Larry Coryell creó The Guitar Trio con el guitarrista de jazz fusión John McLaughlin y el guitarrista flamenco Paco de Lucía. Durante un breve período de tiempo dieron una gira por Europa, y publicaron un vídeo grabado en el Royal Albert Hall en Londres llamado *Meeting of Spirits*. A principios del año 1980, Larry fue sustituido por Al Di Meola.

Cuando Meola empezó su aprendizaje con el guitarrista de jazz Robert Aslanian, se centró en leer y mejorar su técnica de púa y sus habilidades técnicas. Di Meola escuchó tanto rock como jazz. De hecho, una de las influencias de Al era el grupo de los años sesenta The Ventures. En 1971 se inscribió en la Berklee College of Music, en Boston, Massachussetts. En 1974 se unió a la banda de Chick Corea, Return to Forever, con la que tocó hasta 1976. Ha colaborado con numerosos artistas y sigue actuando en salas pequeñas.

Di Meola suele cerrar sus espectáculos con algún tema potente que reta no sólo al resto de grupos, sino también al propio intérprete, como «Race with Devil on Spanish Highway», del álbum *Elegant Gipsy*, de 1977. Aunque han pasado unos treinta años desde que lo compuso, el dominio técnico de Al es incuestionable. Sus series de escalas siguen siendo rapidísimas y siempre tiene la potencia al máximo. Gracias a sus primeras grabaciones, Di Meola se convirtió en un pionero del estilo de guitarra shred de los años ochenta (caracterizado por sus pasajes de altísima complejidad técnica), y logró dejar huella en guitarristas como Yngwie Malmsteen, Steve Vai y Paul Gilbert.

Capítulo 12

Guitarristas de country

La música country era conocida conocía como la música «de los viejos tiempos» y tiene su origen al sur de los Apalaches, con músicos que tocaban y grababan canciones con el violín. Los orígenes de la música country se pueden remontar a grabaciones de Jimmie Rodgers, el «guardafrenos cantarín», y de la familia Carter. El violín, la mandolina y el banjo fueron al principio los instrumentos dominantes, pero la guitarra fue cobrando más protagonismo entre las bandas de cuerda de principios del siglo XX.

Hay muchos héroes de la guitarra country y aquí presentamos algunos.

Maybelle Carter (1909-1978)

«Mother» Maybelle Carter nació con el nombre Maybelle Addington, en Nickelsviel, Virginia. Maybelle se casó con Ezra J. Carter el 13 de marzo de 1926. Tuvieron tres hijas: Helen, Valeriu June (la legendaria June Carter Cash) y Anita.

Maybelle Carter es una tercera parte de la primera familia de música country, los Carter. Maybelle tocaba la guitarra, el autoarpa (o arpa cítara) y el banjo. El sonido característico del grupo venía de su uso innovador de la afinación de los bajos y de su rasgueado en la guitarra, para el que usaba su pulgar para tocar la melodía en las cuerdas más graves y su índice para completar el ritmo, un estilo completamente opuesto al actual. Maybelle tocó así en las grabaciones más famosas de la familia Carter (de 1928 a 1943).

INFORMACIÓN

Maybelle Carter tocaba una Gibson L-5 archtop, modelo que se produjo por primera vez en 1922. Era un instrumento revolucionario, que seguía el modelo de las mandolinas y de los violines, con orificios en *f* en lugar del circular. Maybelle tocó el modelo famoso de 1928 durante gran parte de su carrer,a y su L-5 se conserva actualmente en el Salón de la Fama de la Música Country en Nashville, Tennessee.

Tras la separación de la familia Carter, Maybelle y sus hijas dieron giras durante los años cincuenta y sesenta bajo el nombre de Mother Maybelle and the Carter Sisters. Maybelle también dio una corta gira con otro miembro de la familia Carter, Sara Carter, durante la escena musical folk de los años sesenta, e hizo una aparición en el Newport Folk Festival. También puedes apreciarla en el clásico *Will the Circle Be Unbroken*, del disco de platino de 1971 de la Nitty Gritty Dirt Band. En este álbum también puedes escuchar a Roy Acuff, Junior Huskey y Doc Watson.

Aunque nadie ha hecho una película o un documental sobre la vida de Mother Maybelle, se puede ver parte de su historia en la película *Walk The Line*, de 2005.

Merle Travis (1917-1983)

Era un hombre sin par como guitarrista y compositor. Tenía un estilo tan único que existía una manera de usar la púa con su nombre, «Travis picking». Únicamente Chet Atkins se aproxima al nivel de influencia que tuvo Travis en guitarristas y en la música country.

Nacido en Rosewood, Kentucky, en el seno de una familia de mineros del carbón, Travis trasformó esta experiencia, completada con una frase del padre de Travis, que describe sus vidas en la canción «Sixteen Tons». Como compositor, sus originales canciones, incluyendo «Sixteen Tons», llegaron a ser estándares populares en otros estilos de las manos de varios artistas. También influyó en el desarrollo del rock y grabó muchos éxitos y novedades.

Su primer instrumento fue un banjo de cinco cuerdas y tuvo la suerte de ser vecino de Ike Everly, padre de Don y de Phil (los Everly Brothers) y de Mose Rager, que tocaba la guitarra con un estilo único a tres dedos que se creó en esa parte de Kentucky.

El repertorio de Travis no tardó en incluir blues, ragtime y canciones populares, aunque tuvo que trabajar de joven en la Civilian Cornservation Corps. El cambio llegó cuando vistió a su hermano en Evansville, Indiana, en 1935, cuando su ocasión de tocar en una fiesta local se convirtió en la oportunidad de ser miembro de algunas bandas locales y de aparecer en la radio.

En 1937, emitía de manera regular en la WLW de Cincinnati hasta que la Segunda Guerra Mundial le forzó a dejarlo. Como miembro de los Difting Pioneers, Travis disfrutaba de un seguimiento nacional y empezó a tocar con Grandpa Jones y los Delmore Brothers en un cuarteto de góspel que se llamó Brown's Ferry Four. Mientras estaba de gira con Jones, Travis visitó una iglesia en Cincinnati y escuchó un sermón que se convertiría más adelante en su canción «That's All».

Travis pasó una temporada corta en la marina, pero en seguida regresó a Cincinnati. A principios del año 1945, Travis se encontraba en Los Ángeles, donde empezó a salir en los westerns de Charles Starrett y a tocar con la banda de Ray Whitley. En 1946, publicó su canción «No Vacancy», que trataba la problemática de los veteranos que regresaban de la guerra, y también «Cincinnati Lou», con lo que obtuvo dos éxitos casi simultáneos. Su siguiente gran proyecto era un álbum conceptual, *Folk Songs of the Hills*, que pretendía competir con las exitosas publicaciones de música folk de Burl Ive.

Publicado en un pack de discos de 78 rpm, salió a la venta en 1947, pero se consideró que fue un fracaso. A pesar de todo, instauró varios clásicos como «Sixteen Tons», «Dark As a Dungeon» y «Over by Number Nine». También introdujo modelos como «Nine Pound Hammer», que se convirtió en un valioso documento que mostraba un virtuoso solo acústico de guitarra. Usando su pulgar para detener las dos cuerdas graves, podía crear acordes transportables superiores que se unían a voces de jazz, cuerdas al aire y arpegios rápidos. Este estilo inspiró a generaciones de guitarristas.

WLW contrató a Travi para que participara en el espectáculo *The Boone Country Jamboree*. A través de WLW, Travis conoció a muchos músicos con los que más adelante forjaría amistad y colaboraría musicalmente. Los nuevos amigos querían grabar, pero la WLW se lo prohibió. De esta manera, Travis y sus amigos lo tuvieron que hacer bajo el pseudónimo de The Sheppard Brothers.

Arthel «Doc» Watson (1923)

Se suele decir que ha habido tres grandes estrellas de la guitarra folk country en el siglo XX: Merle Travis, Chet Atkins y Doc Watson, un brillante guitarrista de Deep Gap, Carolina del Norte.

A diferencia de Travis o Atkins, Watson era todavía joven cuando captó la atención del público gracias a la publicación de su primer álbum, *The Doc Watson Family*, en 1963. La grabación es una mezcla de folk, country y bluegrass, y fue punto de referencia para los guitarristas de los años sesenta. Sus apariciones en el Newport Folk Festival de 1963 y 1964 impresionaron a los músicos por su virtuosismo. Muchos son los músicos de folk y country que reconocen haber incorporado algo del estilo de Watson al suyo propio, como por ejemplo Ricky Skaggs, Vince Gills, Clarence White o Emmylou Harris. Watson siguió aportando algo más a la música country y folk, compartiendo una sabiduría casi enciclopédica de muchas canciones tradicionales americanas.

Mientras que Merle Travis y Chet Atkins empezaron a tocar con la guitarra acústica y después se pasaron a la eléctrica, antes del gran «descubrimiento» de Watson en un revival de folk a principios de los años sesenta, él ya tocaba la eléctrica en una banda local que tocaba rock, swing, country y folk, por supuesto.

Watson se quedó ciego muy joven. A los diez años, su padre le dio un banjo hecho en casa sin trastes, y Doc lo tocó sin parar durante los siguientes tres años. Alrededor de la misma época, empezó a asistir a la School of Blind, en Raleigh, Carolina del Norte. A los trece años, Doc empezó a tocar la guitarra, y seis meses después Doc y su hermano mayor Linney comenzaron a actuar en la calle con canciones tradicionales.

Casi a los veinte años de edad, Watson había aprendido de su vecino Olin Miller a hacer *fingerpicking* (técnica en la que se asignan varias funciones a los dedos de la mano derecha, dándole un toque orquestal). En 1941, Watson se unió a una banda que tenía un programa regular de radio en Lenoir. Fue en este programa donde se le forjó el apodo: uno de los presentadores se refería a él como «Doc» durante las emisiones. Durante los siguientes seis años tocó en Carolina del Norte.

En 1947, se casó con Rosa Lee Carlton, la hija del violinista Gaither W. Carlton. Para ganarse la vida trabajó como afinador de pianos. En 1953, Watson se unió a la banda de un pianista y maquinista local llamado Jack Williams, con quien tocó la guitarra y actuó en muchos conciertos que iban del rock al pop. Después de estar con Jack durante ocho años, Watson se unió a la Clarence Ashley String Band.

A partir de 1964, Watson grabó cerca de un álbum por año durante una década. Nunca antes se había mostrado tanto interés por la música folk hasta que Watson publicó el triple disco *Will the Circle Be Unbroken*, en 1972, creado por la Nitty Gritty Dirt Band con Watson, Travis, Roy Acuff y muchos de los más importantes músicos de country. Merle Watson, el hijo de Doc, todo un talento de la música por derecho propio empezó a tocar con su padre de forma regular. El dúo ganó dos premios Grammy a la música tradicional en 1973 y 1974.

Padre e hijo tocaron juntos durante más de quince años hasta que Merle murió trágicamente en la granja de la familia en 1985. Tras la muerte de su hijo, Doc siguió actuando, mostrando su preciosa voz, su gran talento instrumental y su dominio del material tradicional.

Hank Williams (1923-1953)

Williams es considerado el padre del country contemporáneo. Ya era toda una estrella a los veinticinco años y falleció a los veintinueve. Empezó a grabar en Nashville en 1946 con un equipo que incluía guitarras acústicas electrificadas y ayudó a crear el ambiente necesario para la revolución del rock de la década de 1950.

Muchos artistas de todo el espectro musical han rendido homenaje al talento de Hank Williams al crear versiones de sus canciones más famosas. Artistas tan distintos como Al Green, Bob Dylan, Huey Lewis and the News, Martina McBride, the Greatful Death, los Red Hot Chilli Peppers, Norah Jones y Elvis Presley han versionado canciones de Hank.

En solo cuatro años, estableció las bases para el resto de intérpretes de country que le seguirían y, de paso, también de la música popular. Williams escribió un corpus de canciones que llegaron a los más alto de las listas de éxitos y se convirtieron en clásicos populares, como «Your Cheating Heart», «I'm So Lonesome I Could Cry» o «Hey Good Lookin'». La letra y la voz de Williams, directas y emotivas, se convirtieron en referente para la mayoría de intérpretes de música popular.

Chet Atkins (1924-2001)

Asmático desde la juventud, Atkins era un chico enfermizo de Tennessee de origen humilde. Cuando sus padres se separaron cuando tenía diez años, Atkins se trasladó a Georgia a vivir con su padre con la esperanza de que el buen tiempo le ayudara a aliviar su asma.

Su padre era profesor de música y cantaba en varios grupos evangelistas. Su hermano Jimmy, trece años mayor que Chet, era también un gran guitarrista. El primer instrumento que tuvo Atkins fue un ukelele encordado con el hilo metálico de una mosquitera. Más adelante compró una baratísima Sears Silverstone. Atkins dijo que las adversidades de su infancia fueron un aliciente importantísimo para esforzarse al máximo en todo aquello que hacía.

Muchas actuaciones en estaciones de radio locales así como en el Old Dominion Barn Dance no tuvieron gran éxito porque el gran talento que tenía no se podía ver reflejado de ninguna de las maneras en la guitarrilla de juguete que tenía. El gran cambio vino en 1947 con una actuación con la legendaria familia Carter en la Gran Ole Opry, donde logró finalmente hacer evidente su talento. Después, su estrecha relación con la RCA en Nashville permitió a Atkins que se convirtiera en un músico muy buscado y que trabajara en grabaciones con algunos de los grandes pioneros tanto del country como del rock, incluyendo los Everly Brothers y Elvis Presley.

INFORMACIÓN

Chet Atkins compró el contrato de grabación de Elvis Presley de la Sun Records de Sam Phillips. Este cambio resultó crucial para la historia del rock, puesto que Chet produjo la música de Elvis en la RCA, y la Sun Records pudo producir la música de Johnny Cash, Carl Perkins y Jerry Lee Lewis con el dinero recibido de la venta de Elvis.

Atkins se unió a la RCA como vicepresidente y productor y creó, casi él solo, el suave sonido que se acabaría por denominar Sonido Nashville, publicando grandes éxitos con prácticamente todas las grandes figuras del country del momento. Tras abandonar la RCA, Chet siguió su carrera llena de éxitos grabando y cantando con la Columbia Records, donde se quedó hasta el fin de sus días.

Jimmy Bryant (1925-1980)

Jimmy Bryant se llamaba en realidad Ivy J. Bryant Jr., y nació el 5 de marzo de 1925 en Moultrie, Georgia. Su padre era músico y logró que la música fuera algo importante en la vida de Jimmy. Empezó tocando el violín y más adelante Bryant desarrolló su don por la música rápidamente, por lo que se convirtió en una figura local importante, con varias bandas con las que actuaba en fiestas de bailes los sábados por la noche. Bryan tenía dieciocho años de edad cuando, en 1943, tuvo que unirse al ejército americano. Sufrió una lesión grave en la cabeza mientras combatía en Alemania. Su herida le causó una hospitalización de varios meses en los que empezó a investigar la guitarra y a pasar todos sus conocimientos del violín al nuevo instrumento. Así es como nació el estilo a la guitarra de Jimmy Bryant.

Cualquier guitarrista de los años cincuenta estaba probablemente inspirado en la guitarra de Bryant. Siempre tocaba con confianza y un poco de chulería que hacían que sus avanzadas técnicas parecieran muy fáciles. Era el intérprete más rápido que nadie había escuchado. Y el más limpio: tocaba cada nota con absoluta precisión.

La mejor manera de escuchar su trabajo es en el pack de tres CD con lo mejor de Bryant, llamado *Frettin' Fingers; the Lightning Guitar of Jimmy Bryant*. También merece la pena mencionar las grabaciones que hizo con el legendario steel-guitar miembro del Rockabilly Hall of Fame Speedy West. Ambos tocaron juntos en muchas ocasiones y no tardaron en grabar su propio material. Era una pareja de músicos explosiva. Sus líneas melódicas y rápidas con la guitarra se entrelazaban entre sí de una forma que nunca nadie había oído antes. Grabaron entre los años 1950 y 1956. Durante este período de tiempo, se crearon grandes canciones, como la legendaria «Stratoshpere Boogie».

Jimmy Bryant fue el primero en usar una Fender Broadcaster, que posteriormente se llamaría Telecaster. La Telecaster tenía un diseño sencillo y producía un sonido revolucionario que cambió la industria de la guitarra eléctrica para siempre. La guitarra y el estilo innovador de Bryant formaron una pareja ideal.

Jimmy Bryant fue uno de los primeros héroes de la guitarra. Vestía atrevidamente y su apariencia era atractiva. Hay una foto famosa con Bryant y su «coche guitarra». Es la viva imagen de la esencia de la guitarra.

Hank Garland (1930-2004)

Walter «Hank» Garland nació en Copens, Carolina del Sur, el 11 de noviembre de 1930. Inspirado sobre todo por la familia Carter, Hank escuchó a Maybelle tocando «Wildwood Flower» cuando era un mozo y soñó que él también estaba tocando la guitarra. El padre de Garland le compró una con cuerdas de metal cuando tenía seis años y él empezó a tomar clases. Hank apareció en el panorama de los estudios de Nashville a finales de los años cuarenta, cuando tenía catorce años. Se convirtió en uno de los mejor pagados y más solicitados guitarristas de su época. ¡Grabó su tema «Sugarfoot Rag» con dieciséis años y logró vender un millón de copias! Tocó la guitarra para algunos de los mejores intérpretes de la historia de la música, como Hank Williams Sr., Elvis Presley, Roy Orbison, los Everly Brothers, Patsy Cline, Brenda Lee, Bobby Darin, así como para los grandes del jazz Charlie Parker y George Shearing. Además, tuvo mucho éxito en cientos de grabaciones de country y western.

Hank Garland tenía pasión por el jazz. Puesto que únicamente podía tocar música country en Nashville, viajó a Nueva York para grabar tres álbumes de jazz entre 1958 y 1961. Era habitual verle tocar en el neoyorquino Birdland Club.

Parece casi increíble, pero la carrera profesional de Hank Garland duró sólo quince años. En 1961, a los treinta, casi murió en un accidente de coche muy grave cerca de Nashville. Durante su recuperación, se vio claro que su cerebro había sufrido daños muy importantes, sus funciones motrices y su coordinación habían sido afectados. Al final, su sueño de llegar a ser el «mejor guitarrista del mundo» sólo se quedó en eso, un sueño. Tras su recuperación, dejó atrás Nashville y las sesiones históricas que grabó como intérprete de country y de jazz con Elvis Presley y tantos otros.

Hank Garland estaba dispuesto a luchar para que aquella experiencia casi mortal no lo dejara derrotado para siempre. Empezó a aprender a tocar la guitarra y regresó a Nashville trece años después para hacer una breve reaparición en 1976 en el Fan Fair Reunion Show. Tocó su famoso «Sugarfoot Rag» y dejó al público encantado.

Jerry Reed (1937)

Jerry Reed Hubbard nació en Atlanta el 20 de marzo de 1937. «The Guitar Man» es como se le llama en el mundo de la música country. Es un cantautor que tuvo una exitosa carrera como solista y como guitarrista de sesión. También es un actor famoso y apareció en la trilogía *Smokey and the Bandit* interpretando el papel de compinche de Burt Reynold. Sacó su primera grabación, «If the Good Lord's Willing and the Creeks Don't Rise», a los dieciocho. Gene Vincent versionó su canción «Crazy Legs» en 1958 y la popularidad de Reed empezó a crecer.

Los grandes éxitos de Jerry surgieron a raíz de las versiones que otros artistas famosos hacían de sus canciones. Brenda Lee versionó su «That's All You Got to Do», en 1960; Elvis Presley, «Guitar Man», en 1967, y también «U.S. Male». El éxito para Reed como un guitarrista popular y con muchas giras, continuó. En 1962, sus singles «Goodnight Irene» y «Hully Gully Guitar» llamaron la atención de Chet Atkins, por lo que le produjo «If I Don't Live Up to It» en 1965. Su primer éxito en alcanzar el Top 20 vino con una grabación en honor a Elvis llamada «Tupelo Mississippi Flash».

El mayor éxito de Jimmy vino en 1973, con su canción «When You're Hot, You're Hot», que también daba título a su primer álbum de solista. Ganó un premio Grammy en 1973 por dicha canción y, en el mismo año, sacó su segundo éxito más importante, «Lord Mr. Ford», del álbum con el mismo nombre. Reed siempre se consideró más bien un cantautor que un instrumentista. En realidad, si se escucha alguna grabación suya tocando la guitarra como instrumentista es difícil de imaginar cómo podía también crear unas canciones tan buenas. Chet Atkins era su principal productor y siempre pensó que Reed tenía mejor técnica de *fingerpicking* que él.

El tema instrumental más repetido de su repertorio es «The Claw». El problema común con esta pieza es que los guitarristas tienden a tocarla lo más rápido posible, lo que le resta musicalidad.

Jerry Reed siguió tocando y publicando temas durante su carrera. En 1979 sacó a la venta *Half & Half*, una grabación hecha de selecciones tanto vocales como instrumentales. En 1980, Jerry publicó *Jerry Reed Sings Jim Croce*, un tributo al cantautor tardío. En 1982 surgió «She Got the Goldtime (I Got the Shaft)» y «The Bird», dos temas que llegaron a lo más alto de las listas de éxitos. Su tema «Guitar Man» es casi omnipresente en Nashville y aún puede oírse en películas como *The Waterboy* (*El aguador*), de Adam Sandler. La última grabación de Reed se llama «Let's Get It On» y data del 2006.

Don Rich (1941-1974)

Don Rich era un guitarrista, violinista, cantante y compositor con mucho talento. Su éxito principal vino al unirse a Buck Owens y el grupo los Buckaroos. Rich y Owens tocaron juntos en bailes y en programas televisivos de la zona de Tacoma, donde Don tocaba básicamente el violín. Para Owens, Don era su «compadre» artístico. Logró su primer éxito con los Buckaroos en 1961, cuando grabaron dos temas para la Capitol Records llamados «You're for Me» y «Kickin' Our Hearts Around». También grabaron muchos álbumes propios, como *The Buckaroos Play the Hits*, una colección puramente instrumental publicada en abril de 1971. Reed sacó a la venta su propio álbum unos meses más tarde y lo llamó *Fiddlin' Man*.

Llegado este punto, Don Rich era más conocido por su virtuosismo con la guitarra. Aunque, gracias a su aparición en el programa de televisión *Hee Haw*, Rich se convirtió en una celebridad de un espectáculo que también protagonizaba su jefe y principal colaborado. Desgraciadamente, Rich murió el 17 de junio de 1974 cuando iba a visitar a su familia en Morro Bay, al estamparse con la moto contra el separador de carriles en una autopista. Buck Owens habló sobre Don décadas más tarde en una entrevista televisada, donde dijo con lágrimas en los ojos: «Para mí, Don era mi compadre. He perdido a mi amigo y a mi compadre artístico».

Country Pickin' es el primer recopilatorio del estilo a la guitarra, la labor con el violín y la genialidad vocal de los últimos años de Don Rich. Incluye veinticuatro representaciones del legendario sonido de Bakersfield. En el recopilatorio hay clásicos como «Buckaroo» y «I'm Coming Back Home to Stay».

Deana Carter (1966)

Deana Carter es la hija de Fred Carter Jr., un guitarrista de renombre, cantante y compositor. Fred Carter es famoso por ser uno de los primeros guitarristas de sesión de Nashville. Grabó con Muddy Waters, The Band, Elvis Presley y Simon and Garfunkel. Deana tuvo muchos contactos con músicos a través de su padre. A pesar de todos esos contactos con músicos, productores y ejecutivos, Deana decidió ir a la universidad tras un intento fallido de llegar al estrellato. A los diecisiete entró en la Universidad de Tennessee, graduándose en terapia rehabilitadora. Después, trabajó curando a enfermos de embolias y enfermedades cerebrales. En algún momento se dio cuenta de que su verdadera pasión era la música y, a pesar de tener un trabajo bien pagado y gratificante, Deana decidió retomar esa carrera musical que había abandonado años antes.

El primer gran cambio de Deana llegó cuando la leyenda del country Willie Nelson escuchó maqueta. Nelson la invitó a participar en el concierto Farm Aid VII en 1994, donde fue la única mujer solista de todo el espectáculo. Deana Carter firmó un contrato de grabación con la Capitol Records ese mismo año gracias a la misma maqueta. En 1996, su primera publicación con la Capitol, *Did I Shave My Legs fot This?,* incluía su single «Strawberry Wine». Se convirtió en un éxito y ganó el premio al mejor single de la CMA del año 1997. Vendió 5 millones de copias. Deana cosechó un gran éxito con canciones en bandas sonoras como en *Hope Floats*, de Sandra Bullock, o en la película de animación *Anastasia*. En 1999, la Gibson Guitar Awards le otorgó el premio a la Mejor Guitarrista Femenina de Country.

Capítulo 13

Guitarristas de folk

La música folclórica es un término americano un tanto vago que se refiere a la música de los años sesenta. Los guitarristas de folk suelen definirse como cantautores, como, por ejemplo, Bob Dylan, Joan Baez o Judy Collins. Esta palabra goza de un uso extendido entre los medios y la industria de la música y designa cualquier tipo de música acústica. Las canciones contemporáneas incluyen críticas y protestas sociales, y las tradicionales, referencias regionales e historias sobre la cultura y las gentes. La música folk puede abrazar también otros instrumentos acompañados de guitarras acústicas. En este capítulo se presentará una introducción a los guitarristas de folk más famosos.

Elizabeth Cotten (1895-1987)

Elizabeth Cotten empezó a tocar el banjo de su hermano mayor a la edad de ocho años; poco después siguió tocando con el suyo. Aprendió de forma autodidacta, tocando con la mano izquierda y al revés, cosa que la obligaba a tocar la melodía con el pulgar y la base con los demás dedos. Este estilo recibió el nombre de «cotton picking», un estilo de «púa alternada» para tocar.

Elizabeth Cotten empezó a trabajar como asistenta de hogar a la edad de doce años, tal y como la había hecho su madre. Se casó joven, a los quince, con Frank Cotten, con quien tuvo una hija: Lillie. En 1940, se divorció y se fue con su hija y su nuevo marido. Cotten se retiró del mundo de la guitarra durante veinticinco años, a excepción de algunos pequeños conciertos en iglesias. Hasta los sesenta años de edad no empezó a hacer grabaciones y a actuar delante de un público.

Elizabeth Cotten fue descubierta a los sesenta años de edad por la familia Seeger, pionera de la música folk, mientras trabajaba para ellos como ama de llaves. Su primera grabación, *Negro Folk Songs and Tunes*, que se rebautizaría por *Freight Train and Other North Carolina Folk Songs,* fue producida por Mike Seeger en 1958 y se considera que es uno de los mejores álbumes de folk de todos los tiempos.

En 1984, Cotten fue galardonada con un Grammy por *Elizabeth Cotton Live!*, grabado cuando tenía diecinueve años. También recibió el mayor premio concedido a artistas de música folk, el National Heritage Fellowship. En 1989, Cotten se convirtió en una de las setenta y cinco mujeres afroamericanas incluidas en el documental fotográfico *I Dream a World*. Falleció el 29 de junio de 1987 a los noventa y seis años de edad, en Syracuse, Nueva York.

Pete Seeger (1919)

Junto con Woody Guthrie, el cantautor Pete Seeger es considerado uno de los pioneros de lo música folk moderna. Seeger es sinónimo del *boom* que experimentó el folk a finales de los años cincuenta y principios de los sesenta y ayudó a que pasara de ser un conjunto de canciones tradicionales, que se transmitían de manera oral básicamente entre moradores rurales, a un mercado de muchísimo éxito popular en los campus universitarios y las cafeterías de Nueva York.

Pete Seeger, nacido en Nueva York, es hijo de uno de los primeros investigadores de música no occidental Charles Seeger; recibió educación en diversas escuelas privadas, incluyendo Harvard, donde se graduó en sociología. Empezó a tocar el banjo durante la adolescencia y desarrolló un gran interés por la música folk que no hizo más que crecer desde entonces. En 1938 dejó a sus padres boquiabiertos porque abandonó la universidad para viajar por Estados Unidos con lo puesto. Así conoció a muchos músicos de folk legendarios, incluidos Leadbelly y Woody Guthrie.

Cuando volvió a Nueva York en 1940, Seeger creó los Almanac Singers, un grupo rotatorio de cantantes de folk, que a veces contaba con Woody Guthrie. Mezclaban letras con carga política con melodías extraídas del folk. Actuaban normalmente en huelgas, manifestaciones y demás eventos similares. El grupo se deshizo durante la Segunda Guerra Mundial cuando el ejército reclutó a Seeger.

Tras servir en el ejército durante muchos años, Seeger volvió a Nueva York en 1948 y fundó los Weavers, el primer grupo americano claramente folk. Los Weavers lanzaron varios éxitos al mercado a finales de los años cuarenta y principios de los cincuenta, como, por ejemplo, «Goodnight Irene», del año 1948, que se mantuvo en lo más alto de la lista durante semanas y estableció un récord que no se batiría hasta los años setenta.

Durante la caza de brujas de la era McCarthy, los Weavers fueron boicoteados por sus ideas de izquierdas. Esto acortó su éxito. A pesar de todo, en 1955 el grupo ofreció un concierto mítico en el Carnegie Hall, que supuso un punto de inflexión para la música urbana folk de finales de los años cincuenta.

Desde 1958, Seeger siguió en solitario con su carrera y enseguida se convirtió en una estrella con nombre propio gracias a canciones como «If I Had a Hammer» (un éxito para Peter, Paul y Mary), «Where Have All the Flowers Gone», «Turn! Turn! Turn!» (difundida más tarde por los Byrds), «Guantanamera» y, la más famosa, «We Shall Overcome». Seeger se convirtió en un punto de referencia en manifestaciones por los derechos civiles, campus universitarios, huelgas y protestas pacifistas donde el público cantaba sus éxitos con tanta fuerza que apenas se podía oír la voz del propio Seeger.

En 1961, Seeger firmó un contrato con Columbia Records, y su popularidad alcanzó niveles mucho más altos que los de los pasados años. Hacia finales de los años sesenta, Seeger se pasó a la música africana y latinoamericana entre otras. Escribió varios libros sobre la guitarra acústica y el banjo y se convirtió en una persona implicada en el movimiento ecológico que empezaba a surgir. Denunció la contaminación del río Hudson a causa de los barcos turísticos. Más tarde creo el grupo Clearwater, que se encargaba de concienciar a los niños sobre la contaminación del agua.

Woody Guthrie (1912-1967)

Nacido en Okemah, Oklahoma, Guthrie se crió en un pueblo pequeño que vivió en sus carnes la revolución de ser uno de los primeros pueblos con grandes yacimientos de petróleo.

El padre de Guthrie, Charles, era vaquero, especulador y policía local. La ruina económica y psicológica de su familia junto con el ingreso en un centro psiquiátrico de su madre por culpa de la enfermedad de Huntington destrozó a Guthrie dejándole una muesca de por vida.

Guthrie, un hombre delgado de pelos rizados y alocados, era un observador del mundo que le rodeaba. En 1931, cuando se frenó el *boom* de su ciudad natal, se fue a Texas. En 1933, en el pueblo de Pampa, se casó con Mary Jennings, con quien tuvo tres hijos. La Gran Depresión de los años treinta, así como la gran tormenta de arena del 35, hicieron imposible la vida en Pampa. Buscando una vida mejor, Guthrie se unió a los refugiados que se dirigían hacia el oeste, los llamados *oskies*.

Sin dinero y hambriento, llegó a California andando, en tren y haciendo autostop, gracias a lo que desarrolló cierto amor a los largos viajes por carreteras infinitas. Se convirtió en una práctica que nunca abandonaría. Cuando llegó a California, en 1937, sufrió el intenso odio de los californianos hacia los *oskies* y hacia otros forasteros que llegaban al estado.

La empatía que sentía Guthrie con los forasteros no tardó en hacerse notar en la letra de sus canciones, como en baladas como «I Ain't Got No Home», «Talking Dust Bowl Blues» y «Tom Joad and Hard Travelin».

Sus emisiones radiofónicas del año 1937 en la KFDV, Los Ángeles y XELO (justo en la frontera con México) captaron la atención del público. También le proporcionó una plataforma a partir de la cual podía desarrollar su talento para hacer comentarios controvertidos de carga social y criticar a personajes como políticos, jueces y hombres de negocios corruptos o alabar los principios humanistas de Jesucristo, Pretty Boy Floyd y demás.

Siguiendo su tónica de no quedarse mucho tiempo en el mismo sitio, Guthrie se fue hacia el este, a Nueva York, en 1939, donde enseguida encontró acogida entre las organizaciones de izquierdas, así como entre artistas, escritores, músicos y otros intelectuales de las mismas inclinaciones políticas.

Fruto de sus coloquios y encuentros con artistas como Leadbelly, Cisco Houston, Burl Ives, Pete Seegers, Will Geer, Sony Terry, Brownie McGhee, Josh White, Millard Lampell, Bess Hawes y Sis Cunningham, entre otros, Guthrie entró en temas de asunto social como las asociaciones, el antifascismo y el refuerzo a los partidos comunistas. Básicamente lucho por lo que él y sus amigos creían de la única manera que sabía: con canciones de protesta política.

INFORMACIÓN

En 1940, el folklorista Alan Lomax grabó a Guthrie para la Library of Congress en varias conversaciones y canciones. Los Almanac Singers, el grupo de música políticorradical de finales de los años cuarenta se convertiría más tarde en los Weavers, el grupo de folk con más éxito e influencia de finales de los cuarenta y principios de los cincuenta.

Finalmente, desilusionado por la industria neoyorquina de la radio y el entretenimiento, Guthrie se fue al sur. Con la disolución final de su primer matrimonio, y a pesar de sus viajes y conciertos, cortejaba a una joven bailarina ya casada, conocida artísticamente como Martha Graham, de nombre Marjorie Mazia. Esta relación le proporcionó la estabilidad doméstica y el valor que nunca había conocido. Así es como pudo completar y publicar su novela *Esta tierra es mi tierra,* en 1943 (original inglés: *Bound for Glory).* Una exitosa novela con muchos aspectos de su biografía sobre los años de «Dust Bowl», a finales de los treinta. Marjorie y Guthrie tuvieron cuatro hijos juntos: Cathy, que murió a los cuatro años; Arlo, que acabó siendo un famoso cantante folk con personalidad propia y un gran éxito en los años sesenta, «Alice's Restaurant»; Joady y Nora.

Como antifascista convencido, durante la Segunda Guerra Mundial, Guthrie sirvió tanto en la marina y en la armada, partiendo en barco en varias ocasiones con sus colegas Cisco Houston y Jimmy Longhi.

En 1946, Guthrie se estableció en Coney Island, Nueva York, con su esposa e hijos. Su salud y su estado anímico empezaron a empeorar al poco de llegar y se hizo cada vez más errático y creaba tensiones tanto en su entorno familiar como profesional. Se fue a California, donde se casó por tercera vez, para volver nuevamente a Nueva York. Se le diagnosticó la misma enfermedad degenerativa que a su madre, la enfermedad de Huntington. Durante los trece años que seguirían se pasó la vida entrando y saliendo de hospitales. Finalmente, el 3 de octubre de 1967, en el hospital de Creedmoor en Queens, Nueva York, Woody Guthrie falleció.

La Smithsonian Institution y la Woody Guthrie Foundation and Archives han colaborado en una presentación itinerante sobre la vida de Guthrie y su legado. Miles de personas han podido ver con sus propios ojos el trabajo, las canciones y las letras de Guthrie.

Músicos populares y de folk como Bruce Springsteen, Billy Bragg, Wilco, Ani DeFranco y muchísimos más siguen viendo en Woody Guthrie una fuente de inspiración, reinterpretando sus obras y trayéndolas de nuevo al público actual.

Odetta (1930)

Nacida con el nombre de Odetta Holmes, en Birmingham, Alabama, Odetta se crió en Los Ángeles, California, y estudió música en el Los Ángeles City College. De joven, el sueño de Odetta era cantar oratorios pero creía que una mujer negra no podía ser cantante de ópera. Desde los trece años recibió una educación operística, y en 1944 trabajaba en el teatro musical, su primera experiencia profesional fue como miembro del teatro de marionetas Hollywood Turnabout Puppet Theatre. Odetta estuvo cuatro años trabajando con Elsa Lancaster. A los diecinueve, en 1949, se unió a la compañía de gira nacional del musical *Finian's Rainbow*.

Mientras Odetta iba de gira con *Finian's Rainbow*, empezó a relacionarse con un grupo de jóvenes cantantes de baladas en San Francisco. Este encuentro fue determinante para que Odetta enfocara su carrera hacia la música folk. Se fue haciendo su propio sitio tocando por todo Estados Unidos en las grandes ciudades, incluidas Nueva York y San Francisco. Aquí fue donde grabó con Larry Mohr el álbum *Odetta and Larry*, en 1954, con la Fantasy Records. Poco después, Odetta empezó su carrera en solitario. Entre sus grabaciones figuran *Odetta Sings Ballads and Blues* (1956) y un álbum grabado en directo en la Gate of Horn de Chicago, en 1957. *Odetta Sings Folk Songs* fue uno de los álbumes de folk más vendidos del año 1963. Para poder oír realmente la esencia pura de Odetta al cantar o al hablar, échale un vistazo a *Odetta: Exploting Life, Musica and Song*, de la mano de la compañía Hanespun Video. Aquí se puede ver a una leyenda viva y oír su talento en conciertos más íntimos.

Joan Baez (1941)

La personificación de la guitarrista y cantautora folk. Joan Baez es una soprano con una tesitura de tres octavas. Joan Chandos Báez nació en Staten Island, Nueva York. Hija del físico Albert Báez (uno de los inventores del microscopio de rayos X) y de Joan Bridge, más conocida por Big Joan. Baez se crió en Nueva York y California, y cuando su padre obtuvo una plaza de profesor en el Massachusetts Institute of Technology, ella fue a la Universidad de Boston y empezó a cantar en pequeñas cafeterías y clubes. Bob Gibson la invitó a ir al festival de música folk de 1959 de Newport, donde causó furor.

En 1960 publicó con la Vanguard Records su primer álbum, *Joan Baez*. A principios de su carrera ya actuó con Bob Dylan e hicieron una gira juntos durante los años setenta.

Durante la Guerra Fría, su padre se negó a participar en varios proyectos, como, por ejemplo, el Proyecto Manhattan, que pretendía crear una bomba atómica en Los Álamos. Esta decisión marcó profundamente a Joan durante su juventud. Debido a su procedencia mexicana sufrió discriminación y marginación social. Durante los primeros años de su carrera, Joan Baez se involucró en varias causas sociales, incluyendo los derechos civiles y el pacifismo. En algunas ocasiones visitó el calabozo por sus protestas.

Durante los primeros años de su carrera, Joan Baez interpretó canciones de folk muy famosas y sus propias versiones de canciones de otros artistas. Poco a poco fue incorporando canciones políticas a su repertorio de los años sesenta. A veces añadía canciones country y música más popular, pero sin perder nunca la carga política. Uno de sus mayores éxitos, «The Night They Drove Old Dixie Down», del álbum de 1971 *Blessed Are*, era una balada escrita por Robin Roberston y que grabó por primera vez el grupo The Band, en 1969. De hecho, ¡Joan cambió la letra de la canción! Pasó de tratar temas generales a temas de la guerra civil americana.

INFORMACIÓN

En 1967, la sociedad Daughters of the American Revolution (Hijas de la Revolución Americana) no permitió a Joan Baez que actuara en la Consitution Hall por su posición pacifista. Contestó ofreciendo un concierto gratuito en la base del monumento a Washington con un público de 30.000 personas.

Joan Baez sigue ofreciendo conciertos por todo el mundo. A pesar de que ha sido nominada varias veces a los Grammy, aún no ha obtenido ninguno. En agosto de 2001, la compañía Vanguard Records volvió a poner a la venta los primeros trece álbumes de Baez, los que van desde 1960 hasta 1971, como parte de su serie Original Master. Todos los temas han sido masterizados digitalmente y, además, se incluyeron canciones inéditas y nuevas. En 2003, A&M, por su parte, también reeditó los primeros seis éxitos que Joan grabó con ellos.

Bob Dylan (1941)

De nombre real Robert Allen Zimmerman, Bob Dylan ha sido un símbolo importantísimo de la música folk durante cinco décadas. Algunos lo valoran como la figura central del movimiento folk de los años sesenta. Influenciado por la música de Woody Guthrie, sus canciones como «Blowin' in the Wind» (1962) y «The Times They Are a-Changin'» (1963), se convirtieron en referencia para los movimientos pacifistas y por los derechos humanos. Su último álbum, *Modern Times*, publicado en 2006, se convirtió en su primer número uno en

Estados Unidos en treinta años. Esto lo convirtió en la persona más mayor en llegar a lo más alto de las listas de éxitos, a sus sesenta y cinco años.

La instrumentación de Dylan en escena incluye guitarras, teclados y armónica. Su banda de acompañamiento está formada por una alineación de cantantes que cambia constantemente y que da giras de forma regular desde finales de los años ochenta. Ha actuado con artistas de la talla de Joan Baez, Paul Simon, Eric Clapton, Tom Petty, Bruce Springsteen, Jack White, The Band, Mark Knopfler y los Foo Fighters. Sus canciones y sus letras son su mayor logro e incorporan comentarios políticos, sociales, literarios y filosóficos. Jimi Hendrix versionó «All Along the Watchtower», convirtiéndolo en un nuevo clásico de la música rock.

Dylan exploró muchas tradiciones de la música americana, desde el folk al country-blues, pasando por el rock'&'roll, las baladas celtas, el jazz, el swing, el góspel y el teatro musical. Con más de cuarenta y cuatro años de archivos grabados, Bob Dylan sigue haciendo muy buena música para todas las generaciones y géneros.

Joni Mitchell (1943)

Nacida Roberta Joan Anderson, Joni Mitchell es otra leyenda no sólo de la música folk, sino también del rock. Es una cantautora canadiense que grabó su primer álbum a los veinticinco años de edad en Nueva York. Contando únicamente en con su voz y su guitarra acústica, sus dos primeros álbumes, *Joni Mitchell (Song to a Seagull)*, de 1968, y *Clouds*, de 1969, son representaciones del estilo folk de los años sesenta. Definió su propio estilo a principios de los años setenta, con imaginación visual, un sentido único de lugar y paisaje y una habilidad para lograr una lírica profunda y personal. El álbum *Blue*, de 1971, es el que mejor ilustra sus dones con la guitarra, su dominio de la armónica y su profundo sentido lírico.

Aparte de la guitarra y de la música en general, Joni Mitchell es también un artista visual. Ha pintado y fotografiado todo el material gráfico de sus álbumes, un claro indicio de su necesidad de expresarse.

En los álbumes que van de *From Court and Spark* (Asylum, 1974) hasta *Mingus* (Asylum, 1979), Mitchell demuestra lo que ha explorado de la armonía del jazz, que llega a lo más alto con *Hejira* (Asylum, 1976). *Hejira*, contaba con el gran guitarrista Larry Coryell y el bajista Jaco Pastorius. Por desgracia, su desviación de su éxito «tradicional» hizo que Mitchell perdiera peso en los círculos periodísticos de rock americano en lo referente a su producción y clasificación. Como la mayoría de los artistas de los años ochenta, tanto jóvenes como mayores, Mitchell cambió su sonido para hacerlo más cercano al panorama pop y drum-machine de la época. Algunos críticos dijeron que sus álbumes de los años ochenta contenían demasiada producción, un problema común a la mayoría de la música popular del momento.

Como guitarrista, Mitchell ha realizado trabajos espectaculares con afinaciones especiales para la guitarra, conocido como «Joni's wierd tunings». Casi cada canción que compuso con la guitarra usaba una afinación abierta o fuera de lo habitual. Este uso alternativo le permitía crear armonías más variadas y complejas sin necesidad de usar digitaciones complicadísimas. Uno de los usos más innovadores de la tecnología por Mitchell es el sistema de guitarra Roland VG-8 y una guitarra Parker con seis cuerdas mi. La VG-8 está programada para recibir el output de cada cuerda y cambiar el tono a la nota que el músico desee. Este sistema era perfecto para Joni, puesto que simplemente pisaba uno de los cinco pedales de su VG-8 y tenía una afinación diferente sin tener que tocar una sola clavija.

Como muchos artistas de su generación, Joni vio en la industria de la música un lugar que evitar en la medida de lo posible. Ante todo trabaja en su arte visual y no da giras ni conciertos. Aun así, piensa en regresar a los escenarios, a través quizás de nuevo material publicado en internet. Para ver la esencia de lo que es Joni Mitchell, mira *Woman of Heart and Mind* (DVD, 2003). Te fascinará la persona y su música.

James Taylor (1948)

El guitarrista John Mayer dijo de James Taylor que era como su primera inspiración. James Taylor está considerado como un cantautor intimista. Este estilo de escribir canciones explora las emociones de relaciones y experiencias ligadas a pérdidas personales. Su segundo álbum, *Sweet Boy James* (1970) lo convirtió en una de las figuras centrales de su era. Sus canciones de baladas folk o clásicas del pop como «Fire and Rain» contienen séptimas mayores inesperadas y demás acordes derivados del jazz.

Sus siguientes álbumes contienen canciones propias así como nuevas versiones de sus éxitos de los años cincuenta y de los sesenta como «Handy Man» y «Devoted to You». Este último fue uno de los varios duetos que interpretó con la que por entonces era su mujer, Carly Simon. Su fuerza se ha quedado en su manera intimista de escribir canciones. Un claro ejemplo para entenderlo son *That Lonesome Road* (1981), *Native Son* (1991) y *Jump up Behind Me* (1997). Su álbum de grandes éxitos (1976) es el que más éxito de ventas ha tenido hasta el momento.

INFORMACIÓN

El 1 de marzo de 1971, James Taylor apareció en la portada de la revista *Time*. Lo describían como el precursor de la era de los cantautores. El artículo definía a Taylor como «el hombre que mejor resume el nuevo sonido del rock».

James Taylor ha ganado cinco Grammys, tres de los cuales al mejor cantante masculino. En el 2000 ingresó tanto en el Salón de la Fama del Rock and Roll como en el de los cantautores.

Ani DeFranco (1970)

Nació en Buffalo, Nueva York, y empezó a tomar clases de guitarra a los nueve años de edad. DeFranco también empezó su primera grabación, con Righteous Babe Records, con 50 dólares cuando tenía dieciocho años. Nunca firmó ningún contrato con grandes empresas de la música y ha sido un modelo para los artistas independientes en su lucha por el control de su propia música.

Puesto que Ani es propietaria de su propio sello, se permite una gran libertad artística, incluso para sacar a la venta tantas grabaciones como quiera y cuando mejor le parece, e incluir en ellos temas y lenguaje controvertido. Ha rechazado contratos muy atractivos. Existen grabaciones que aportan más detalles sobre estas decisiones, como «The Million You Never Made».

Las habilidades de Ani DeFranco con la guitarra se basan en velocidad y su afinación alternativa (véase Joni Mitchell). También usa una técnica complicada de golpes con la mano en la caja de la guitarra, que le da una base de percusión. Sus canciones también destacan por ser sofisticadas y hacer juegos de palabras interesantes. El contenido es importante y está lleno de ironía sutil así como de descripciones metafóricas. La música de DeFranco se ha clasificado como folk rock y rock alternativo, pero ha colaborado con un abanico muy variado de artistas, como Prince o Maceo y Corey Parker, estos dos últimos de la banda de James Brown. DeFranco ha lanzado al mercado más de treinta y dos grabaciones desde 1990, incluyendo conciertos en vivo y vídeos.

Capítulo 14

Guitarristas de rock y pop

El rock and roll revolucionó el mundo en muchos aspectos. Tienen una mezcla interesante de diferentes estilos como góspel, *boggie-woogie*, jazz, pop o incluso swing del oeste. El sonido «punteado» del rock and roll viene directamente de la música country, mientras que su alma viene de la influencia del rythm and blues. De hecho, algunos de los solos de rock para guitarra son claramente riffs de country. Los comienzos de la guitarra de rock and roll son motivos de historias y leyendas; aquí hay algunos de los mejores guitarristas del género.

Chuck Berry (1926)

Conocido como el padre del rock and roll, el estilo particular de Chuck Berry a la guitarra, de escribir canciones y de dar espectáculo han influido en todos los músicos del género que vinieron después. Creció cantando en una iglesia de Sant Louis, Missouri, y absorbió diversos estilos a diferencia de Robert Johnson, Charlie Christian y Muddy Waters. Su primer gran éxito fue «Maybelline», en 1955, y adaptó el concepto de boogie-woogie del piano a la guitarra. Entonces grabó toda una serie de éxitos que definieron el rock, como por ejemplo «Johnny B. Goode», «No Particular Place to Go», «Sweet Little Sixteen» y «Roll Over Beethoven». Fue el primer miembro del Salón de la Fama del Rock and Roll (1986) y es también miembro del Salón de la Fama de los Cantautores.

La canción «Johnny B. Goode» se encuentra incluida entre las grabaciones que se transmitían a bordo del *Voyager* durante las pruebas espaciales. Se lanzó al universo con lo mejor de nuestra cultura. En 1985, Chuck Berry entró a formar parte del Salón de la Fama de la Blues Foundation.

Bo Diddley (1928)

Su nombre real es Otha Elias Bates. Durante su juventud en las calles del sur de Chicago fue haciéndose poco a poco con su apodo Bo Diddley, aunque asegura no saber qué significa. Tras cuarenta años actuando, grabando y dando giras, Bo Diddley tiene una distinción única por su música: nadie suena como Bo Didley. Sus canciones tienen ritmos de percusión y el sonido de su guitarra con picos pronunciados. Incluso su vestimenta era única, sin mencionar su guitarra Gretsch rectangular, muy poco habitual. Bo es uno de los pocos artistas que fusiona rock and roll, blues y rythm and blues. Su primer gran éxito fue *I'm a Man*, en 1955, con Chess Records.

Antes de que su carrera musical despegara, Bo Diddley tuvo diversos trabajos para ayudar a mantener a flote a su familia. Uno de ellos fue el de boxeador profesional; otros van desde la construcción hasta trabajos de jornalero. Cuando tenía ocasión se apuntaba a tocar con otros músicos locales y, por casualidad, los hermanos Chess descubrieron al talentoso Bo. La repercusión que tuvo Bo en el escenario del rythm and blues de Chicago fue tan arrasadora que incluso Muddy

Waters sacó algunos temas parecidos a los de Bo. Hoy en día se pueden escuchar temas de Bo en anuncios de muchísimos productos, como coches, que sólo parecen encajar con un hombre que algunos llaman «The Originator».

Scotty Moore (1931)

Su nombre al nacer fue Winfield Scott Moore III y su fecha de nacimiento el 27 de diciembre de 1931. Moore aprendió a tocar la guitarra de sus familiares y amigos a los ocho años. Se alistó en la marina en 1948, a los dieciséis, por debajo de la edad mínima, y sirvió tanto en Corea como en China. Cuando se licenció, en enero de 1952, se trasladó a Memphis y empezó a trabajar con bandas locales. Dos años más tarde, Scotty empezó a trabajar con Sam Phillips, de Sun Records. Un día, Sam le pidió que acudiera a unas pruebas con un joven cantante de mucho talento que recomendaba el secretario de Sam. Ese cantante resultó ser Elvis Presley. El primero de los temas que hicieron juntos fue «That's Alright Mama». Scotty Moore sería el guitarrista de Elvis durante catorce años. La banda de Elvis (junto con el percusionista DJ Fontana) aparecería en películas como *Blue Moon Boys*, hasta 1958.

Aunque Elvis tuvo muchísimos guitarristas que le acompañaron durante su carrera, Scotty Moore fue el que le ayudó a crear el sonido tan particular de Memphis. Scotty también era su primer manager cuando firmó con Sun Records. Scotty apareció por última vez con Elvis en el especial de la NBC «68 comeback» de 1968, en los estudios Burbank de la NBC en California.

INFORMACIÓN

Los Orville H. Gibson Guitar Awards son unos premios que se otorgan anualmente justo el día antes de la gala de los premios Grammy, y reconocen el mérito de guitarristas y demás instrumentos con trastes por sus logros artísticos, y honra a músicos que reflejan el espíritu de Orville H. Gibson.

Scotty trabajó como jefe de estudio para Sun Records en 1960. Su experiencia le condujo a fundar su propia discográfica en Nashville que llamó Music City Records. En 1964 publicó el álbum clásico instrumental *The Guitar*

That Changed the World. En ese preciso momento de su vida, Scotty empezó a concentrarse más en la tecnología de audio y en la producción que en ser propietario de un estudio o un *freelancer*. Ideó programas de televisión para Opryland Productions, en los que aparecieron artistas como Johnny Cash, Carl Perkins y Lee Lewis (alumbres de Sun Records), Dolly Parton y Perry Como, entre otros. Siguió trabajando en este campo y a veces ofrecía algún concierto o daba pequeñas giras con Carl Perkins y otros compañeros de bandas de los noventa. En 2002 Scotty Moore recibió el premio Orville H. Gibson y, además de eso, una guitarra única del modelo Gibson Tal Farlow.

Frank Zappa (1940-1993)

Mientras que Jimi Hendrix era uno de los mejores guitarristas de todos los tiempos, Zappa destacó por ser uno de los compositores más sofisticados e imaginativos de los años sesenta en el panorama rock.

Nacido en Baltimore, Maryland, Zappa se crió en California. Empezó con la caja y su sentido del ritmo y de la percusión ha dejado huella a lo largo de su carrera. Se unió a los Soul Giants en 1964. El año siguiente los convirtió en el grupo Mothers of Invention, y en 1966 sacaron su primer álbum, *Freak Out*. El álbum introdujo el humor sardónico de Zappa, aficionado a crear mezclas de diferentes estilos populares, en el mundo intenso y emocional del rock and roll. Un experimento musical pionero en sus tiempos.

Desde siempre, Zappa ha intentado expandir la lengua de la música rock cruzando armonías clásicas con las del jazz, con armaduras raras, compases extraños, instrumentos exóticos y técnicas de estudio como edición, superposiciones y manipulación del sonido. Desarrolló un estilo para tocar la guitarra que se basaba en solos largos y con dirección, efectos que se expandían orgánicamente con sus ideas rítmicas y melódicas. Zappa creó un material sumamente innovador que tiene tanta calidad como profundidad.

Steve Cropper (1941)

Originario de Missouri, Steve Cropper se trasladó junto con su familia a Memphis a los nueve años. El góspel y estilos tempranos de rythm and blues fueron los tipos de música que le rodeaban. En Missouri escuchó básicamente música country y nada más, y su traslado a Memphis «curó» de alguna forma sus oídos. Sus héroes guitarristas en aquellos tiempos eran los habituales: Chet Atkins, Chuck Berry, Tal Farlow, etc. Cuando recibió su primera guitarra, encargada por correo a los catorce años de edad, Steve aprendió de la música que le rodeaba.

Es famoso por ser coautor de algunos de los temas más famosos del rock and roll, como «Sittin on the Dock of the Bay», «Knock on Wood» o «In the Midnight Hour». Era miembro de Booxer T. & the MG's, la famosa banda de Stax Records, una de las primeras agrupaciones de la era con éxito formada por miembros de diferentes razas. Realizaron giras con artistas que incluyeron a leyendas como Otis Redding y Sam y Dave. La versión de Cropper de una canción de Sam y Dave, «Soul Man», es tan conocida por el mundo del soul como del rock, y el corte legendario de Cropper, «Green Onions», se puede oír en muchas películas.

«Green Onions» se grabó sin que los músicos de la banda lo supieran, cuando el copropietario de Stax Recors, Jim Stewart, pulso el botón de grabar mientras tocaban.

Tras décadas con Booker T. & the MG's, abandonó Stax Records y empezó a grabar, producir y escribir canciones para Jeff Beck, José Feliciano y Tower of Power. Se dio un gran cambio brusco cuando pidieron a Steve y al bajista Duck Dunne que respaldara a los Blues Brothers con Dan Ackroyd y John Belushi.

Steve Cropper sigue siendo un músico de estudio activo con un currículum de numerosas grabaciones. En 2003, los lectores de la revista *Rolling Stone* lo votaron como uno de los cien mejores guitarristas de todos los tiempos. Tiene una guitarra única que, en su honor, se llama Cropper Classic, hecha por Peavey, y en la actualidad es una de las guitarras más respetadas y codicias.

Jimi Hendrix (1942-1970)

Uno de los mejores, si no *el* mejor, de todos los tiempos. Hendrix destacó de entre sus contemporáneos por reinventar el sonido y el concepto de tocar la guitarra eléctrica. Nacido en Seattle, el blues y el rock lo invadían por la radio. Consiguió su primera guitarra a los doce y hasta los dieciséis tocó en pequeñas bandas locales. Tras su servicio en Vietnam, a principios de los años sesenta, regresó y se convirtió en guitarrista profesional en 1962.

Aunque era músico acompañante de grandes artistas de rythm and blues, como Little Richard, Ike y Tina Turner y los Isley Brothers, Hendrix entendió que su talento no se estaba desarrollando al máximo, así que decidió acabar con todo. Se trasladó a Nueva York en 1965, tocó en varias bandas y clubes mientras contactaba con el rockero John Hammond. En 1966, Hendrix formó su primera banda, Jimmy James and the Blue Flames. Mientras tocaba en el Café Wha? en el Greenwich Village, se le acercó el bajista de los Animals, Chas Chandler, y le convenció para que se trasladara a Londres.

Hendrix más allá del mar

Hendrix llegó a Londres en septiembre de 1966 y Chandler fue su manager y trabajó con él durante su primera actuación. Extraordinario guitarrista y *showman* espectacular, Hendrix causó furor. Cuando se unieron el percusionista Mitch Mitchell y el bajista Noel Redding, nació la Jimi Hendrix Experience. La primera actuación de la banda fue en Francia y después fueron al estudio.

INFORMACIÓN

Jimi Hendrix era zurdo, pero tocaba una guitarra normal del modelo Fender Stratocaster al revés, con las cuerdas en el orden normal y un semitono más bajas. Los amplificadores preferidos de Hendrix eran los Marshall de 100 watios de cuatro conos de doce pulgadas, y solía usar un pedal fuzz, wah-wah, un Octavia y un pedal Uni-vibe normal o modificado por el ingeniero Roger Mayer.

The Experience incorporó el rythm and blues y el soul, y moldeó los sonidos para conseguir lo que acabó resultando lo más buscado de finales de los años sesenta, la personificación de lo psicodélico.

El single de debut de Hendrix fue «Hey Joe». Durante la sesión, Hendrix conoció a Roger Mayer, un ingeniero que había desarrollado efectos sonoros para la guitarra que Hendrix incorporó a la nueva canción de su banda, «Purple Haze».

Hendrix arrasó sobre el escenario con su primer álbum *Are You Experienced?* (1967), al que le siguió *Axis: Bold As Love* el mismo año. Ambos álbumes llevaron a Hendrix y a su manera de tocar y de componer a un nuevo nivel. Cada canción que sacaba lo ponía entre los diez puestos más altos de las listas de éxitos del Reino Unido y le otorgaron el puesto más alto en el festival de música pop de Monterey (Monterey Pop Festival), en Estados Unidos, ese mismo año. Siguiendo con su estilo espectacular de rythm and blues de sus primeros años, Hendrix captaba la atención de todo el mundo cuando tocaba la guitarra por detrás de la espalda, con los dientes o sobre la cabeza. Uno de sus momentos más impactantes fue «Wild Thing», cuando machacó su guitarra contra los amplificadores para crear sonidos atonales, antes de verter un líquido inflamable sobre su instrumento para prenderlo y acabar de destrozarlo ante su público boquiabierto.

Experimentos

Desde los magnates de la música hasta los adolescentes, todos se vieron cautivados por la experimentación de Hendrix. Usaba riffs distorsionados, *feedbacks* de locura y unos pedales wah-wah descomunales para que su música hablara al público.

En 1969 tocó en Woodstock con una banda de más integrantes, entre los que estaba el bajista Billy Cox, que sustituía a Noel Redding. La actuación fue de locura y se registró en vídeo. Llegó al clímax con una versión antiguerra de Vietnam de «The Star Prangled Banner», llena de notas chirriantes y *feedback*, haciendo una parodia grotesca del original.

Más adelante, Hendrix formó un nuevo grupo llamado Band of Gypsies. Grabaron un álbum en 1970, con el mismo nombre de la banda, que es una grabación en vivo del concierto de debut en Filmore East, en Nueva York, el 31 de diciembre de 1969. Grabaría aún un álbum más, *Electric Ladyland*, antes de morir por sobredosis en 1970 a los veintisiete años de edad. Durante los cinco años que trabajó activamente en el estudio, Hendrix experimentó con el funk, el jazz y el blues del Delta, pero nunca había sacado un álbum de estas características. Los productores sacaron a la venta títulos póstumos de Jimi.

En julio de 1995, Al Hendrix, el padre de Jimi, pudo tomar el control del patrimonio de su hijo. Con la ayuda de la hermana de Jimi, Janie Hendrix-Wright, consiguieron publicar el vídeo de cómo se hizo el álbum *Electric Ladyland*.

Jimi Hendrix se encuentra enterrado en el cementerio Greenwood Memorial, en Renton, Washington, un suburbio de Seattle.

Jimmy Page (1944)

A raíz de la creación de los grupos Deep Purple y Led Zeppelin en 1968, se desarrolló un estilo de rock heavy que era una clara síntesis de blues, rock, guitarra clásica y jazz aunque potenciada por amplificadores y efectos.

Una de las figuras centrales de este estilo emergente fue Jimmy Page. Nacido en Heston, Inglaterra, Page tocaba y actuaba como joven músico en Londres a finales de los años cincuenta y principios de los sesenta. Produjo el álbum de John Mayall, *I'm Your Witchdoctor* (1965), que contaba con la colaboración de Eric Clapton. Al año siguiente se unió a los Yardbirds. A mediados de 1968, cuando el cuarteto se separó por discrepancias artísticas, Page creó los New Yardbirds, un grupo de hard-rock que acabó de zanjar los contratos pendientes de los antiguos Yardbirds.

Los New Yardbirds cambiaron su nombre rápidamente por Led Zeppelin y se podría decir que se convirtió en el grupo más popular de hard-rock de los años setenta, puesto que vendió millones de álbumes en todo el mundo. Gracias al éxito de Led Zeppelin, Page se convirtió en un nombre conocido por todos por ser uno de los guitarristas de rock más prodigiosos. Aparte de su labor con la guitarra, Page también produjo álbumes de Led Zeppelin y dio forma al sonido de la banda.

La banda se separó a principios de los años ochenta, y varios años después, Page empezó con un nuevo cuarteto llamado The Film, con quien sacó a la venta dos álbumes que estuvieron entre los treinta más vendidos en 1985 y 1986, antes de que esta banda también se desmontara. En 1988, Page sacó a la venta su primer disco en solitario, *Outrider*, con la Geffen Records. El álbum contaba con la colaboración del vocalista de Led Zeppelin, Robert Plant, y el percusionista Jason Bonham, el hijo de John Bonham.

Durante los años noventa, Page trabajó con el vocalista de Whitesnake David Coverdale y se volvió a encontrar con Robert Plant para un especial de la *MTV Unplugged*, donde interpretaron canciones antiguas de Led Zeppelin con un toque de world music. Algo de ese estilo apareció en 1944 con *No Quarter*, que tuvo soporte mediante una gira mundial.

En 1999, Page se unió a los Black Crowes para un concierto en Inglaterra que acabaría con una gira en Estados Unidos y un álbum llamado *Jimmy Page and the Black Crowes Live at the Greek*, que únicamente se distribuía online a través de musicmaker.org. Hoy en día, Page sigue grabando y actuando.

Se estima que Page posee unas 1.500 guitarras. Page mismo dio este dato aproximado en una entrevista en la BBC Radio, en 2005. La guitarra principal de Page es una Gibson Les Paul del 59 que adquirió a Joe Walsh en 1969.

Jeff Beck (1944)

Junto con Jimmy Hendrix y Eric Clapton, Beck es considerado uno de los mejores guitarristas de su generación, reconocido por su habilidad técnica y versatilidad. Aunque no acaparó tanta atención de los medios como Clapton o Hendrix, tiene miles de fans por todo el mundo.

Nacido en Wallington, Inglaterra, Beck fue a una escuela de arte en Londres, pero pasó casi todo el tiempo actuando con varias bandas locales. Se forjó su reputación gracias a un período con el infame Screaming Lord Sutch (ahora un personaje político de Gran Bretaña, gracias a lo que en 1965 los Yardbirds le pidieron que reemplazara a su guitarrista que estaba a punto de irse, Eric Clapton.

Back actuó con el grupo de blues-rock durante un año y medio, manteniendo su racha de éxitos con temas como «Heart Full of Soul», mientras extendía el sonido rythm and blues del grupo a un estilo más parecido al territorio psicodélico de Hendrix, como «Shapes of Things».

A finales de 1966, Beck se marchó de los Yardbirds para crear el Jeff Beck Group, en colaboración con Rod Stewart. Sacaron a la venta su LP debut, *Truth*, en 1968, y fue una de las primeras bandas en establecer el nuevo estilo de heavy metal que más tarde desarrollaría Led Zeppelin. En 1970, Rod Steart y Rod Wood se fueron para unirse a los Small Faces. Beck reformó el grupo con el vocalista Bobby Tench, el bajista Clive Chaman, el percusionista Cozy Powell y con Max Middleton al teclado. En 1973 creó un nuevo trío con los antiguos miembros de Vanille Fudge/Cactus, Tim Bogart (bajo) y Carmine Appice (batería).

En 1975, Beck regresó a un estilo de fusión jazz instrumental con el exitoso *Blow by Blow*, un álbum a cargo del productor de los Beatles, George Martin. Para su siguiente álbum, Beck trabajó con el antiguo teclista de la Mahavishnu Orquestra, Jan Hammer, repitiendo el éxito que obtuvo con *Blow by Blow*. En 1985, el brillante álbum *Flash*, grabado con músicos de sesión, se convirtió en uno de sus álbumes más vendidos, donde destacan el single «People Get Ready», cantado por Rod Stewart, y «Escape», que ganó un Grammy. Tras tomarse un respiro y aparecer en el álbum de Mick Jagger *Primitive Cool*, en 1987, Beck regresó con un álbum íntegramente instrumental, *Guitar Shop*, en 1989. Ganó un Grammy al mejor instrumental de rock y recibió críticas muy positivas en todas partes. En marzo de 1999, Beck sacó a la venta su primer álbum con material original en más de una década, *Who Else!*, una colección de once piezas nuevas para guitarra con estilos que van del techno al blues pasando por el celta tradicional, producido y montado por Beck y Tony Hymas. *You Had It Coming* apareció en 2001.

Eric Clapton (1945)

Clapton es uno de los guitarristas más destacados que han salido de Inglaterra desde los años sesenta. En su período más temprano, su estilo mostraba influencias de músicos de blues como Big Hill Broonzy, Robert Johnson o Muddy Waters. Su canción «After Midnight» es una de las 500 canciones que más influenciaron en el rock, según el Salón de la Fama del Rock and Roll.

En 1963, Clapton se unió a los Yardbirds, el grupo de rythm and blues. Dos años después, abandonó la banda porque pensó que se había convertido en un grupo de estilo demasiado pop. Esto dejó paso a Jeff Beck y Jimmy Page, dos guitarristas que también se convertirían en estrellas del rock y del blues británico.

Clapton se fue a California y se unió a los Bluesbreakers de John Mayall (Mick Fleetwood, John McVie y Meter Green, el núcleo de Fleetwood Mac, también tocó con Mayall). Un año más tarde, Clapton regresó a Londres para crear Cream, con Jack Bruce al bajo y Ginger Baker a la batería.

Tras la disolución de los Cream en 1968, Clapton fundó los Blind Faith, con su vecino Steve Winwood y el antiguo batería de los Cream Ginger Baker. Blind Faith tampoco duró demasiado y Clapton apareció de nuevo en público como miembro de la John Lennon's Plastic Ono Band en el Rock'n'Roll Revival Show en Toronto, Canadá.

En 1970, Clapton creó su propia banda, Derek and the Dominos y se enamoró de Pattie Harrison, la mujer de su buen amigo George Harrison. De hecho, fue Pattie misma la que instó a Clapton a escribir su clásico «Layla». (Clapton se casó y se divorció de Pattie.) Clapton se retiró del panorama musical durante un período en el que trató su problema con las drogas.

En 1973, Pete Townshend de The Who, un buen amigo de Clapton, organizó un concierto para ayudar a Clapton, que había superado su drogadicción. Clapton, por su parte, lo agradeció apareciendo como el predicador en la versión de la película de The Who, *Tommy,* de 1975.

En 1990, Clapton ganó el premio *Billboard* al álbum de rock más vendido, pero también perdió a muchos miembros de sus compañeros de viaje y a su amigo Stevie Ray Vaughan en un accidente de helicóptero. En febrero de 1991, Clapton ganó su primer Grammy como mejor vocalista masculino de rock por «Bad Love». Al mes siguiente, su hijo de cuatro años se mató al caer de lo alto de un edificio. En 1993, Clapton se llevó a casa seis premios Grammy por su álbum *Unplugged*.

Robert Fripp (1946)

Fripp ha estado en lo más alto de la música rock durante más de treinta años, explorando tierras desconocidas donde el rock y la música experimental se funden. Nacido en Dorset, Inglaterra, empezó su carrera musical en los años sesenta con la League of Gentleman, un grupo conocido básicamente por hacer de teloneros a estrellas del pop americanas durante sus visitas al Reino

Unido. Más tarde, con los hermanos Peter y Mike Giles, creó el trío Giles, Giles and Fripp. Grabaron un álbum, *The Cheerful Insanity of Giles, Giles and Fripp*, en 1968.

La siguiente banda de Fripp es, seguramente, la más famosa de sus proyectos: King Crimson, a la que se unió a través de Mike Giles. Desde su álbum debut en 1969, *In the Court of the Crimson King*, la banda se colocó a la cabeza de las bandas de rock progresivo, combinando rock con influencias de Hendrix con obras sofisticadas e improvisaciones prestadas del jazz, de la música clásica y de la música experimental. Durante cinco años, King Crimson sufrió varios cambios de personal. Fripp abandonó la banda en 1974.

Tras su ruptura con Crimson, Fripp prefirió ir alternando colaboraciones con Brian Eno, miembro de Roxy Music y genio del sintetizador. Juntos grabaron dos álbumes de música cargada y electrónica, *No Pussyfooting* (1973) y *Evenig Star* (1975), donde usó un sistema de *loops* llamado «Frippertronics» para crear un acompañamiento denso creado armónicamente. El sistema Frippertonics se convirtió en una constante característica en muchos de los siguientes temas de Fripp y afirmaba la presencia de Fripp en grabaciones donde aparecía como artista invitado, incluyendo álbumes de David Bowie, Peter Gabriel y Daryl Hall.

En 1979, Fripp sacó su primer álbum en solitario, *Exposure*, cuyo estilo admitía el incipiente movimiento punk rock, pero, dos años después, para sorpresa de todos, Fripp reunió de nuevo a los King Crimson con su compañero de banda Hill Bruforf a la batería, así como los recién llegados Adrian Belew y Tony Levin. La nueva alineación grabó tres álbumes: *Discipline, Three of a Perfect Pair* y *Beat*. No obstante, la banda se disolvió en 1984. Durante el resto de la década, Fripp trabajó solo en varios proyectos usando el nombre de su primer grupo, League of Gentlemen, para álbumes y giras con un taller de guitarristas viajantes, la League of Crafty Guitarists.

Por tercera vez, King Crimson se volvió a poner en marcha y sacó el álbum *Vroom* (1994) y más tarde *Thrak* (1995). El grupo siguió activo grabando y haciendo giras. Fripp sigue también una carrera paralela en solitario, explorando música electrónica y experimental como en *Soundscape*, de mediados de los noventa, y *A Temple in the Clouds* (2000).

Nancy Wilson (1954)

Nancy Wilson es la guitarrista líder de Heart. Se unió a su hermana Ann, que ya estaba en la banda, y ésta se convirtió en uno de los grupos de rock más populares de los años setenta con temas como «Crazy on You», «Magic Man» o «Barracuda». Podemos escuchar a Nancy tocar la guitarra en las grabaciones, y su técnica está muy depurada. Su trabajo acústico (una Ovation Baladeer al comienzo de su carrera musical) era siempre un momento álgido de sus actuaciones.

Esta compenetración entre las dos hermanas no era habitual en el mundo del rock, pero surtió mucho efecto durante ese período. Pero no les dio tanto éxito a principio de los años ochenta. Su gran éxito llegó en 1985 con un álbum del que salieron cuatro temas que alcanzaron lo más alto, incluyendo «These Dreams», «What about Love» y «Never». En 1999, el debut de Nancy en solitario, *Live at McCabe's Guitar Shop*, salió a la venta tras haberlo grabado dos años antes en un local homónimo de Santa Monica, California.

Edward Van Halen (1955)

Eddie, como más popularmente se le conoce, y su hermano Alex nacieron en Holanda. Cuando eran jóvenes, la familia se trasladó a Estados Unidos y se establecieron en el sur de California. Sus padres amaban la música por lo que los dos hermanos empezaron a tocar el piano a los siete años. Pero Eddie quería tocar rock and roll. Los hermanos se compraron instrumentos que acabarían por intercambiar. Eddie se compró una batería y Alex empezó con las lecciones de guitarra flamenca. No obstante, Alex empezó a tocar tanto la batería de su hermano que enseguida era el mejor batería de los dos, por lo que Eddie vio que la guitarra era su única alternativa… ¡y menuda alternativa encontró!

Van Halen aprendió autodidácticamente escuchando grabaciones e imitando lo que oía. Eric Clapton fue su mayor influencia y, en muy poco tiempo, Eddie era capaz de tocar todos y cada uno de los solos de Clapton. Tras acabar el instituto y haber tocado en diversas bandas, los hermanos Van Halen se encontraron con David Lee Roth y Michael Anthony, y los cuatro crearon los Mammoth. Puesto que había otra banda con el mismo nombre, no tardaron en cambiarlo por el apellido de los hermanos: Van Halen.

Ted Templeton, un productor de la Warner Bros., vio una actuación de los Van Halen en un club y enseguida los contrató. En su álbum debut había un solo instrumental llamado «Eruption». Ese tema se quedó en la cabeza de muchos guitarristas durante años. Era fuerte, artístico y bello; todo a la vez. Todo el tema es toda una hazaña encabezada por los riffs de la guitarra de Eddie y la voz de David Lee Roth. A pesar de que las canciones propias son largas, merece la pena oírlas. Entre ellas hay que destacar, «Jump», «Mean Streets», «Little Guitars», «Runnin' with the Devil», «Panama» o «Hot For Teacher».

INFORMACIÓN

Van Halen es conocido por tocar una guitarra creada por él mismo, a la que llamó *Frankenstrat*. Consistía en una guitarra con un cuerpo Charvel tipo Stratocaster, pastillas vintage Gibson, un puente tremolo Fender y un único control de volumen. Este único control viene dado por la falta de conocimientos en electrónica. Como no sabía hacer conexiones múltiples, hizo el circuito más sencillo que pudo.

Como pura esencia de un dios de la guitarra, Eddie Van Halen redefinió la técnica de la guitarra rock y cambió el sonido de la guitarra a principios de los ochenta. Es uno de los guitarristas más respetados y amados de su generación y hoy en día se le asocia con los mejores, como Eric Clapton o Jimi Hendrix. Sus solos apasionados se hicieron famosos por su tapping, una técnica que consiste en tocar las notas sobre el diapasón con ambas manos. Nadie puede dudar de su talento.

Capítulo 15

Amplificadores para un buen sonido

Ahora que ya has puedes rasguear, tocar acordes y sacar con facilidad melodías de tu guitarra, es el momento de pensar en qué sonido quieres que tenga tu instrumento. El sonido es muy personal y cada músico lo interpreta de una forma distinta. Para conseguir el mejor sonido del instrumento puedes pensar en adquirir un amplificador. A lo mejor piensas que es un gasto alto e innecesario, pero el efecto en la calidad del sonido de la guitarra es increíble, eso es lo que se espera, y puede que te haga cambiar de opinión.

Historia del amplificador

En 1930, cualquier persona un poco enterada en electricidad sabía que cualquier movimiento de un metal a través de un campo magnético causaba una distorsión que podía traducirse en corriente eléctrica mediante una bobina que estuviera cerca. Los generadores eléctricos y los fonógrafos (grabadoras) ya usaban este principio. El problema en el caso de la guitarra era conseguir trasformar las vibraciones de las cuerdas en corriente.

Tras meses de intentos y fallos, George Beauchamp, instrumentista hawaiano de steel-guitar que formó a principios de los años treinta el grupo Electro String Company con Adolph Rickenbacker, desarrolló una pastilla con dos imanes en forma de herradura. Las cuerdas pasaban por encima de una bovina que tenía seis polos, concentrando el campo magnético bajo cada cuerda.

Cuando parecía que funcionaba, Beauchamp le pidió a Harry Watson, un excelente lutier guitarrista de la National Guitars, que creara una guitarra eléctrica hawaiana a la que llamó más adelante *Frying Pan*.

No obstante, la compañía Electro String no lo tuvo fácil. Para empezar, el año 1931 fue el peor de la depresión económica del crack del 29 y nadie tenía tanto dinero como para gastarlo en guitarritas modernas. Además, sólo los músicos más previsores veían el potencial, y la oficina de patentes de EE.UU. no sabía si se trataba de un instrumento musical o de un aparato eléctrico.

Desde el principio, Electro String desarrolló y vendió amplificadores. Es un primer paso obvio, porque sin amplificador la nueva guitarra no servía de casi nada. El primer modelo que se produjo fue diseñado y montado por Van Nest en su tienda de radios en Los Ángeles.

Al poco tiempo, Beauchamp y Rickenbacker contrataron al ingeniero Ralph Roberston para que siguiera trabajando en los amplificadores. En 1941 desarrolló un circuito nuevo para una gama que constaba de cuatro modelos diferentes. Los primeros amplificadores Rickenbacker fueron el punto de partida de otros, como, por ejemplo, Leo Fender, que, a principios de los años cuarenta, reparaba estos amplificadores en su tienda cercana a Fullerton, California.

Comparados con los actuales, los antiguos amplificadores eran bastante «mansos». Tenían una salida de sólo 10 vatios, bastante poco, y usaban tecnología de radio, tubos catódicos y pequeños altavoces. A pesar de todo, a medida que creció la popularidad de la guitarra eléctrica, la demanda de amplificadores más potentes también lo hizo.

El punto de inflexión llegó con Leo Fender. En 1949 trabajó con su ingeniero Don Randall para producir el primer modelo de Super Amp. Las guitarras de cuerpo sólido caja de resonancia de Fender (la Telecaster y la Stratocaster) y la introducción d la guitarra Gibson Les Paul en 1952 hicieron que la demanda de este tipo de guitarras se disparara igual que la de amplificadores. El output subió a unos razonables 50 vatios con altavoces de doce pulgadas, la norma para amplificadores de guitarras.

A finales de los años cincuenta, la compañía británica Vox produjo el AC30, que hoy es un amplificador clásico actual, como el Fender Twin Reverb. El Vox era especialmente popular entre los músicos de blues y rock porque producía un tono cálido, cosa que otros músicos de heavy metal como Jimi Hendrix o Jeff Beck sobrecargaron hasta convertirlo en el característico efecto de distorsión que definió el sonido de la guitarra de rock de principios de los años sesenta.

Los diferentes componentes de un amplificador combo no se separaron hasta la era del rock de los años sesenta. El amplificador propiamente dicho se convirtió en el cabezal, y los altavoces, en la caja. Así se podían conseguir amplificadores más potentes y altavoces más grandes, y combinando varios amplificadores con diferentes combinaciones de altavoces, los músicos conseguían más volumen.

A medida que avanzaban los sesenta y las bandas tocaban cada vez con más público, la potencia y el volumen se volvieron a convertir en un problema, que llegó a su fin cuando el ingeniero británico Jim Marshall produjo un amplificador de 100 vatios conectado a cuatro altavoces de doce pulgadas. Tuvo un éxito rotundo entre los músicos de rock.

En los años setenta, la tecnología de las válvulas estaba siendo sustituida por transistores, más baratos; aunque muchos músicos se quejaron por el sonido tan frío que producían comparado con el de los tubos catódicos. Los amantes de un sonido más fino y limpio lo aceptaron gustosamente.

El sonido crispado de los transistores se compensaba con el intervalo de frecuencias más amplio y la posibilidad de tocar más limpio, sin distorsionar, a un volumen más alto. Diferentes tipos de tubos producían diferentes sonidos, pero necesitaban reemplazarse periódicamente, porque se desgastaban o se fundían.

Durante los años ochenta, los fabricantes de amplificadores volvieron a crear un sistema de sonido de válvula, a menudo con modelos híbridos hechos a partir de tubo y de transistores, obteniendo así lo mejor de ambos. Hoy en día, un amplificador de guitarra medio combina un amplificador y un altavoz en una sola unidad, llamada combo. Son compactos y fáciles de transportar.

Entender qué es un amplificador

Los amplificadores combo, y los normales, tienen muchos tamaños y formas, pero algunas funciones son comunes a todos. Son la toma de entrada de señal, los controles de volumen individuales para cada canal, los controles de tono más un control de volumen general (master).

Hay dos fases básicas a la hora de producir sonido mediante un amplificador combo. La primera, el preamplificador, que controla el volumen de entrada y el tono, y la segunda, el amplificador de potencia, que controla el volumen general. La mayoría de los matices en el sonido se crean durante la primera fase.

La toma de entrada

La toma de entrada recoge la señal de la guitarra y la envía a través del cable que conecta la guitarra con el amplificador mediante un cable jack. Si hay más de una toma, se pueden conectar a la vez otros instrumentos, como una segunda guitarra o un micrófono.

Control de volumen y de tono

Los controles de volumen del canal de entrada permiten ajustar el volumen con el amplificador. Normalmente impulsa la señal de la guitarra y pasa la nueva señal a través de los controles de tono.

Los controles de tono pueden verse reducidos a los simples de treble (agudos) y bass (graves). Otros modelos más sofisticados, como el Mesa Boogie pueden incorporar un ecualizador gráfico completo. Básicamente, los controles distribuyen la señal de dos o más bandas y permite optimizar el sonido.

El volumen del *output* es la etapa final del proceso. La señal del preamplificador pasa a través del amplificador de potencia y se controla mediante el botón de volumen general que controla la señal que llega al altavoz. Este control general determina el resultado final, lo que los altavoces van a emitir, sin tener en cuenta el número de canales de entrada que se usen.

Otros controles

Modelos más sofisticados tienen controles de distorsión, reverberización o trémolo. Hay muchos tipos de altavoces y se pueden unir para producir diferentes sonidos y volúmenes. En general, el altavoz es lo opuesto al micrófono. Cuando una cuerda crea una distorsión en el campo magnético cercano a la pastilla, la señal refinada final, que ya ha pasado por el preamplificador y el amplificador de potencial, pasa por una bobina de voz conectada a un gran diafragma, hecho a menudo de cartón o de algún otro material flexible y sensible. La bobina recibe la señal, la trasmuta a un campo magnético propio y hace que vibren el diafragma y el cono. La vibración distorsiona el aire del alrededor y recrea las ondas sonoras que generamos al principio con la cuerda de la guitarra.

La mayoría de las guitarras y de los altavoces tiene un ratio marcado por el factor de impedancia, que varía entre los 8 y los 16 ohmios. La impedancia es un término eléctrico. Medido en ohmios, es la oposición total al flujo de la corriente alterna en un circuito. Es importante que el output del amplificador y la impedancia del altavoz estén equilibrados. Un ratio demasiado alto y el volumen general se verá reducido. Unos altavoces estándar de doce pulgadas pueden conectarse por parejas o de a cuatro. Hay que tener en cuenta que hoy en día, los altavoces de diez a quince pulgadas también son normales. Según cómo se conecten obtendremos unos resultados diferentes en el sonido de salida.

Para empezar

Es una buena opción comenzar con un amplificador de práctica pequeño que puede trabajar entre 6 y 12 vatios. Generalmente, lo que se paga de un amplificador es su potencia, no sus prestaciones, así que un amplificador de práctica puede ser bastante económico.

También vale la pena tener presente que, a menudo, se puede conectar la guitarra a la toma auxiliar de jack del equipo estéreo de casa. Si no la tuviera,

FIGURA 15-1: Ampli combo Tech 21 Trademark 30

basta con ir a cualquier tienda de electrónica y explicar cuáles son nuestros fines. Seguramente nos encontrarán un adaptador que nos permitirá conectar la guitarra al equipo estéreo.

Antes de conectarla, hay que asegurarse de que el volumen esté bajado al mínimo. Si no, cabe el riesgo de reventar los altavoces. Es posible conectar los amplificadores, sin altavoces, a unos cascos. De esta manera podremos jugar y experimentar con las posibilidades de nuestra guitarra, tales como distorsión, compresión, etc., sin molestar a nadie.

Efectos

Los efectos electrónicos nos permiten producir una gama muy amplia de tonos y colores. Algunos amplificadores combo actuales tienen herramientas de efectos incorporadas, pero la mayoría de efectos se tendrán que crear añadiendo alguna pieza entre la guitarra y el amplificador. La clavija jack que se inserta habitualmente en el amplificador se tendrá que meter por el enchufe de entrada (*in*) de la unidad de efectos y otro cable unirá el enchufe de salida (*out*) desde la unidad de efectos al amplificador. La mayoría de unidades de efectos llevan baterías de nueve voltios, aunque también incorporan un trasformador de corriente alterna. Un trasformador que no sea específico del modelo podría dañar el pedal o incluso no funcionar. Aquí presentamos los efectos más comunes. Cada efecto tiene su pista de audio correspondiente en el CD adjunto.

Reverberización (reverb)

PISTA 51

Este efecto natural da la impresión de que el sonido rebota desde las paredes y el techo. Las unidades modernas permiten programar los parámetros del sonido como el tamaño y la forma de la sala imaginaria. Este efecto se suele usar para dar vida a sonidos apagados y es uno de los más usados en el estudio de grabación.

Delay

PISTA 52

Igual que la reverberización, el sonido del *delay* parece que venga desde muy lejos. Se pueden crear diferentes efectos dependiendo de la longitud del *delay*, que se mide en milisegundos (500 milisegundos = medio segundo)

Echo

PISTA 53

Cuando el retraso (*delay*) es lo suficientemente largo para que la señal repetida se puede oír como un sonido diferenciado del original, obtenemos el eco. Se puede controlar la velocidad del eco conseguir sonidos que van desde los del rock de los años cincuenta hasta los experimentos de Robert Fripp o Brian May de Queen.

Phase y flange

PISTA 54

Cuando la misma señal suena como si se tocara desde dos fuentes de sonido diferentes a la vez, nos encontramos ante un *phase*. Cuando ambas señales están ligeramente desincronizadas, es decir, cuando los picos de las ondas sonoras de la primera señal coinciden con los valles de las ondas de la segunda, obtenemos este sonido arrastrado llamado *phase cancellation*, que recuerda al altavoz giratorio Leslie para un órgano Hammond, popular durante los años setenta. Si se da un retraso mayor, este sonido arrastrado se convierte en un *flange*.

Chorus

PISTA 55

Añadiendo variaciones de tono a una señal desplazada, es posible crear una señal doble, como si una guitarra de seis cuerdas hubiera pasado a tener doce.

Pitch shifting

PISTA 56

Usando este efecto, se hace una copia digital de la señal, esto quiere decir que se graba una pequeña parte digitalmente y se hace sonar repetidamente sin parar. Al reproducirlo a una velocidad diferente a la del original, el tono también varía. Las secuencias grabadas suelen estar octava arriba u octava abajo del original. Si, por ejemplo, se configura a la unidad para hacer sextas, cualquier sonido que se grabe en la secuencia se tocará una sexta mayor por encima.

Distorsión

PISTA 57

El efecto más conocido. Se puede crear sonido distorsionado de muchas maneras. El volumen de la señal se envía al punto de distorsión en el preamplificador y se amplifica la señal ya distorsionada por el amplificador de potencia.

Compresión

PISTA 58

A menudo se usa en combinación con otros efectos. La compresión hace que las notas de la guitarra suenen durante más tiempo, dándoles más cuerpo a pesar de que pierde la intensidad de la dinámica. He aquí una comparación de una nota con compresión y una sin (pista 58)

Wah-wah

PISTA 59

Se hizo popular durante los años sesenta y los setenta de la mano de Frank Zappa y Jimmy Hendrix. Un pedal controla un filtro similar al de un control de tono de una guitarra, y causa una calidad de sonido parecida a la vocal. El sonido de la guitarra rítmica de la versión original de la película *Shaft* es un buen ejemplo de este efecto.

Tremolo

PISTA 60

Otro efecto del sonido retro de los años cincuenta. Las guitarras de cuerpo sólido solían tener palancas de tremolo activadas manualmente. Hoy en día, vienen casi siempre incorporadas en una unidad de pedal y suena como si tocaras a través de un ventilador que gira lentamente. A pesar de todo, estas palancas de tremolo siguen viniendo de serie en los modelos Stratocaster de Fender.

Pedal de volumen

PISTA 61

El pedal de volumen puede configurarse para alternar entre guitarra solista o rítmica con un simple botón. El pedal sube o baja el volumen del amplificador al momento.

Combinar efectos

Los pedales de efectos se pueden combinar uniéndolos. Aun así, la secuencia exacta de efectos usados puede cambiar el sonido, dependiendo de si el efecto en cuestión se da antes o después de otro. Si usas más de un efecto, es recomendable comprar un pedal que permita cambiar de efecto y controlar cuál se quiere usar para dominar el sonido y en qué orden se van a aplicar los efectos.

Una solución habitual de hoy en día es desarrollar un sistema de pedal con varios efectos que se pueden programar para que repitan un sonido en concreto, secuencias o incluso elimina la necesidad de tener un estuche lleno de pedales de efectos que entorpecen el escenario.

Una advertencia: los pedales no te harán un buen músico ni camuflarán tus errores. Si acústicamente no se toca bien, un puñado de trucos en la guitarra no arreglará nada.

Hay que escoger los efectos con un poco de tacto: pueden dejarte en evidencia o hacer que parezca que estás tocando fuera de compás en relación con el resto de miembros de la banda.

Siempre hay que llevar unas baterías de recambio si no se tiene adaptador de corriente y es mejor practicar cualquier efecto en casa antes de usarlo en una grabación o en un concierto.

Unir técnica, amplificadores y efectos

Escuchemos algunos de los efectos de los diferentes estilos de música. La música es específica para el efecto usado. Cuando optes por un efecto, prueba estos ejemplos, ¡seguro que te gustará!

Corcheas con delay

Son muy divertidas de tocar. Muy usadas por The Edge, el guitarrista de U2, y es fácil de configurar. Primero hay que obtener una unidad de *delay* y configurar el número de repeticiones que deseamos en 1. La **FIGURA 15-2** nos muestra la escala de Do Mayor que acaba en re menor. El resultado de usar este efecto se muestra con las notas entre paréntesis del pentagrama inferior. En la pista 62 se puede oír el tic (a 90 pulsaciones por minuto) y cómo debería contarse. Pruébalo, tocarás durante horas.

FIGURA 15-2: Octavas arrastradas

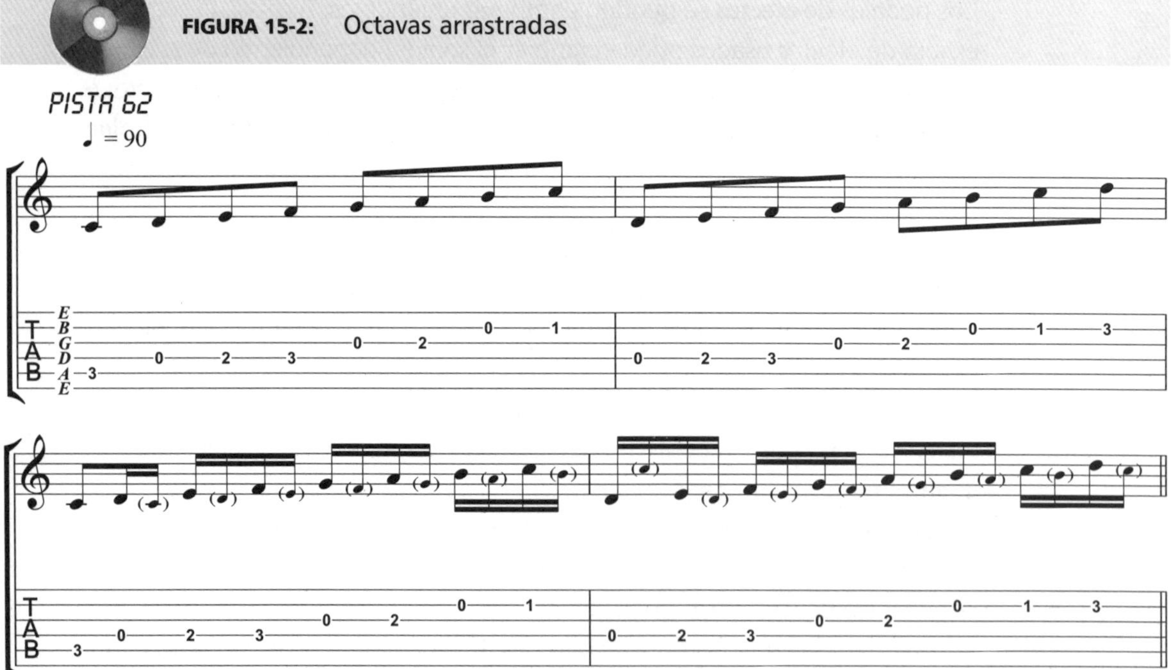

Estilo wah-wah

Es divertido. Con un pedal wah-wah, llevado a la fama por Jimi Hendrix, toca el ejemplo mostrado en la **FIGURA 15-3** y grabado en la pista 63. La diversión empieza cuando tocas el primer acorde y tapas el resto de acordes mientras mueves el pedal wah-wah de arriba abajo. Notarás que tu boca también imitará este sonido. Tranquilo, no se convertirá en un vicio.

FIGURA 15-3: Estilo wah-wah

PISTA 63

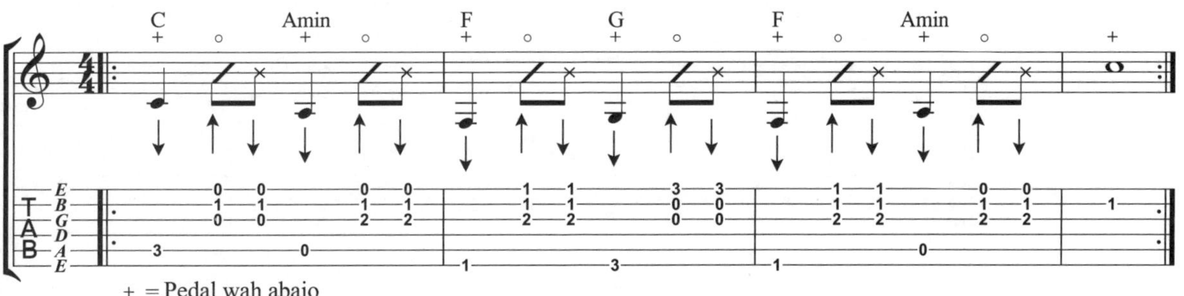

+ = Pedal wah abajo

○ = Pedal wah arriba

↓↑ = Dirección del rasgueo de cuerdas

Del nivel medio a las técnicas más avanzadas

Ahora echaremos un vistazo a las técnicas de escalas que hemos aprendido en el capítulo 8 y les aplicaremos efectos. Estas formas de escala se llaman *secuencias*. Para hacerlas divertidas, usa los efectos de los ejemplo que van desde 15-4 a 15-7 (y de las pistas 64 a la 67). A medida que mejores, puedes aumentar la velocidad. Buscamos la precisión, pero no te olvides de disfrutar también del sonido del efecto.

FIGURA 15-4: Escala de Do Mayor, secuencia con efectos

PISTA 64

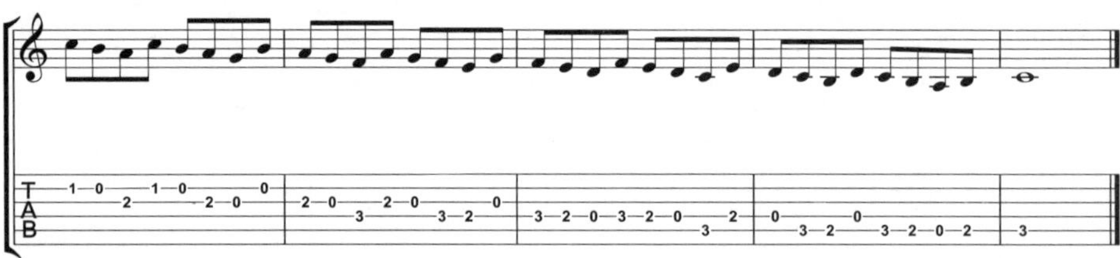

Secuencia de Do Mayor, cerrada

FIGURA 15-5: Escala de Sol Mayor, secuencia con efectos

PISTA 65

Efecto de chorus

Escala de Sol Mayor, secuencia cerrada

Efecto de flanger

FIGURA 15-6: Escala de Do Mayor, secuencia II con efectos

PISTA 65

FIGURA 15-7: Escala de Sol Mayor, secuencia II con efectos

PISTA 66

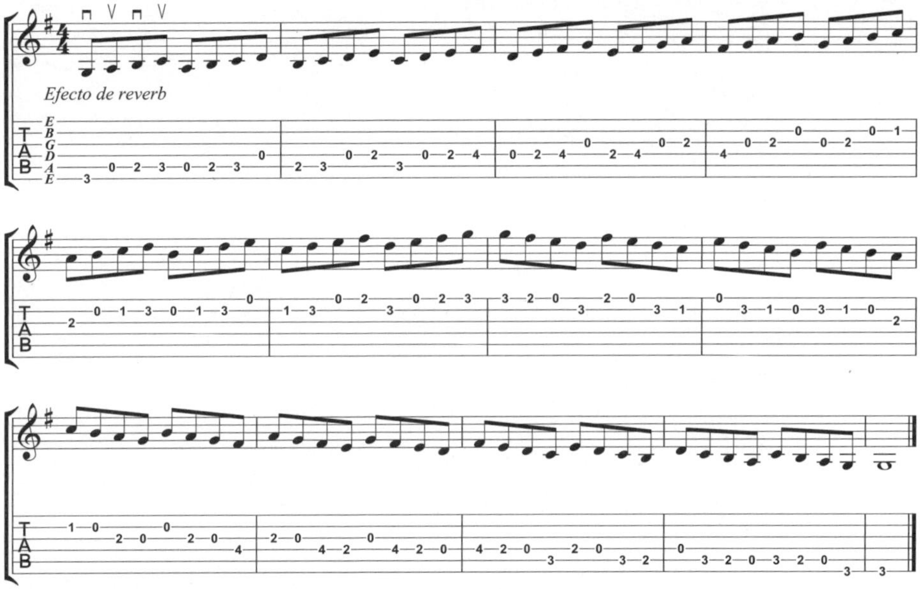

Efecto de reverb

Secuencia de escala de Sol Mayor, cerrada

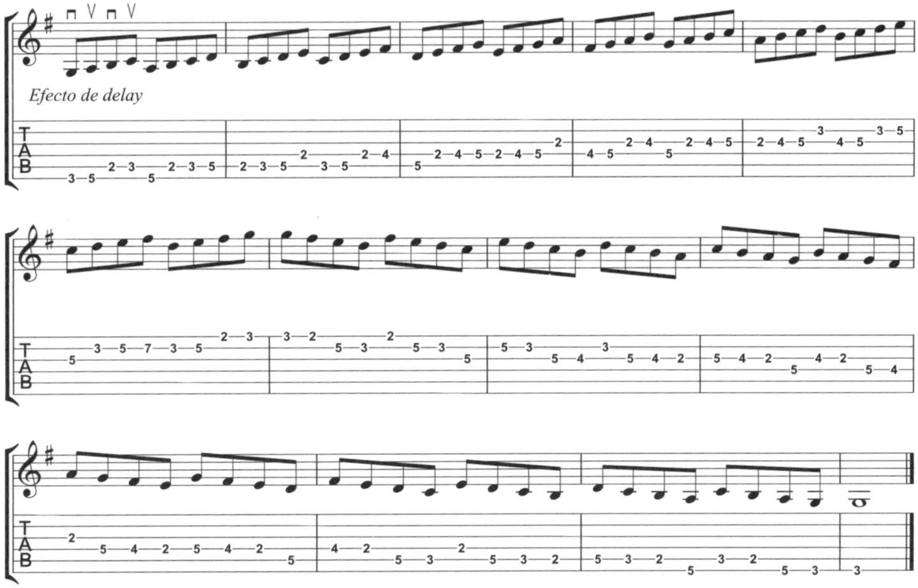

Efecto de delay

Capítulo 16

Comprar un segundo instrumento

Te compraste tu primera guitarra y, gracias a este libro, has empezado a dominar y comprender su funcionamiento interno y te sientes como un *guitar-hero* en potencia. ¡Estás listo para comprarte tu segunda guitarra! Quizás empezaste con una guitarra acústica y ahora te ronda por la cabeza la idea de comprarte una eléctrica. Quizás fue al revés, empezaste con una eléctrica y empiezas a tener ganas de tocar una acústica en cafeterías y bares.

Consejos para comprar un instrumento

Sabes que escoger y comprar una guitarra es un paso importante para aprender a tocar. Lo mejor que se puede hacer es leer muchas revistas como *Guitar Player*, *Acoustic Guitar* o *Guitar World*. Leyendo estas revistas durante unos meses obtendremos una buena idea general de cuál es la situación y la oferta antes de comprarte el segundo instrumento. Ve con un amigo o pide consejo a un profesor. Aunque no siempre sea posible, es un paso útil.

Sin tener en cuenta lo bien que has hecho los deberes con la guitarra, nunca se debe comprar un instrumento en la primera tienda que se visite, sea el primer, el segundo o el tercer instrumento. Hay que probar muchos tipos de guitarras y en varias tiendas y varias veces para tomar una decisión. Aunque ya tengas una estrategia para decidirte por un instrumento, no quiere decir que no la puedas cambiar y rectificar según lo que vayas encontrando. Toda estrategia es simplemente un punto de partida, no un contrato vinculante. Para empezar, hay que tener en cuenta una serie de elementos, como el tipo de guitarra, el precio, el aspecto, la constitución, el mástil y las características.

Cómo buscar

La búsqueda es la clave en el mundo de la compra de instrumentos. Esto incluye comparar precios entre tipos de guitarras y entre tiendas. Puedes ir de tienda en tienda, aunque con un amigo siempre es más entretenido. Las ofertas en internet también pueden ser interesantes. Como siempre, las revistas de guitarras son el mejor punto de partida para la búsqueda. Incluyen opiniones sobre los productos en cada uno de sus aspectos y siempre son interesantes cuando hablan sobre detalles, sobre su manejo o su verdadero valor.

También podemos usar el antiguo método de preguntar a conocidos y ver cómo escogen y tocan ciertas marcas de guitarras. A veces, si preguntas amablemente por la opinión y los gustos de alguien, obtendrás información muy valiosa e interesante que no encontrarás en ningún otro lugar.

Comprar en una tienda

Cuando vas a una tienda de música hay que tener un objetivo muy claro. A veces los vendedores usan sus métodos persuasivos y pueden desviarnos del camino. Lleva contigo los materiales que hayas consultado, como libros, comparaciones de precios y opiniones sobre productos; mejor ir preparados. A menudo, los vendedores cobran comisión, es decir, por el total de dinero que valgan los productos que venda, por lo que aún tendrán más interés en vender que un trabajador normal. Los vendedores por comisión pueden hacer un poco difícil la compra, pero no te dejes influenciar ni incomodar. Hazles saber con suavidad que pretendes adquirir un segundo instrumento, que estás interesado en un tipo concreto y que sólo estás mirando.

A muchos les da un poco de vergüenza regatear el precio con el vendedor. Pídele el precio total y después pregúntale: ¿Bueno, qué podemos hacer para que me salga un poco mejor de precio? A lo mejor tendrás que insistir un poco, pero ya te acostumbrarás.

También es posible que los músicos exhibicionistas que suelen rondar las tiendas sin comprar nada te distraigan. Esto también frustra a los vendedores, así que mejor estar atento al ambiente que se respire en la tienda. Ahora que tocas la guitarra con cierta regularidad, prepárate para probar los diferentes tipos de instrumentos y sus sonidos. A medida que ganes en experiencia percibirás más detalles de tono y de manejo.

La compra por internet

En una palabra: eBay. La aportación de eBay a la compra de guitarras es increíble. Ha permitido a las tiendas vender guitarras por internet a gente de todo el mundo que nunca se habría dejado caer por esas tiendas. Es una gran oportunidad para ti, el comprador de un segundo instrumento. Cuando una tienda está vendiendo el *stock* tenemos la ocasión de conseguir una buena oferta para el instrumento que nos interese. Además de eBay hay otras muchas webs de cadenas de tiendas. Por ejemplo, Carvin, una compañía de instrumentos y audio profesional que lleva trabajando más de sesenta años sólo hace venta directa al consumidor y sigue funcionando.

Pero ¿es una buena idea comprar por internet y que la envíen por correo? Algunos dirán que no rotundamente. Si necesitas probar el instrumento y estar seguro de que es cómodo para ti y de que funciona, internet no es la mejor opción. Cada maestrillo tiene su librillo. El objetivo es conseguir un segundo instrumento de la manera que nos sea más cómoda.

¿Preguntas?

¿Hay opción de comprar guitarras de diferentes tamaños para gente joven, cuyas manos no han acabado de crecer del todo o para adultos con manos pequeñas?

Sí. Si tienes manos pequeñas te resultará mucho más fácil tocar un instrumento pequeño. Aparte del tamaño estándar, también hay guitarras más pequeñas (dos cuartos o tres cuartos) con mástiles más cortos (es decir, con distancias más cortas entre los trastes y los dedos) y cuerpos más pequeños, más fáciles de rodear con el brazo. Esta diversidad de tamaños se da en todos los tipos de guitarra.

Tipos de guitarra

A estas alturas ya te habrás decantado por un estilo musical u otro. Teniéndolo en cuenta, recuerda que hay tres tipo de guitarra: la clásica, la acústica (y acústica eléctrica) con cuerdas de metal y las guitarras eléctricas de cuerpo sólido. Tu compra estará condicionada básicamente por el tipo de música que escuchas o tocas.

Si has decidido que prefieres tocar diversos estilos, deberías tener siempre una guitarra clásica o de folk (acústica) entre tu arsenal. Una guitarra clásica usa guitarras de nailon, más fáciles de presionar para tu mano izquierda, si eres diestro, a pesar de que el mástil es un poco más ancho que el de la guitarra folk. Este último tipo de guitarras tiene cuerdas de metal, un poco más duras para la mano izquierda pero con un mástil más estrecho. La mayoría de los estilos musicales incluyen una guitarra acústica, por lo que tener una siempre viene bien.

Hay muchísimos tipos de guitarras para los muchísimos estilos de música que podemos tocar. Si vas a una tienda y pides una guitarra para tocar el estilo de rock blues de Eric Clapton te mostrarán una guitarra eléctrica de cuerpo sólido como la Fender Stratocaster o la Gibson Les Paul. Si quieres tocar jazz como Emily Remler o Johnny Smith, te traerán una F-hole, una guitarra hueca como la Gibson ES-175 u otra guitarra de características similares.

Para el blues y el rythm and blues hay diversos tipos que pueden funcionar, como la Gibson ES-335. Si tu segundo instrumento es para tocar música acústica decídete por una Alhambra, una Takamine o una Walden por su relación calidad-precio, o por una Martin, una Taylor o una Ovation. Si lo que buscas es la música clásica o el flamenco, busca una guitarra de cuerdas de nailon de los fabricantes antes mencionados.

El tipo de guitarra que quieras adquirir dependerá mucho del tipo de música que buscas. Aquí hay algunos estilos musicales y las guitarras más adecuadas para cada uno de ellos.

- **Rock, rock alternativo:** mástil de seis o doce cuerdas metálicas.
- **Funk:** mástil de seis cuerdas metálicas.
- **Folk:** seis o doce cuerdas metálicas o una guitarra clásica.
- **Fingerpicking:** seis o doce cuerdas metálicas, clásica.
- **Blues:** seis o doce cuerdas metálicas, resonador.
- **Jazz:** seis o doce cuerdas metálicas, clásica.
- **Brasileño:** clásica.
- **Flamenco:** clásica.
- **Bluegrass:** seis o doce cuerdas metálicas, resonador.
- **Estilo de acordes:** seis cuerdas metálicas.
- **Country:** seis o doce cuerdas metálicas.
- **Clásica:** clásica.
- **Slide:** seis cuerdas metálicas, resonador.

A pesar de que se pueda tocar cualquier estilo con cualquier guitarra, lo que importa no es el tipo de guitarra que se tenga, sino las ideas y proyectos que te plantees. El mejor consejo es ir poco a poco. Recuerda, incluso rockeros como Jimi Hendrix, Chuck Berry y Steve Vai tocaban la guitarra acústica tan bien como la eléctrica.

Precio

Centrémonos con lo importante: el dinero. No porque sea una guitarra cara va a ser la mejor. Podemos encontrar productos por precios razonables. No te endeudes por comprar un segundo instrumento pero piensa que de los 200€ no bajarás y es muy fácil superar los 1.000€ si no vigilamos.

INFORMACIÓN

Llama a las tiendas o pide catálogos para comprar los precios de los modelos. Por ejemplo, una Gibson Les Paul puede costar unos 2.000€, una Fender Stratocaster unos 1.000€ y una guitarra decente de nailon de fábrica alrededor de unos 250€.

Cuanto más cara sea la guitarra, mejor parece ser. Hay que equilibrar la euforia del «juguete nuevo» con una perspectiva más realista de lo que te puedes permitir y lo que realmente necesitas para tocar bien. Prueba una guitarra realmente cara y otra más barata y observa las diferencias que aprecies.

A menos que seas músico profesional y lo necesites para mejorar tu trabajo, no te gastes mucho, no vale la pena.

Instrumentos usados o de segunda mano

¿Es una buena idea comprar instrumentos usados o de segunda mano? Pues sí. Mientras que una guitarra nueva tiene que manejarse y de alguna manera, «despertarla», cosa que puede costarnos meses, una guitarra usada ya ha completado esa fase. Puedes adquirirla por un 40% de su precio inicial, a menos que sea una guitarra clásica especial y de dónde proceda. Compara los precios en las tiendas de música, tablones de anuncios, ofertas de los periódicos y reúne tanta información como puedas.

La estética

Una guitarra azul no es intrínsecamente mejor que una roja o amarilla. Es evidente que el aspecto de tu nuevo «compañero» es importante, porque pasarás muchas horas con él. No obstante, nunca antepongas el aspecto cuando compres un instrumento. Puedes encontrar guitarras de los años ochenta con dibujos y etiquetas chulísimas, resultado de la era MTV, pero que resultan instrumentos más divertidos para ver que para tocar.

Buscar un nuevo sonido

Acuérdate de dar suaves golpes a la caja del instrumento para asegurarte de que no hay ninguna pieza suelta o que está bien encolado. Mira el interior en busca de gotas de pegamento u otras señales de fabricación de mala calidad. Comprueba que todas las piezas de madera estén bien unidas y que no haya rendijas entre ellas.

El sonido de una guitarra acústica viene determinada principalmente por la tapa superior, las laterales y la inferior reflejan y amplifican el sonido. Por lo tanto, es preferible una tapa superior de una sola pieza que un cúmulo de capas, más baratas, que el fabricante recubre con barniz. No obstante, este primer tipo de guitarras es más caro y algunas guitarras hechas con capas pueden estar bastante bien. Pueden ser más resistentes que las hechas de una sola pieza puesto que el proceso de laminación se aplica a una madera más fuerte, pero de menos calidad acústica.

Con las guitarras eléctricas hay que asegurarse de que los botones, los cables y otras partes metálicas están bien fijadas y no vibran al tocar. Rasguea las cuerdas sin poner dedos con energía y busca esas posibles vibraciones. Una guitarra de cuerpo sólido es un instrumento eléctrico que no tiene un sonido acústico real. Algunos te dirán que no importa el material del que estén hechas las guitarras, que lo que cuenta son los circuitos. ¡Falso! Asegúrate de que la pastilla y los cables funcionen correctamente. No debería haber cortes ni zumbidos en el sonido, y los controles de volumen y tono deberían trabajar sin ruidos ni interferencias.

Un asunto extremadamente importante que se debe dejar claro con el vendedor son las condiciones de devolución de la tienda. Deberías tener el derecho a devolver el instrumento por cualquier motivo, sin más problemas, al menos durante el plazo de una semana tras la compra. Deberías tener el derecho a optar por la devolución del importe (posiblemente perdiendo algún impuesto anterior) o por el cambio del instrumento. Hay que asegurarse de que entendemos muy bien cuáles son las condiciones de la compra.

Igual que cuando probaste con tu primera guitarra, mira cuánto tiempo dura una nota al tocarla. Simplemente toca una nota, que no sea la cuerda al aire, sin vibrar ni mover la mano izquierda, y mira cuánto tiempo dura. ¿Por qué todo esto? Bueno, lo normal es que dure unos cuatro segundos o más, por lo que la guitarra será apta para tocar música fusión y rock. También quiere decir que la guitarra se encuentra en buen estado. Si dura menos de cuatro segundos, la calidad del instrumento es dudosa y mejor que te lo pienses dos veces antes de comprártelo.

Aun así, esta prueba no es definitiva para diferenciar entre un buen y un mal instrumento. Podría haber varias razones por las cuales una nota no durara tanto. Si la guitarra es un chollo, pero aun así no aguanta tanto la nota, a lo mejor un lutier podría arreglarla. Es aconsejable que un profesional le eche un vistazo a la guitarra antes de comprarla. Esta falta de aguante de la nota podría ser debida simplemente a un puente mal alineado, a una cejilla mal limada o a que sea una guitarra vieja de mala calidad.

Mástil

Pasa tu mano de arriba abajo por el mástil para ver que no esté desviado. ¿Tiene alma? (Parte que estabiliza y ajusta el mástil.) La mayoría de las guitarras ya la llevan, pero asegúrate. ¿El mástil está unido a la guitarra con una placa? Suele estar unido a la caja con una placa metálica con cuatro o cinco tornillos. Las guitarras Fender tienen mástiles unidos por esta placa. ¿Acaso está enganchado con pegamento? Las guitarras clásicas y las Gibson Les Paul lo están. Parece que el mástil y el cuerpo estén hechos de una sola pieza.

Con la mano izquierda mira que los bordes del mástil estén bien limados y las cejillas bien acabadas. Las cejillas tendrían que estar bien enganchadas al mástil y el acabado debería ser suave. ¿Qué te gusta más, un mástil de ébano, de palo de rosa o de arce? Las más baratas usan caoba o un contrachapado pintado de negro o de rojo oxidado. Las guitarras más caras con los mejores mástiles son realmente buenas. ¿Los trastes de las notas más agudas están en su sitio? ¿Son igualmente fáciles de tocar que los más graves? ¿Alguna de las notas hace un ruido raro al tocarla, aunque la pares? ¿La afinación es la correcta? ¿Funcionan los armónicos? Es posible que las notas tengan diferentes propiedades tonales, pero la afinación tiene que ser la correcta. Presta especial atención a la tercera y a la sexta cuerda. Una guitarra mal hecha suele fallar cuando se trata de hacer durar las notas de estas dos cuerdas.

Si aún no tienes suficiente confianza en tus conocimientos o tu oído, pide ayuda a guitarristas con experiencia. Es vital que no compres algo que sólo te va a dar dolores de cabeza.

Ejecución

La manejabilidad de un instrumento viene marcada por cómo están colocadas las cuerdas entre las ranuras de la cejilla y del puente. Saber colocar ambos es todo un arte. Las cuerdas tienen que estar lo suficientemente elevadas para que no choquen con las cejillas al vibrar y lo suficientemente bajas para que no se tenga que apretar demasiado con los dedos. Piensa que al ser un segundo instrumento, la sensación al tocarlo será diferente a la del primero. Es más cómodo tocar una guitarra acústica que una eléctrica, por ejemplo. Si hay alguna nota difícil de tocar o desafinada, házselo saber al vendedor y si no la pueden arreglar, no compres el instrumento.

La importancia de una buena funda

Ahora que has escogido tu segunda guitarra, por favor, asegúrate de que tiene una funda bien resistente. La tentación es siempre comprarse una funda ligera. Yendo y volviendo de los conciertos y los ensayos es práctico llevar una funda ligera, pero un estuche de tapa dura es mejor para guardar el instrumento cuando no estás tocándolo. Esto es así especialmente en el caso de las guitarras acústicas. Las fundas de tapa dura de las guitarras acústicas, están contrachapadas. Su fuerza reside en el hecho de tener tres capas, y, en las más resistentes (y de mayor peso), cinco. Las de cinco capas, normalmente, tienen la tapa superior arqueada, para agregar más resistencia. También hay fundas fabricadas con un proceso de inyección y polímeros especiales de fibra de vidrio. Estas fundas, normalmente, son de color negro, y ligeras de peso, pero muy resistentes. A veces son menos caras que las de madera porque se pueden fabricar en serie, más rápidamente que éstas.

Aparte de una funda de guitarra, puedes necesitar estos otros accesorios: una correa de guitarra, cuerdas de recambio, púas de recambio, una cejilla (dispositivo que te permite cambiar el tono de tu guitarra abrazando diversas cuerdas), un *slide* (para los guitarristas que lo usan), un humidificador, un soporte de guitarra y un equipo de mantenimiento con un limpiador de guitarras, trapos y líquidos especiales para el mástil y las cuerdas.

Todas las fundas de tapa dura están recubiertas en su interior por un acolchado. Es de un material aterciopelado rizado que protege la superficie del instrumento. Debajo del acolchado hay espuma que ayuda a proteger el instrumento en caso de golpes. Una buena funda debe tener por lo menos cuatro pestillos, para cerrar la caja con seguridad y dejar bien sujeto el cuerpo de la guitarra. El asa del estuche también ha de ser de calidad. Si compras una funda de cinco capas, asegúrate de que el asa no sea débil. Tiene que tener suficiente fuerza para mantener la guitarra en equilibrio.

Cerrar el trato

Has escogido tu instrumento. Ahora tu misión es llevarte esa guitarra a casa ¡por un precio lo más bajo posible! Date cuenta de que esto cambia tu relación con el vendedor, que pasa de compañero de equipo a adversario, porque su misión es vendértela por la máxima cantidad de dinero posible. Tu mantra debe ser «*Jamás* pagar lo que marca». Mucha gente asume que si la etiqueta de una guitarra marca 599€, éste es el precio que se espera se pague por ella. Esto no es así –las tiendas de música cuentan con que te venderán la guitarra más barata de lo que marca–. Muchas tiendas muestran en la etiqueta los dos precios, el que marca inicialmente y el suyo propio, en un esfuerzo por recalcarte por adelantado el descuento que podrás conseguir. Sea lo que sea lo que marca la etiqueta, recuerda que el vendedor tiene el poder de rebajar significativamente el precio con respecto al indicado en ella. El truco está en dejar que él lo haga por ti. Para ponerte en situación, recuerda estos consejos:

- **Mantén al vendedor a la expectativa.** Si le dices que te has enamorado de esta guitarra y que tienes que adquirirla ahora mismo, has mostrado tus cartas y, como consecuencia, el descuento será menor.
- **Hazte el desinteresado.** Menciona al vendedor que has visto muchas guitarras interesantes en otras tiendas de la ciudad. Prueba también otras guitarras aparte de aquella en la que has puesto el ojo, incluyendo alguna más barata, de manera que el vendedor se ponga contento cuando vuelvas a «gravitar» alrededor de tu favorita. Y no manifiestes tener prisa en comprar una guitarra hoy mismo.
- **Entérate de si el precio de la etiqueta incluye un estuche.** Si es así, pregunta si la funda es de tapa dura o sólo es una funda blanda. Hay una diferencia importante, puesto que, como término medio, un estuche de tapa dura cuesta alrededor de 100€ y el otro cuesta alrededor de 40€.
- **No pagues nunca el precio que marca la etiqueta.** Ninguna tienda de música podría sobrevivir en el mercado si vendiera los instrumentos al precio que marcan, es muy común hacer descuentos de hasta el 30%.

Trucos inteligentes para comprar una segunda guitarra

Estas a punto de ir a una tienda de guitarras y no has investigado mucho (¡esto no es muy recomendable!). Te preguntas qué puntos son cruciales cuando se trata de comprar un instrumento de calidad. La siguiente lista resume los puntos principales que tienes que saber cuando vayas a comprar. Llévate esta lista contigo y asegúrate de que los has tenido todos en cuenta antes de gastarte en una nueva guitarra un dinero que te ha costado mucho ganar.

- Busca la calidad del instrumento dentro de lo posible, pero no gastes de más.
- Disfruta del instrumento. Aprende cómo tocarlo. Te ha de transmitir una sensación diferente al tenerlo en tus manos que la que te transmite tu instrumento habitual.
- Realiza un chequeo experimentado del mástil por si encuentras alguna torcedura. La afinación y los componentes electrónicos también han de ser comprobados.
- Asegúrate de que el mecanismo está instalado de la forma que a ti te gusta. Observa la distancia entre la cejilla y el puente. Si el mecanismo está bajo, las cuerdas estarán más cerca de los trastes, lo cual significa que será menos duro para tus dedos presionar las cuerdas sobre el mástil. Presta atención por si se oyen zumbidos o vibraciones. Una vez más, un técnico experto en guitarras está más preparado para realizar estas comprobaciones.
- Comprueba las clavijas. Si giran demasiado fácilmente, las cuerdas pueden deslizarse, lo que hará difícil mantener la guitarra afinada.
- Comprueba toda clase de ruidos. Con la guitarra enchufada, acércate al amplificador y escucha. Si oyes pitidos o reverberaciones puede ser que las pastillas no estén bien aisladas y podría resultar problemático tocar la guitarra a un volumen alto. Asegúrate de que el amplificador de la tienda no está disimulando defectos de la guitarra que estás probando.

Capítulo 17

La guitarra del siglo XXI

El diseño de la guitarra está en permanente evolución. Pero aún está muy lejos de la evolución de los sintetizadores electrónicos y de la electrónica en general. Las guitarras están diseñadas, en primer lugar, desde un punto de vista ergonómico. Y, en segundo lugar, para que tengan una bella sonoridad. El uso de diferentes maderas y métodos de construcción tiene un papel importante en la evolución del diseño de la guitarra. En las últimas décadas ha habido un movimiento importante para encontrar materiales alternativos con la idea de proteger los recursos naturales. Se han usado materiales como el aluminio, el plástico y compuestos de grafito para construir instrumentos de excelente sonoridad.

Nuevos diseños de guitarra

Hoy es difícil de creer, pero, en su día, incluso las guitarras Fender Stratocaster o las Gibson Les Paul estándar fueron consideradas modelos de guitarra radicalmente innovadores. Ahora, se considera radicalmente innovador todo lo que no se parezca a estos dos instrumentos. Con la llegada de las guitarras acústicas, cualquier guitarra que tuviera un *cutaway* era considerada una abominación. La guitarra Ovation solucionó muchos problemas de las antiguas guitarras en los años sesenta, con su modelo electroacústico Balladeer. Hoy en día la mayoría de guitarras acústicas que se fabrican son electroacústicas.

INFORMACIÓN

Las guitarras Ovation obtuvieron una gran campaña publicitaria al regalarle una guitarra a Glen Campbell a finales de los años sesenta. Glen Campbell presentaba un show televiso llamado *The Glen Campbell Goodtime Hour*. Cada semana, Glen y su guitarra Ovation Balladeer eran vistos en millones de hogares . Glen Campbell también tocó la guitarra en el álbum *Pet Sounds* de los Beach Boys.

La guitarra Handle de Peter Solomon

La guitarra Handle, mostrada en la **FIGURA 17-1**, fue diseñada por Peter Solomon para la Jim Reed Guitars. Estaba hecha de fibra de carbono, un material desarrollado para la industria aereoespacial y, entre otras cosas, usada para los coches de carreras de Fórmula 1. La guitarra Handle está construida con un material ultraligero y es increíblemente resistente. No se deforma ni se comba sometida a altas temperaturas o humedades. Se dice que la fibra de carbono permite obtener un rango mucho más amplio de armónicos que la madera. De nuevo, el uso de materiales alternativos obtiene aquí un resultado perfecto. La guitarra es completamente hueca, creando una caja de resonancia similar a la de las guitarras semiacústicas. La única madera que se usa es el ébano, para el mástil. Puedes obtener más información sobre este instrumento en la página web www.jimreed.it.

FIGURA 17-1: La guitarra Handle

Phifer Design & Concepts de Woody Phifer

Woody Phifer fue constructor y reparador de guitarras durante más de un cuarto de siglo. Era proclive a las tradiciones constructoras de los grandes maestros, como puede observarse en el ejemplo de la **FIGURA 17-2**. Su ribeteado múltiple confiere elegancia al cuerpo, al mástil, a la cabeza y a los tableros de cierre. El puente de madera, hecho a mano, es completamente ajustable. El puente y el sólido cordal de metal se sujetan en el interior del cuerpo. La forma está concebida teniendo la forma del cuerpo humano en mente. Los cortes de compensación (*cutaways*) facilitan en gran manera el acceso al mástil. El llamativo diseño del cuerpo está pensado para su uso tocando sentado o de pie, por igual. Increíblemente, la guitarra pesa menos de ¡tres kilos y medio! El otro concepto innovador que hay que mencionar es que el cuerpo está construido con más de una madera. Puedes encontrar más información sobre *Phifer Design & Concepts* en la página web www.phiferdesigns.com.

FIGURA 17-2: Woody Phifer Pro Series

Guitarras Floyd Rose

En 1977, Floyd Rose introdujo el puente de trémolo Floyd Rose. El «Floyd Rose», como vendría a ser conocido, revolucionó la industria de la guitarra. Veinticinco años después, Floyd introdujo el sistema más rápido para cambiar las cuerdas con las Floyd Rose Speedloader series, mostradas en la **FIGURA 17-3**. Las Speedloader series incorporan un avance radical en el diseño del punte y las cuerdas de la guitarra. Integrados el puente y el sistema de cuerdas Speedloader, permiten cambiar todo el juego de cuerdas en menos de un minuto, eliminando las clavijas y las llaves inglesas, y haciendo innecesario estirar las cuerdas o tener que afinarlas más de una vez al principio. El mástil de la guitarra es más ligero, puesto que no lleva clavijas ni cabezal. Las cuerdas especiales están calibradas en su diapasón real, por lo que se afinan inmediatamente al ser cambiadas y resultan muy útiles en escena. Puedes encontrar más información sobre el Floyd Rose Speedloader en la página web www.floydrose.com.

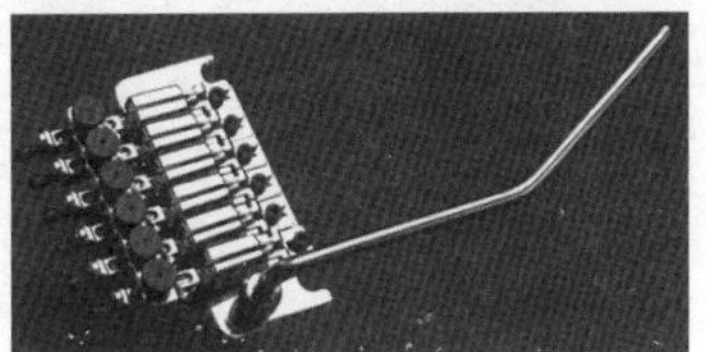

FIGURA 17-3: Floyd Rose Speedloader

Guitarra de aluminio F4c, nacida para el rock

La línea F4c, mostrada en la **FIGURA 17-4**, fue inventada por un guitarrista cuyo amigo se quejaba de que nadie había sido capaz de construir una guitarra cuyo mástil permaneciera recto. Intrigado, el guitarrista comprobó que cuanto más fuerte tensas la cuerda, más recta permanece ésta. Si las cuerdas de la guitarra mantuvieran la posición del mástil, en lugar de que éste las sostuviera a ellas, el mástil no se curvaría. Ésta es la lógica que subyace en el concepto de las Born to Rock. Suspendiendo el mástil sobre pivotes, permites a las cuerdas mantener la rectitud del mástil. Una cuerda bajo presión dibuja una línea recta. Si las cuerdas están rectas, mantienen el mástil recto.

En las guitarras convencionales se previene la torcedura del mástil aumentando su rigidez. Dado que las cuerdas tiran del mástil hacia delante, se coloca una vara interior en el mástil para mantenerlo lo más recto posible.

El mástil, el puente y las pastillas son una unidad móvil suspendida sobre junturas pivotantes. La tensión de las cuerdas la soporta el cabezal del cuerpo a través de un tubo de aluminio hueco. Este tubo no tiene que ser duro o tremendamente rígido, ya que está diseñado para ceder cuando aumenta la tensión de las cuerdas. Dale una ojeada a este instrumento único en www.borntorock.com.

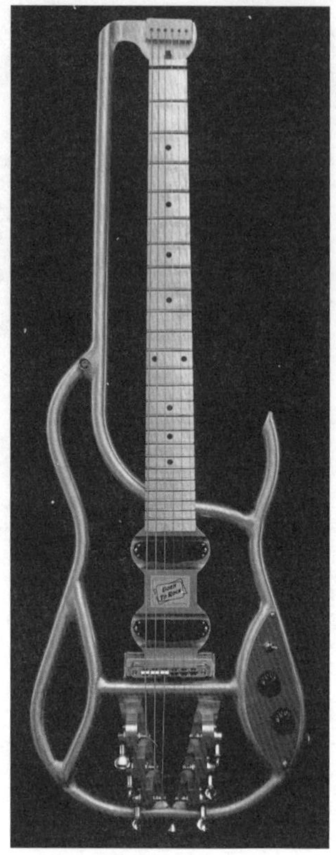

FIGURA 17-4: Guitarra F4c Born To Rock

Guitarras acústicas de grafito RainSong

Las RainSong son las únicas guitarras de grafito del mundo. El cuerpo, el mástil y la tapa de resonancia están hechos 100% de puro grafito. La compañía ha desarrollado su propio proceso de fabricación, llamado Projection Tuned Layering. Entre este proceso y el uso de grafito se elimina la necesidad de reforzar la tapa armónica, cuya dureza es uniforme en toda la superficie. Es verdad, las guitarras RainSong ¡están hechas sin ningún tipo de refuerzo!

La importación del palisandro brasileño está prohibida en Estados Unidos desde 1993. Las únicas importaciones que se permiten para la construcción de guitarras son las de cepas o piezas de madera ya cortadas antes de la prohibición que guardaron para su uso en un futuro.

Las guitarras RainSong también son inmunes a los cambios de humedad y de temperatura. Lo cual quiere decir que la guitarra soporta bien los viajes y los cambios de entorno. Se fabrican de los dos tipos, electroacústicas y modelos acústicos estándar sin componentes electrónicos. Puedes encontrar más información sobre las guitarras RainSong en la página web www.rainsong.com.

FIGURA 17-5: Guitarra RainSong

Efectos radicalmente nuevos

Los efectos eran simples. Efectos de chorus, delay, flanger o distorsión eran lo normal. Hoy en día, ¡los efectos son más digitales que nunca! Hoy en día combinar un efecto con otro y así crear efectos nuevos es la norma. Los pedales de efectos hicieron su áparición en los años ochenta y todavía se usan. De hecho, mientras unos los fabrican más grandes, otros los hacen más pequeños pero con más funciones. A saber. El mundo del pedal y de los efectos de guitarra está en manos de la tecnología.

Korg Pandora PX4

Continuando la popular serie de procesadores de efectos Pandora, este modelo incorpora también un auricular amplificador. Es pequeño y muy portátil. Tiene todos los efectos clásicos de guitarra y emulación de sonidos de amplificador. Construido como si fuera un metrónomo. Otra importante característica es que tiene modelos rítmicos con bajos. Es excelente para practicar.

M-Audio Black Box

La Caja Negra, mostrada en la **FIGURA 17-6**, se caracteriza por una serie de efectos únicos que automáticamente se sincronizan con la pulsación de la canción que tocas o con los modelos rítmicos incluidos. Naturalmente, constituye el siguiente paso para convertirte en cantautor. La Black Box te permite acceder rápidamente a intrincadas líneas de retardo, a filtros aleatorios, efectos de reverberación pulsada, y a otros innumerables efectos digitales modernos. La Black Box fue desarrollada por M-Audio y Roger Linn Design. El diseño está basado en el procesador de efectos de Roger Linn Adrenelinn II. La Black Box es también una interfaz USB de audio para grabaciones hechas con ordenador.

La Black Box amplía a 40 el número de amplificadores, de un modelo mucho más preciso. La unidad ofrece más de 120 efectos únicos, la mayoría capaces de sincronizarse con los modelos rítmicos internos o con un secuenciador externo (de un ordenador o de hardware). Lleva incorporados un centenar de modelos rítmicos con un micrófono de escucha de *tempo* para facilitar probar diferentes ritmos y *tempos*. También incluye un micrófono preamplificador para grabar y procesar voces e instrumentos acústicos.

FIGURA 17-6: La M-Audio Black Box

Amplificadores de software

La tendencia actual para la amplificación de la guitarra es usar la amplificación virtual. Ésta emula el sonido de los amplificadores clásicos y modernos. Lo que es increíble de estos productos son sus posibilidades sonoras y su flexibilidad. No fueron aceptados en seguida por la mayoría, y en especial por la comunidad más purista. Además, la velocidad a que debe trabajar el procesador del ordenador para que funcionen es alta, de manera que no está al alcance de todos disfrutar de ellos.

Cuando se graba directamente en un disco, la latencia se convierte en un problema. La latencia es el tiempo que pasa desde que la señal de la guitarra pasa a través del conversor A/D a la interfaz de audio del ordenador y al buffer de audio del software y después vuelve a través del conversor D/A. Este viaje causa un retraso desde que el guitarrista toca la nota hasta que ésta sale por el ordenador.

Sin embargo, hoy los ordenadores funcionan más rápido (¿no están siempre evolucionando para funcionar cada vez más rápido?), y los programadores de software se benefician de una capacidad de procesamiento más rápida. Hoy en día, existen muchos de estos productos y vamos a echarles una ojeada en los diferentes rangos de precios, para que puedas tomar tu propia decisión bien documentada.

FreeAmp2

¡Empecemos esta sección con algo que es realmente gratuito! El FreeAmp2, de la Fretted Synth Audio (mostrado en la **FIGURA 17-7** es una pequeña joya increíble oculta en la web. En esta página web todo el software es gratuito y hay una amplia oferta para elegir. El software sólo se usa como un plug-in VST para tu host. Con más de 128 programas, FreeAmp2 incluso incorpora un sintetizador de guitarra –también de manera gratuita–. Puedes elegir entre siete tipos diferentes de amplificadores y ecualizadores. Hay seis tipos diferentes de altavoz, además de bypass y colocación ajustable de micro. Son demasiada características para listarlas todas aquí, así que ya tienes una buena excusa para visitar el sitio web e inspeccionarlo tú mismo. La página web tiene un aspecto un tanto espartano, pero se actualiza regularmente con nuevos productos y actualizaciones de software. Visita la página www.frettedsynth.com.

FIGURA 17-7: FreeAmp2

Alien Connections ReValver

ReValver es un plug-in de efectos que contiene más de 50 submódulos en serie, especialmente diseñado para sonidos de guitarra. Tiene el mérito de haber sido uno de los primeros plug-in simuladores de amplificador de guitarra introducidos en el mercado. Los estantes virtuales que ves se llaman módulos. Cada módulo representa un componente virtual, como un preamplificador, un conmutador de amplificador, un altavoz, un coro, un flanger, un auto-wah, un retardo, y así sucesivamente. ReValver es un sistema que se puede configurar por el usuario. Puedes definir el sistema seleccionando los módulos amplificadores que modelan la señal. Los módulos pueden combinarse virtualmente de cualquier forma. Sin embargo, hay ciertas restricciones respecto a cómo usar los módulos y en qué orden. Se pueden conectar al mismo tiempo un máximo de 16 módulos. Puedes obtener más información sobre ReValver en www.alienconnections.com.

IK Multimedia Amplitube 2

IK Multimedia Amplitube 2 ofrece más de 1.200 configuraciones diferentes de combinación de preamplificadores, ecualizadores y altavoces. Es compatible tanto con los ordenadores Windows como con los Mac y requiere un procesador rápido para funcionar bien. Amplitube contiene modelos de preamplificador y de ecualizador, así como modelos de conmutadores y de cajas.

Además de los procesadores de efectos stomp-and rack estándar, lleva modelos de micrófono y un afinador muy preciso. Puedes bajarte más programas de www.amplitube.com. Te ayudarán a iniciarte en el Amplitube. También existe una versión autónoma de Amplitube, denominada Amplitube Live, que cómo puedes deducir de su nombre, se usa básicamente para los conciertos en directo. Puedes obtener más información de este producto en www.ikmultimedia.com.

Nomad Factory Rock Amp Legends 1.01

Nomad Factory Rock Amp Legends rinde homenaje a los amplificadores de los primeros tiempos del rock. Desarrollado con la ayuda de Jimmy Crespo, antes de que perteneciera a Aerosmith, este plug-in hará felices a los puristas del rock and roll clásico. Rock Amp Legends tiene el aspecto de un amplificador Marshall y vendría a sonar principalmente como un clásico con algunas simulaciones modernas. En el momento de escribir este libro los parámetros del Rock Amp Legends respondían a una automatización del secuenciador bajo todos los formatos plug-in soportados, excepto para las Audio Units. Puedes obtener más información de Nomad Factory Rock Amp Legends en www.nomadfactory.com.

El Guitar Rig 2 de Native Instruments

El Guitar Rig 2 es uno de los mejores programas de amplificadores de guitarra (ver **FIGURA 17-8**). Funciona como aplicación autónoma o como plug-in tanto con los Mac como con los PC. Los componentes del Guitar Rig pueden organizarse en cualquier orden. También ofrece dos componentes de grabación digital, llamados Tape Decks, que son muy útiles para aprender y practicar los ritmos así como las canciones. Con Guitar Rig, viene Rig Kontrol 2, un equipo de pedales completamente programable con cuatro conmutadores de pie y un pedal de expresión. Rig Kontrol 2 también funciona como preamplificador. Esto permite a los usuarios en movimiento usarlo como pedal de efectos en las actuaciones en directo. Los modelos de amplificador son de mucha calidad. Por un lado, Guitar Rig puede parecer un poco caro, pero te ofrece una interfaz de equipo de pedales programable y gran cantidad de software. Para más detalles sobre Guitar Rig, visita www.native-instruments.com.

FIGURA 17-8:
Guitar Rig 2

Guitarras USB

La última tendencia para las guitarras de hoy en día es la introducción de las guitarras equipadas con USB, que pueden conectarse directamente al puerto USB del ordenador. Esta tecnología (de nuevo copiada de los controladores de teclado) elimina la necesidad de los guitarristas de usar una tarjeta de sonido para obtener audio de sus programas de grabación. Ahora puedes conectar tu guitarra al ordenador, igual que una cámara digital o una unidad de disco duro externa. Estas guitarras se disparan en precio y calidad, pero su aplicación te abre nuevos horizontes para que puedas grabar tus recién descubiertas habilidades con la guitarra.

iGuitar

La Brian More Guitar Company fue la primera en usar el concepto USB en su guitarra iGuitar (mostrada en la **FIGURA 17-9**). La idea principal para su diseño era poder conectar la iGuitar en el puerto USB de cualquier ordenador (PC o Mac) y tener acceso directo a cualquiera de tus programas favoritos de grabación soportados por ordenador o a los programas de efectos de guitarra. ¡El atractivo de la guitarra es irresistible!

Los beneficios de usarla son muchos. En primer lugar, la señal procedente de la guitarra es del tipo de nivel lineal. Esto significa que no es necesario un preamplificador interfaz de audio. La segunda ventaja es que no se necesitan *drivers* de software especiales para que la guitarra funcione con el ordenador. Se sabe que esto es más fácil de controlar. En tercer lugar, la guitarra es alimentada por el bus del ordenador. Lo cual quiere decir que no precisa baterías o un suministrador de energía A/C. La Brian Moore Guitar es también un instrumento muy completo con muchas otras características tales como una pastilla para sonidos de guitarra acústicos y con posibilidades MIDI. Pero todas estas características hacen que el precio sea también muy completo. Dado que hay diferentes modelos para escoger, puedes mirar en la página web de la compañía: www.brianmooreguitars.com.

FIGURA 17-9: La iGuitar de Brian More

La Behringer iAXE393 USB-Guitar

La Behringer iAXE393 (mostrada en la **FIGURA 17-10**) es una guitarra eléctrica de gran calidad que tiene el mástil de arce y tres pastillas de bobina individual con cinco posiciones. Un conector incorporado te permite conectar tus auriculares directamente a la guitarra, con lo que ya puedes improvisar con tu música favorita almacenada en tu ordenador. Esta guitarra, además, viene equipada con el paquete de software Native Instruments' Guitar Combos Behringer, con sus exclusivos racks Tapedeck y metrónomo. La Behringer iAXE393 USB-Guitar viene equipada con software adicional de grabación multipistas y de edición, de modo que puedes grabar tu música en el acto. Puedes improvisar con canciones en archivos MP3, WAW, AIFF y OGG o con copias guardadas en tu PC o en tu Mac.

FIGURA 17-10: Behringer iAXE393 USB-Guitar

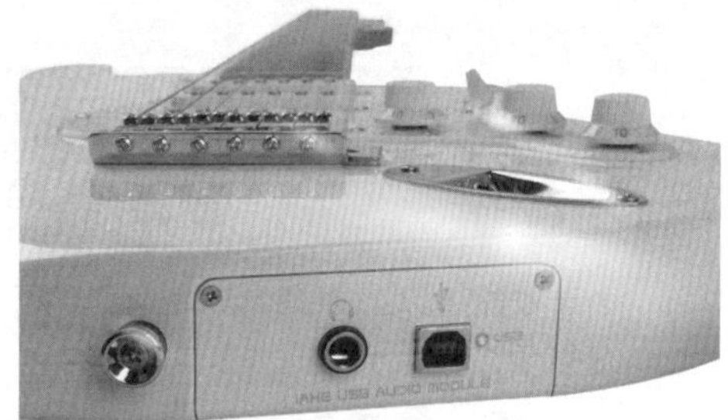

El sistema personal de guitarra M-Audio JamLab

El JamLab (mostrado en la **FIGURA 17-11**) es un interfaz compacto que conecta con tu ordenador por un cable USB y tiene una entrada para tu guitarra de 1/8 de pulgada y una salida de línea o para auricular de 1/8 de pulgada. El paquete completo incluye el software GT Player Express con simuladores de amplificador de guitarra y cajas de efectos virtuales para ecualizador, chorus, reverb y más cosas. El software GT Player Express también puede reproducir archivos estándar de audio (MP3, WAW, etc.) y puede reproducirlos lentamente, lo cual es perfecto para practicar y aprender más fácilmente. También obtienes con la guitarra los archivos WAW de ciclos rítmicos «Best Of» de la M-Audio ProSessions Sound and Loops Library. Simplemente cargas los ciclos en el GT Player Express en cualquier orden para empezar a improvisar al instante con una caja de ritmos. Es una excelente solución que puedes llevar a todas partes.

FIGURA 17-11: M-Audio JamLab, interfaz de audio USB

ESI USB JamMate UG-1

La ESI USB JamMate UG-1 es otra guitarra eléctrica USB que se conecta directamente a tu PC o a tu portátil. Esta guitarra usa un *driver* de audio patentado, llamado USB Instrument Manager. Este manager permite a los instrumentos JamMate USB tocar con otros JamMate USB, tales como bajo y baterías alimentadas por ESI. La guitarra UG-1 también incorpora un amplificador de auricular y funciona como una guitarra eléctrica estándar. Es compatible con Windows XP y con Mac OS X y viene equipada con el software de simulación de amplificador Amplitube Live.

Cables USB y más hardware

Recientemente se han incorporado al mercado USB los cables USB para guitarra. Estos cables en un extremo tienen un jack de 1/4 de pulgada para la guitarra y en el otro una conexión USB para el ordenador. Lo bueno de estos nuevos cables es que te permiten tocar ¡con la guitarra que quieras! Para aquellos de vosotros que os sentís realmente cómodos con vuestra guitarra actual y no queréis gastar mucho dinero (aún más) en una guitarra especial que se conecte al ordenador, este cable es la respuesta.

El cable LightSnake de SoundTech

El LightSnake es un cable USB para guitarras y otros instrumentos. El LightSnake es esencialmente una tarjeta de sonido en un cable y puedes usar este cable para grabar audio directamente en tu ordenador. El enchufe mono de 1/4 de pulgada del LightSnake se conecta en tu instrumento y luego el extremo USB a uno de los puertos USB de tu ordenador. Es una auténtica conexión USB plug-and-play. No se necesita ningún *driver* para los sistemas operativos soportados (Win 98 SE, Win 2000, Win XP y Mac OS9/OS X). El LightSnake se caracteriza por la tecnología patentada «Live when Lit» que hace que el cable brille cuando está correctamente conectado y se ilumine cuando está trasmitiendo. Puedes obtener más información sobre esta tecnología en www.soundtech.com.

FIGURA 17-12: El cable USB LightSnake de SoundTech

IK Multimedia StealthPlug

Este cable especializado está especialmente diseñado para funcionar con la línea Amplitube de IK Multimedia, en actuaciones en directo, grabaciones o prácticas, donde sea y cuando sea. Aunque el StealthPlug es de tamaño grande, está enriquecido con mandos de volumen y auricular. El StealthPlug requiere instalación de software para funcionar con el ordenador. Puedes ampliar la información visitando la página web del StealthPlug y otros tipos de software de IK Multimedia, www.amplitube.com

DVForge GuitarPlug

El DVForge GuitarPlug es un pequeño adaptador USB de audio para usuarios de Mac OS X, que se conecta directamente al jack de salida de una guitarra eléctrica, de un bajo o un cable de micrófono dinámico y convierte la señal analógica de salida en una señal de audio de alta calidad. El GuitarPlug es cilíndrico, mide 2,3 x 7 pulgadas (aproximadamente 5,5 x 17,5 cm), se alimenta por el bus USB, lleva un conmutador on-off y un led azul para indicar que está encendido. Convierte la señal analógica mono de audio en una de 16-bit, 48KHz, mejor que una señal digital de calidad CD. Es un sencillo dispositivo plug-and-play. Es el único cable específico para Mac de los tres descritos en esta sección.

Clases digitales

Cuando tienes que realizar un aprendizaje autodidácticamente, hay muchas nuevas y excitantes maneras de hacerlo. Obviamente, los videocassettes han caído en el olvido ante la inmediatez de los DVD. Las clases de guitarra en DVD van muy bien, porque te proporcionan un acceso inmediato al tema que te ocupa. Los DVD ocupan menos espacio y son más fáciles de llevar. Algunas compañías, como la Homespun y la Hotlicks, han convertido recientemente sus catálogos de vídeo a DVD.

Otra fuente de aprendizaje digital son los CD-ROM híbridos como los de eMedia. Esta compañía lanzó el software con gran éxito de venta *Guitar Method Vol.1* y *Intermediate Guitar Method*. También produjo *Bass Method*, que es la primera guía didáctica multimedia de bajo extensa. Este método de aprendizaje digital convierte el ordenador en el reproductor, pero requiere que instales el software de eMedia.

Últimamente, algunas compañías, como la Workshop Live (www.workshoplive.com) y la Truefire (www.truefire.com) han empezado a explotar el mercado de la enseñanza *on-line*. Algunas de estas páginas contienen los vídeos más extensos de los grandes intérpretes. Hazte un favor e investiga estos sitios. Hacerlo sólo te puede ayudar a mejorar tu manera de tocar y proporcionarte una mejor comprensión del instrumento.

Capítulo 18

Cómo escoger profesor

Elegir el profesor adecuado es algo que debe hacerse con un enfoque muy bien meditado. Tienes que sentirte a gusto con el instructor que elijas en muchos sentidos. Ten en cuenta que, muy probablemente, verás a esta persona por lo menos una vez a la semana durante unos cuantos meses o incluso más, y vas a estar en un entorno de aprendizaje un poco más íntimo que al que estás acostumbrado. Puede que sea la primera vez que recibes una clase individual de un instrumento que realmente te gusta. La idea es encontrar a alguien que pueda enseñarte adecuadamente y del que tú puedas aprender y al que puedas respetar.

Ubicación

Una de las cosas más importantes a tener en cuenta cuando estás buscando profesor es el sitio donde él o ella está ubicado. ¿El profesor vive en la puerta de al lado o en el pueblo o la ciudad de al lado? Hay que considerar importantes factores cuando tienes que desplazarte. Sin duda, puede parecer poca cosa llevar arriba y abajo tu estuche de guitarra cuando vas a clase, pero si tienes un pesado estuche de tapa dura, la cosa puedes resultar desalentadora. Tienes que considerar siempre la distancia que tendrás que recorrer para tu nuevo interés. No tiene sentido viajar de cuarenta y cinco minutos a una hora para recibir media hora de clase. ¡Es muy fácil encontrar profesores de guitarra, aunque parezca extraño! Como en todo, encontrar un buen profesor de guitarra, ya es más difícil.

Algunas tiendas de música ofrecen clases de guitarra y es bastante normal. En esta situación, tú acudirás a un sitio que te es familiar, quizás donde compraste tu instrumento y estarás rodeado de guitarras y equipamientos que a lo mejor un día querrás comprar. Quizás también ayude el hecho de que encontrarás otras personas que aprenden del mismo profesor. Esto es bueno. ¿Quién sabe? Quizás algún día tú trabajarás en esa misma tienda de música y darás clases.

Las tiendas de música tienen diferentes sistemas para cobrarte las clases. Algunas las cobran semanalmente, otras quincenalmente o por meses. Asegúrate de que escoges el plazo de pagos que más conviene a la periodicidad de tus ingresos. Es importante también averiguar cómo se compensan las clases en caso de ausencia.

Si te encuentras en situación de acudir a clases con un profesor particular que enseña en su propio estudio, es una buena idea hacerte acompañar la primera vez. Cuando estás sólo, no siempre te fijas en todo lo que te rodea. Dos pares de ojos ven más que uno y tu acompañante te hará sentir más cómodo en el momento de conocer a alguien nuevo. Ahora bien, no debes llevar a tu amigo del alma y que parezca una relación de dos contra uno. Sólo se trata de llevar a alguien que aporte una segunda opinión.

El tamaño de la habitación donde recibirás las clases es importante. ¿Qué pasa si eres alto? A lo mejor las sillas son demasiado bajas para sentarse en ellas confortablemente. Los obstáculos físicos son un motivo habitual para que los alumnos empiecen a asistir a clase con menos regularidad. Encontrarte apiñado en una habitación cerca de otra persona puede resultar poco conveniente para el aprendizaje. Visita siempre el sitio donde recibirás las clases y examina todos los aspectos del entorno.

¿Clases en grupo o individuales?

El ambiente que elijas para aprender música es muy importante. Vas a encontrarte en una clase colectiva o en una individual con un profesor particular. Ambas cosas tienen claras ventajas e inconvenientes. El escenario de una clase colectiva te permite entablar una competición sana (e inspirarte en lo que hacen otros) en la que puedes medir tus avances con respecto al progreso de los otros alumnos. Aprendes a funcionar en grupo con otros compañeros guitarristas y otros músicos y desarrollarás conocimientos sobre cómo relacionarte con los demás, lo cual es importante. Estos conocimientos te ayudarán también cuando llegue el momento de integrar una banda (hablaremos más de ello después). Las dinámicas, acordes de acompañamiento y cuándo hay que tocar, puede aprenderse más fácilmente en una clase colectiva o en un entorno grupal.

La mayoría de profesores enseñan a la media, lo que significa que se dirigen a los alumnos de nivel medio de la clase, más que a los más avanzados o hábiles. Dependiendo de lo adelantado que vayas tú, esto puede ser una ventaja o un inconveniente.

Cada grupo tiene su propia personalidad y su ritmo de avance y exige del profesor que adapte sus enseñanzas de acuerdo a estos. Una clase puede y debe ser divertida, estimulante y debe plantear desafíos. Aunque el profesor con el que estás considerando estudiar no tiene que ser un actor frente a sus alumnos, él o ella deben ser dinámicos y tener suficiente entusiasmo como para no perder a los que podrían retrasarse en entenderle.

Algunos profesores critican al alumno delante de los demás. Aunque no es un método ideal, a veces y con algunos alumnos esto puede tener resultados positivos para el aprendizaje. También tiene desventajas, tales como desanimar al alumno. Pero la presión de aprender rápido es una realidad para los músicos profesionales. Cuanto antes lo integres en tu manera de funcionar, más fácil te resultará en un futuro aceptar los comentarios negativos de los demás. Si sientes que esto no es lo mejor para ti, buscar un profesor particular será la mejor solución. Esto te permitirá el lujo de tener un profesor que te enseñará a tu propio paso.

INFORMACIÓN

Algunas personas no funcionan bien en grupo. La competitividad puede dañar el entusiasmo de alumnos más sensibles y los grupos numerosos pueden causar incluso más incomodidad. A menudo, es difícil para una persona concentrarse en grupo, y algunos problemas específicos no pueden solucionarse si son demasiado complejos.

Detrás de un buen instrumentista puede haber un mal profesor

Hay profesores que son magníficos intérpretes. Participan en conciertos y siempre impresionan a las multitudes. Pero a veces van escasos de dinero y enseñan para ganar un poco de dinero rápido. Puede que hayas oído comentarios de alumnos que han ido a clase con estos intérpretes. El profesor les da acordes para practicar, mientras él se dedica a improvisar una progresión de acordes... ¡durante toda la clase!

Si tu profesor en potencia es un gran intérprete, pero no puede transmitirte los conceptos adecuados en una clase bien planteada, debes reconsiderar tu elección. Puede haberse olvidado de lo que cuesta pasar de un simple acorde abierto a otro. El profesor que elijas tiene que ser capaz de evaluar tu nivel de facilidad y hacerte pasar al siguiente nivel dándote unas bases sólidas. Encuentra un profesor que te haga sentir cómodo.

Filtrar las recomendaciones

Puede ser que conozcas gente que están yendo a clase: pregúntales si pueden recomendarte a alguien. Todos tenemos distintos intereses. Al rockero puro y duro le gustará su profesor de rock, pero a lo mejor a ti te interesa el jazz. Al guitarrista de folk le encantará su apacible profesor «los años sesenta fueron la mejor década de la historia», pero tú quieres aprender guitarra funk. Busca un maestro serio, que nunca quiera hacer un clon de sí mismo, negándose a permitir tus gustos diferentes y tus propias metas. Muchos intérpretes famosos empezaron sus estudios con maestros que conocían el estilo en que ellos estaban interesados, pero se limitaron a proporcionarles el aprendizaje y la base musical que necesitaban para progresar en el estilo musical de su elección. Si la solución de tu profesor para educarte es decir «hazlo como lo hago yo», deberías buscarte otro profesor que acepte la diversidad y sea más abierto. Encuentra a alguien que sea compatible con la manera en que tú quieres aprender.

Un buen profesor puede enseñarte en cuestión de semanas cosas que a ti podría costarte un año deducir. Es importante que confíes en tu profesor y admires su destreza en la guitarra para que esta relación funcione. Por lo que, si en unas semanas no consigues tener esta sensación con el primer profesor que has escogido, búscate otro.

Evaluar al posible instructor

Aquí tienes ciertos aspectos clave que debes considerar cuando evalúes a tu posible profesor:

- Elige siempre un profesor que pueda adaptarse a tu propio talento para el aprendizaje.
- Pregunta al profesor o profesora cómo te ayudará a superar cualquier confusión que puedas tener.
- Asegúrate de que el profesor sigue planes de estudio, programas y que realiza informes de progreso. Son importantes.

El objetivo último de un profesor es ayudarte a ser tu propio profesor. Confía en tu instinto y mantén bien altas tus expectativas cuando estés considerando una decisión sobre qué profesor elegir.

Investigar la reputación

Es importante conocer la reputación de tu profesor. Debes hacer algunas averiguaciones y saber lo que enseña. Los siguientes temas son esenciales en el aprendizaje de la guitarra:

- **Teoría musical:** tienes que adquirir fundamentos firmes, para poder avanzar desde los conceptos musicales básicos a los más complejos.
- **Educación del oído:** ¡Tener mal oído no es una opción! Tienes que ser capaz de discriminar si una nota está afinada. Se tarda tiempo en adquirir y desarrollar esta habilidad y un buen profesor debe tener métodos eficaces para ayudarte a hacerlo.
- **Lectura a vista:** leer música a primera vista es una habilidad. Tienes que practicar y desarrollarla gradualmente.
- **Transcripción:** la habilidad de transcribir fragmentos para guitarra es fundamental, y enseñarte a hacerlo, esencial. Encuentra un profesor que haya transcrito una buena cantidad de solos de guitarra para que empiece a enseñarte improvisación, además de dinámicas y fraseo.
- **Improvisación:** se puede enseñar a improvisar y debe explicarse de una forma muy completa. El guitarrista de hoy necesita aprender a improvisar en tantos estilos como le sea posible.

Un buen profesor puede ayudar a un futuro músico confundido a enfocar su meta y conducirlo a ella. Depende de ti, el alumno, escoger al profesor. Todos los intérpretes son estudiantes de música y uno nunca sabe suficiente.

Precio por hora y contenido de las clases

Cuando se trata de lo que vas a pagar por las clases, evalúa bien lo que puedes permitirte realmente. Ese profesor tan *guay* sobre el que has oído cosas asombrosas, probablemente te cobrará entre 25€ y 50€ la hora. Estás pagando a un experto para que te ayude a adquirir una habilidad. El profesor debe cobrar el dinero que te indica en la medida que tú obtienes esta ayuda. Los objetivos de las clases y las expectativas deben quedar claramente impresas y se te deben entregar a ti, el alumno, por escrito. Tú debes entender las normas sobre puntualidad. Aún más importante, las normas sobre las clases perdidas y su recuperación. Asegúrate de que esta información está escrita. Aunque, en algunos casos, puede estar bien llegar a entenderse o llegar a un acuerdo oral, tener un programa de estudios claramente escrito te hará sentir que estás en el sitio adecuado con el profesor adecuado.

Programación de las clases

Sería muy útil supervisar tus progresos en las clases, a medida que van pasando las semanas, lo meses y los años. Deja claras tus metas al profesor y habla con él periódicamente para asegurar que ambos vais por el mismo camino. La mejor manera de hacer esto es tener un cuaderno o un diario donde tomar nota sobre tus horas de estudio, las tareas asignadas y futuros proyectos, si los hay. Pasados los años puedes quedar muy impresionado al ver cómo ha evolucionado tu destreza al tocar. Además, esto demostrará al profesor hasta qué punto te tomas en serio aprender a tocar la guitarra. Puede resultar tedioso guardar recuerdos de todo lo que has aprendido, pero el premio es la autocomprobación de que te has convertido en un músico y en un guitarrista mejor.

Oportunidades para realizar conciertos

Actuar en público es el mejor testimonio de hasta dónde has llegado como guitarrista. En algunas escuelas se exige una actuación en un recital de final de curso. Nunca debes huir de estos acontecimientos, que te ayudarán a formar tu carácter y a desarrollar técnicas para actuar. Cuanto más actúes en público, más te acostumbrarás a hacerlo. Cuando los aplausos duran más y son más calurosos, la sonrisa de tu cara es cada vez más ancha. Cuando empiece a difundirse la noticia de que te has convertido en un gran intérprete, tendrás mucho de qué sentirte orgulloso. Garantizado.

Capítulo 11

Escuchar música y tocar con amigos

Has recibido mucha información en este libro. Ahora viene la paga extraordinaria implícita en el hecho de aprender a tocar la guitarra: escuchar y tocar música sólo por placer. Hay muchos aspectos que escuchar en la música: la estructura de la canción, su suavidad o su dureza, la instrumentación, etc. Ahora que eres un intérprete experto, serás capaz de dar sentido a todo ello y después tocar todo lo que has aprendido con amigos. No hay nada mejor que tocar música con un compañero. Este capítulo te introduce en el arte de tocar con otros y posiblemente a la oportunidad de crear tu primera banda.

Entender la ubicación del sonido

El cerebro humano sólo puede distinguir cuatro sonidos a la vez –en el mejor de los casos–. Cuando escuchas a tu alrededor, te estás fijando en determinados detalles de los diferentes sonidos. Éste es el motivo por el cual una música determinada te va sonando diferente cuanto más la escuchas. Por muy distintos factores, empiezas a notar cierto efecto en una voz que nunca antes habías notado. A lo mejor, ahora oyes una reverberación o un eco de la voz y lo distingues claramente en la mezcla.

A modo de experimento, ponte delante de un edificio con los ojos cerrados. Escucha todos los sonidos a tu alrededor e intenta identificarlos. Haz de nuevo el experimento, pero, esta vez, intenta discriminar los sonidos en un espacio más reducido.

Cuando escuchas música grabada, especialmente en un CD o un iPod, la música se transmite exactamente con la misma onda sonora cada vez que la escuchas. Lo que oyes viene determinado por la colocación de los micrófonos durante el proceso de grabación. Los diferentes géneros musicales utilizan técnicas de microfonía específicas que determinan la forma en que la música llegará a sus oyentes; cuando escuchas con auriculares o a través de altavoces, estás oyendo una reproducción musical estéreo básica. Esto también es conocido como escucha biauditiva.

Escucha grabaciones de música británica de los años sesenta. Resultan un tanto planas, porque se grabaron para ser reproducidas en discos de 45 rpm mono. No fueron necesariamente mezcladas para estéreo. Pero cuando escuchas *Are you experienced?* de Jimi Hendrix no sólo resulta muy sonoro, sino que la colocación de la batería, la voz y la guitarra está claramente situada en lados opuestos del espectro estéreo. Prácticamente imita la forma en que las personas focalizan la música que escuchan. Esta manera de grabar se debe a la limitación en la cantidad de pistas de grabación disponibles de aquella época. *Are you experienced?* se grabó con una máquina de cuatro pistas. ¡Increíble!

La situación de la guitarra en la mezcla

Cuando en una grabación se oye una guitarra, hay varios emplazamientos posibles en los que puede aparecer en la mezcla. He aquí algunos:

- Completamente lateral por el canal derecho o el izquierdo, para aislarla de la banda.
- A la derecha, en medio de la mezcla.
- En posiciones laterales cómo las que indican las 10 y las 2 en punto de un reloj.
- En el medio (se usa ésta para los solos de guitarra, con reverb o un poco de delay para dar mayor volumen espacial)

La mejor manera de empezar a escuchar grabaciones de guitarra es hacerlo con grabaciones de guitarra clásica. Puede parecer sencillo, en un principio, pero las preparaciones para realizar estas vistosas grabaciones conllevan horas y muchas pruebas y ensayos fallidos. Luego, pasa a escuchar grupos pequeños, como tríos, y ve ascendiendo a formaciones de jazz más completas y big bands que incluyan guitarristas. Algunas grabaciones de Bucky Pizzarelli serán ideales. Cuando hayas escuchado una buena selección de música, tendrás una mejor comprensión de cómo encaja la guitarra en los procesos de grabación y mezcla.

La mejor manera de iniciarse en la audición de música es hacerlo con el disco del sello Chesky Records *Various Artists-Gold Stereo and Surround Sound Set-up Discs*. Este disco fue ideado para ayudar a los entusiastas de los equipos estéreos de música a mejorar cada aspecto de su sistema estereofónico y sus prestaciones en una actuación.

Seguir la música

Una vez que dominas los acordes y eres capaz de pasar de una a otro, debes considerar la posibilidad de tocar con tus CD favoritos. Hay numerosos libros en el mercado que contienen partituras de artistas populares y detalladas transcripciones de canciones de grupos. A veces, cuando intentas deducir tú solo cuáles son los acordes de una canción, te equivoca y luego sigues tocando la canción de forma incorrecta. Intenta conseguir libros de canciones de tus artistas favoritos y empieza a partir de ellos. Con el tiempo sabrás escoger los acordes tú mismo.

Breve introducción a la improvisación

La improvisación requiere una mente abierta. Es una buena oportunidad para autoexpresarse. Quizás te gusta el solo del último disco de Eric Clapton y te gustaría tocar con él. Improvisar con Eric Clapton es el sueño de la mayoría de guitarristas, pero millones de ellos lo hacen a diario improvisando con un disco. Cuando tú improvisas, lo haces con solos y frases de tu nivel. ¿Por qué no empiezas a aprender esta habilidad?

El principio de la improvisación es la escala pentatónica. Existen dos tipos, la mayor y la menor. La escala mayor pentatónica es una escala mayor sin el cuarto y el séptimo grado. La **FIGURA 19-1** muestra la escala pentatónica de Do Mayor.

La escala pentatónica de la menor se ilustra en la **FIGURA 19-2**.

Intenta tocar las escalas de la **FIGURA 19-3** sobre las pistas 38 y 39 del CD que acompaña a este libro. Trata de no preocuparte con qué notas tocas, sólo toca la escala de arriba abajo. Intenta familiarizarte con ella de una manera fácil.

FIGURA 19-1: Escala pentatónica de Do Mayor.

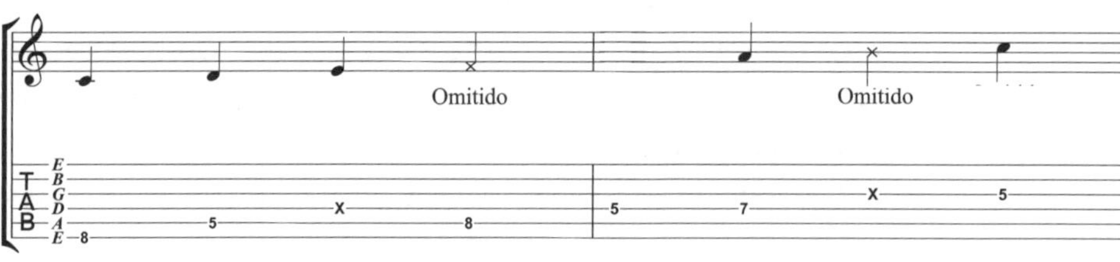

FIGURA 19-2: Escala pentatónica de la menor.

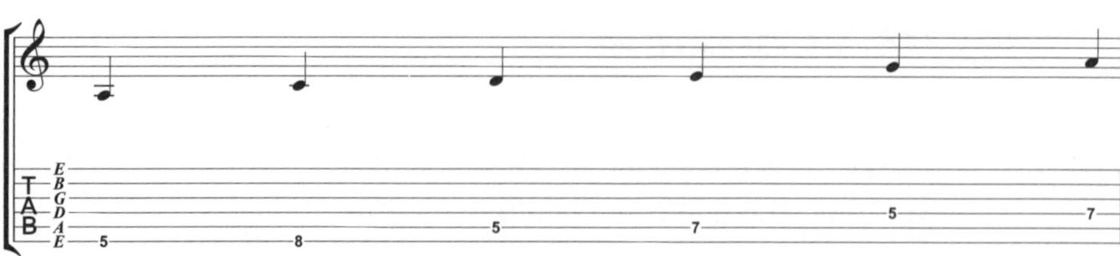

FIGURA 19-3: Modos mayor y menor de la escala pentatónica

Aprender canciones con un amigo

Dependiendo de tu momento vital, el tipo de canciones que aprendas será diferente. Algunos disfrutarán aprendiendo aquellas canciones clásicas de los años sesenta, mientras otros lo harán con la música clásica rock de los años setenta. Pero, antes de iniciar tu carrera como guitarrista en una muy codiciada sustitución en una banda, tienes que tocar con tu compañero algunos dúos. Son divertidos, melódicos y puedes empezar a ofrecer conciertos inmediatamente.

Tocando duetos

La primera melodía que practicaréis es «Old Joe Clark», mostrada en la **FIGURA 19-4** y ejecutada en la pista 68 del CD que acompaña a este libro. Es una melodía tradicional del blues de Kentucky. Dado que el bluegrass se toca rápido, mi consejo es que empecéis a practicarlo lentamente y aumentéis la velocidad gradualmente. Al repetir, cambiad las partes con el compañero. ¡Estáis empezando a producir una música bonita juntos! Normalmente, para tocar estas canciones deberías usar una guitarra acústica, pero si prefieres una para rock, por favor, hazlo.

FIGURA 19-4: «Old Joe Clark»

PISTA 68

Quédate con esta sensibilidad de blues de Kentucky en tu cabeza, porque ahí va otro. La **FIGURA 19-5** muestra «Mississippi Sawyer», una melodía que puedes escuchar en la pista 69 del CD que acompaña a este libro.

FIGURA 19-5: «Mississippi Sawyer»

PISTA 69

♩ = 120

Gtr. 1

Gtr. 2

C C G7 G7

C C G7 C

C C G7 G7

C C G7 C

Ahora, la **FIGURA 19-6** ilustra «My Country 'Tis of Thee», que puedes escuchar en la pista 70.

FIGURA 19-6: «My Country 'Tis of Thee»

PISTA 68

Gtr. 1

Gtr. 2

FIGURA 19-7: Dos amigos tocando juntos la guitarra.

Tu primera banda

Pasar de un simple dúo a una banda es un salto muy grande. Tú estás más cómodo con tus recién descubiertas habilidades y tienes un compañero que comparte tu entusiasmo por la guitarra. ¿Cuál es el siguiente paso? ¡Empezar una banda! ¡Espera! Hay pasos que son inevitables, tienes que considerar unas cuantas cosas primero.

¿Quién integrará la banda?

Muy bien, tienes a tu primer compañero en la banda, ¿quién más la formará para cambiar el sonido de la música para siempre? Siempre tienes que tener en cuenta los horarios de las demás personas y sus otros compromisos. Considera el nivel de los potenciales integrantes de la banda –si es más alto o bajo que el tuyo–. Las personalidades conflictivas son siempre un problema cuando se trata de hacer algo en grupo (especialmente las de los que se dedican al rock, más que las de los guitarristas clásicos), por lo tanto intenta invitar a gente con la que en general te lleves bien.

¿Quién tocará qué?

Tú mismo tocarás la guitarra y puede que elijas un segundo guitarrista. Ahora necesitas un bajo y un batería para tener un grupo completo. Aunque tu hermano pequeño quizás es un magnífico clarinetista en la banda de la escuela, este instrumento puede no resultar adecuado para tu formación. Quizás puedes buscar un teclista para interpretar partes fáciles de piano eléctrico o sintetizador en algunas canciones. ¿Quién cantará? Esto es algo importante que considerar. Vas a tocar canciones, por tanto es una buena idea tener un cantante (uno bueno, si es posible, para ponerse en camino con él). Puedes hacerle una prueba.

¿Qué tipo de música tocarás?

Una vez que has formado tu futura banda legendaria, tienes que ponerte de acuerdo con sus miembros sobre qué género musical tocaréis. Puede que tú estés pensando en el rock, otro quizás quiere tocar blues y el batería quiere tocar una polka (que, por cierto, es muy divertida de tocar). Tu banda podría convertirse en algo especial con todos estos interesantes estilos combinados, pero no era lo que tenías en mente cuando empezaste a leer este libro y estabas motivado para lanzarte al estrellato. Asegúrate de que todos los involucrados en la banda están en la misma onda respecto a qué genero musical tocar.

¿Dónde vais a practicar?

Todo el mundo sabe que algunas de las mejores bandas salieron de un garaje. Si vives en una casa que dispone de un garaje con suficiente espacio libre, ése es el mejor lugar para empezar. La siguiente opción es el sótano. Por supuesto, recuerda que la molestia más grande cuando se empieza a ensayar en casa ¡es el ruido! La ventaja de practicar en el sótano es que el volumen del ensayo con la banda completa (guitarra, bajo y batería, como mínimo) queda amortiguado por la estructura física de la casa. Recuerda que todavía se oirá el sonido del grupo, sólo que será menor. Haz lo posible por ser considerado con quienes comparten la vivienda donde has decidido ensayar.

Considera ir a ensayar a un espacio de un centro cercano. Estos centros, en todas partes suelen cobrar entre 10€ y 20€ por hora, en función del tamaño de la sala. La ventaja es que disfrutas de una habitación especialmente diseñada para ensayos de banda. Un buen centro habrá insonorizado las paredes y, en algunos casos, dispondrá de tarimas, así podrás acostumbrarte a cantar para tus futuras generaciones de fans. Disponer de una dirección pública es útil para escuchar cantantes y valorar el nivel global de volumen de la banda. Cuando los miembros de la banda contribuyen a pagar por el tiempo de ensayo, todos los involucrados tienden a tomárselo más en serio.

Tocar con amigos e incluso con familiares es una actividad que nunca decae. Dura tanto como tu amor por la música y mantiene el deseo de aprender nuevas canciones así como el de redescubrir las antiguas. Es más, puede que inspires a alguien para que aprenda a tocar un nuevo instrumento, como la guitarra.

Apéndice A

Glosario

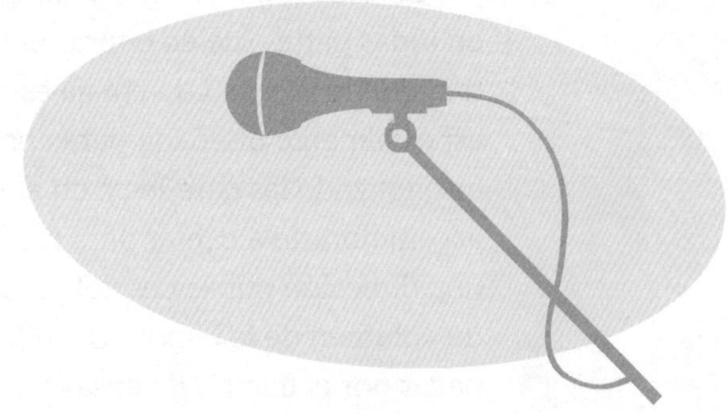

A

acento: efecto dinámico que da especial énfasis a una nota o un acorde.

acorde: cualquier combinación de tres notas o más tocadas simultáneamente, normalmente basada en la forma tríada, que contiene la primera, la tercera y la quinta nota de una escala. Por ejemplo, el acorde de Do Mayor, está formado por las notas C (do, base del acorde), E (mi) y G (sol). Los acordes pueden estar dispuestos en la forma básica, con la nota base en el bajo, o en disposiciones invertidas, usando otras notas en el bajo.

acorde alterado: acorde en que una o más notas son cambiadas por otras que no pertenecen a la escala.

acordes de paso: acordes que sirven para pasar de una armonía a otra y que no forman parte de la secuencia armónica principal.

acordes de sustitución: acordes usados en el jazz como alternativas a los usuales en una secuencia.

acordes invertidos: acordes en que las notas se disponen de forma diferente a la sucesión de terceras desde la nota base.

acordes parciales: acordes que no usan todas las cuerdas de la guitarra.

afinación: grado de aproximación al diapasón en el momento de tocar. También denomina un sistema de afinar.

afinación abierta: afinación de la guitarra siguiendo un acorde específico y no las notas convencionales mi, la, re, sol, si y mi. Una afinación abierta podría ser re, la, re, fa♯, la y re.

agujero (o boca) de resonancia: agujero (o agujeros) existentes en la tapa de resonancia de una guitarra, a través de los cuales se emite el sonido.

agujeros f: agujeros de resonancia en forma de f, como los del violín, normalmente en número de dos.

alma (vara de refuerzo): vara de metal que atraviesa el mástil a lo largo, aumentando su resistencia y permitiendo regular la curva longitudinal.

alteraciones: símbolos de la música escrita para subir (♯ sostenido) o bajar (♭ bemol) medio tono la nota. El doble bemol (𝄫) baja la nota un tono entero. El signo de becuadro (♮) cancela la acción de las alteraciones accidentales.

arch-top: guitarra, normalmente acústica, con una tapa de resonancia curvada y dos agujeros en forma de F similares a los del violín.

armadura: organización de los sostenidos o los bemoles (o de ninguno de los dos) al principio de cada pentagrama de la partitura.

armónicos: notas con un sonido etéreo más agudo que el de la cuerda, que se produce tocando ligeramente la cuerda en determinados puntos.

armónicos artificiales: armónicos producidos tocando una nota en los trastes y tocando la cuerda ligeramente una cuarta más arriba.

armonizador: en una guitarra eléctrica, efecto de tipo chorus que añade un sonido en armonía con el de la señal original.

arpegio: literalmente, «como un arpa», es decir, se tocan las notas de un acorde una nota detrás de otra y no a la vez. También se conoce como *acorde roto* o *quebrado*.

articulación: la forma característica en que una nota es atacada y continuada, ya sea una sola nota o un grupo de notas. Por ejemplo, *staccato* o *legato* son tipos de articulación.

ataque: la forma característica en que empieza un sonido.

atonal: no integrado en el sistema tonal de las escalas mayores y menores. En ningún tipo de tonalidad.

aumentado: en el caso de los intervalos se trata de un intervalo incrementado en un semitono. Un acorde aumentado es aquel acorde mayor en el que la quinta se ha aumentado medio tono. (Ver también *disminuido*.)

B

bebop, hardbop: un estilo de jazz nacido en los años cuarenta, caracterizado por usar líneas melódicas rápidas sobre aventuradas armonías prolongadas. Los términos «bop» y «bebop» son intercambiables y «hard bop» normalmente se refiere a una variante nacida en los años cincuenta, influenciada por el blues.

blues: estilo de música afroamericano que usa escalas con terceras, quintas y séptimas disminuidas, conocidas como las *blue notes* de una escala. El estilo blues usa predominantemente una forma de doce compases.

boogie-woogie: estilo de blues-jazz caracterizado por un bajo rítmico repetitivo, derivada de los primeros pianistas de jazz.

bossa nova: estilo rítmico brasileño de jazz y de música popular que se extendió por Europa y Estados Unidos en los años sesenta.

break: en jazz, un pasaje de solista sin acompañamiento que normalmente aparece al final de una frase.

C

cambios: secuencia de acordes usada como base para la improvisación en el jazz.

cejilla: (1) pequeña abrazadera ajustable que rodea el mástil y cubre todas las cuerdas, subiendo la afinación de las mismas y permitiendo a un cantante o instrumentista flamenco cambiar de tonalidad y seguir usando cuerdas al aire.
(2) pieza con muescas –normalmente de hueso, marfil, ébano, metal o plástico– que

guía las cuerdas desde el diapasón hasta las clavijas.

***choking*:** amortiguar las cuerdas de la guitarra para obtener acordes cortos en *staccato*.

chorus: efecto que, en una guitarra eléctrica, simula que hay más de un instrumento tocando la misma nota.

cítara: instrumento de cuerda en el que las cuerdas se extienden a lo largo de todo el instrumento.

clásica: el término «clásica» se usa de forma general para referirse al arte musical distinto del folk, el jazz, el rock, el pop, etc. Pero, más concretamente, se refiere a la música del período comprendido entre los años 1750 a 1830, aproximadamente.

clavijas: dispositivos instalados en el clavijero que anclan las cuerdas y permiten afinarlas. Cada mecanismo de afinación dispone de un rodillo, un engranaje y una llave de afinación.

clavijero: estructura al final del mástil que aloja las clavijas.

***comping*:** en el argot del jazz, significa «acompañamiento».

compresión: en una guitarra eléctrica, aumenta el volumen de las notas más bajas y reduce el de las más fuertes, nivelando el sonido de los pasajes rápidos.

conmutador de pastilla: permite alternar las pastillas en diferentes combinaciones.

contrapunto: combinación de dos o más líneas melódicas, tocadas al mismo tiempo, dentro de la misma estructura armónica.

cordal: dispositivo que sostiene los extremos de la cuerda que llevan una bolita u otros tipos de anclaje.

country (y western): música rural popular originaria del sur y el oeste de Estados Unidos, que empezó con la familia Carter.

cromática: las notas cromáticas son aquellas que quedan fuera de la tonalidad de la pieza musical a la que pertenecen. La escala cromática se compone de doce notas que distan medio tono entre ellas.

cuerdas: son pulsadas para hacerlas vibrar y producir el sonido de la guitarra. La mayoría de las cuerdas de guitarra son de acero o de un delgado hilo de acero entorchado sobre un núcleo sólido; las cuerdas de la guitarra clásica son de nailon o de nailon entorchado con acero... el grosor de la cuerda (calibre) depende de su posición en la guitarra y el calibre relativo de todo el juego de cuerdas.

cuerdas de resonancia: cuerdas concebidas para no ser tocadas con los dedos, sino que están afinadas para vibrar por simpatía con las cuerdas principales del instrumento. Se encuentran normalmente en el sitar.

cuerpo: parte principal de una guitarra, a la que se sujetan el puente y el mástil. En las guitarras acústicas y en algunas eléctricas, el cuerpo sirve de caja de resonancia.

cuerpo sólido: cuerpo de guitarra hecho de una sola pieza de madera o de una laminación sólida. La mayoría de guitarras eléctricas son de ce cuerpo sólido; algunas son semihuecas.

***cutaway* (corte de compensación):** área dentada del cuerpo de la guitarra que facilita a la mano izquierda de los guitarristas acceder a las notas más altas del mástil.

D

delay (retraso): en una guitarra eléctrica, imita el efecto del eco tocando una copia retardada del sonido original.

desafinación: efecto de desafinar intencionadamente una o más cuerdas para producir un efecto específico.

diapasón: tira de madera, normalmente dura, que se sujeta sobre el mástil y contiene los trastes.

diatónica: notas de la escala mayor.

disminuido: intervalo rebajado en un semitono. Los acordes disminuidos son aquellos basados en intervalos de tercera menor. La escala disminuida consiste en alternar tonos y semitonos.

distorsión: cambio en la calidad del tono, con un sonido más áspero que se consigue sobrecargando un amplificador o con un pedal de distorsión fuzz box.

divisor de octava: pedal de efectos que se usa para la guitarra eléctrica y añade una octava, más grave o más aguda, sobre la señal original.

doble-stop: formar un acorde cortando dos o más cuerdas con la mano izquierda sobre los trastes.

dreadnought: guitarra acústica con cuerdas de acero y cuerpo grande.

E

eco: fenómeno acústico por el cual un sonido se oye repetido en la distancia, como consecuencia de su reflexión en una superficie.

efecto: una guitarra eléctrica moderna permite producir numerosos efectos, tales como chorus, compresión, delay, distorsión, realce, expansión, flanger, fuzz, armonizador, leslie, octava, divisor, sobrecarga, panning, preamp, reverberación, trémolo, vibrato, volumen, pedal o wah-wah (ver las entradas separadas para cada uno).

efectos sonoros (overdubs): efectos añadidos a una grabación después de la toma original.

ejecución: facilidad para tocar las cuerdas a lo largo del mástil. La ejecución se ve afectada por la distancia de las cuerdas al mástil, la rectitud del mástil y el calibre de la cuerda.

escala: serie de notas, ascendente o descendente, de una tonalidad específica, que sirve de base para la composición en el sistema tonal.

escala de tonos completos: escala aumentada de seis notas, en la que todas distan entre sí un tono. Por ejemplo, do-re-mi-fa ♯-sol ♯-la ♯.

estuche blando: estuche ligero hecho de lona, nailon o piel que puedes usar como alternativa al estuche duro. Estos estuches se cierran con cremallera y ofrecen prácticamente la misma protección que una maleta ligera de piel.

expansor: contrariamente al compresor, expande el rango de volumen de una guitarra eléctrica.

F

feedback: fuerte zumbido producido por un micrófono o pastilla que reciben y amplifican su propia señal procedente de un altavoz.

filetes: tiras finas de madera o plástico que rodean los bordes del cuerpo.

flamenco: estilo español de cante, toque y baile. Algunas formas flamencas son: *alegrías, bulerías, fandangos, farrucas, granadinas (granaína), malagueñas, seguidillas (seguiriyas), soleás* y *tarantas*. La guitarra a menudo intercala *falsetas* (interludios melódicos improvisados) en estas formas. Algunas técnicas de la guitarra flamenca son: *alza púa* (rasguear con la uña del pulgar), *apagado* (amortiguar el sonido con la mano izquierda), *golpe* (palmear el cuerpo de la guitarra), *picado* (usar los dedos en lugar de la púa) y *rasgueado* (rasguear desplegando los dedos sobre las cuerdas).

flanger: en la guitarra eléctrica un efecto de tipo chorus, usando una señal retardada con una ligera variación del diapasón.

flat-top: guitarra cuya tapa de resonancia o superior es plana.

folk (popular): música de las culturas rurales, normalmente transmitida por vía oral. La palabra «folk» también se usa para referirse a la música compuesta en verdadero estilo folk, especialmente después de su renacimiento en los años cincuenta.

free jazz: estilo de jazz de los años sesenta en el que se improvisa libremente sin ceñirse a una tonalidad o una secuencia armónica específicas.

funk: término aplicado a un estilo de música afroamericana que, como característica especial, usa complejas secuencias de corcheas y semicorcheas sincopadas.

fusión: un ejemplo de fusión podría ser el estilo que mezcla el rock con el jazz. En general, música fusión se refiere a juntar elementos de estilos diferentes.

fuzz: en una guitarra eléctrica, un tipo de distorsión, que se produce mediante un pedal fuzz.

G

glissando: pasar deslizando de una nota a la siguiente.

groove: modelo rítmico continuo del jazz y del rock.

guitarra acústica: guitarra de cuerpo hueco que no precisa amplificación eléctrica.

guitarra bottleneck: técnica que usa una vara o tubo de metal y no los dedos de la mano izquierda para tocar las notas y los acordes y deslizarse de uno a otro.

guitarra pedal steel: cítara eléctrica que se usa básicamente en la música country.

guitarra sintetizador: guitarras con componentes electrónicos incorporados que envía información MIDI a un sintetizador externo, una batería u otros.

guitarrón: guitarra mexicana de gran tamaño con cuatro o cinco cuerdas. Principalmente se usa en bandas de mariachis.

H

habanera: danza cubana o su ritmo.

I

intervalo: distancia entre dos notas. Por ejemplo, de do a sol hay un intervalo de quinta (es decir, cinco notas de la escala); de do a mi hay uno de tercera (tres notas); y de do a do, hay una octava (ocho notas).

inversión: ver *acordes*.

J

jamming: término para referirse a la improvisación de músicos que tocan en grupo.

jazz: música de origen afroamericano caracterizada por el uso de la improvisación, las *blue notes* y los ritmos sincopados.

L

latina: música de origen latinoamericano que incluye danzas rítmicas como la habanera, la samba, la rumba, bossa nova, etc.

laúd: instrumento europeo de cuerda pulsada de cuerpo oblongo y redondeado con un mástil corto y con trastes.

***legato*:** sin interrupción, suavemente, no *staccato*.

leslie: el efecto Leslie, concebido originalmente para su uso en órganos electrónicos, se produce con un altavoz giratorio que produce un efecto de espiral en la música tocada con una guitarra eléctrica.

licks: en el jazz y el rack, pequeñas intervenciones, casi clichés, que se insertan en un solo o a modo de derivaciones.

ligado ascendente (hammer-on): tocar las notas martilleando con los dedos de la mano izquierda, en lugar de pulsando con los dedos de la mano derecha.

ligado descendente (pull-off): se toca la nota tirando de la cuerda con los dedos de la mano izquierda.

M

máquina del cabezal: ver *clavija*.

mástil: estructura alargada que va del cuerpo al clavijero, a la que se sujeta el diapasón. Los mástiles tienen una curvatura longitudinal que puede regularse por medio de una vara interior. La anchura, forma y curvatura del mástil influyen, en gran manera, en el buen funcionamiento de una guitarra al ser tocada.

microtono: intervalo menor que un semitono.

MIDI: interfaz digital de instrumentos musicales. Un protocolo electrónico que permite a los instrumentos musicales como la guitarra eléctrica y los sintetizadores comunicarse con secuenciadores, cajas de efectos, ordenadores y otros.

minimalismo: movimiento musical de los años sesenta que usa armonías estáticas, modelos repetidos y los mínimos recursos.

modos: escalas que usan las notas de la escala diatónica de manera diferente a las escalas mayor y menor. Estos modos, como el dórico, el frigio y el eólico, tienen su origen en la música medieval, pero fueron adoptados por los músicos de jazz en los años cincuenta.

modulación: paso de una tonalidad a otra.

montura: pieza que guía las cuerdas por encima del puente. La mayoría de las guitarras eléctricas tienen monturas individuales para cada cuerda. Se pueden ajustar para cambiar la longitud de una cuerda y, por tanto, su afinación.

música de cámara: música para un grupo reducido de músicos (normalmente no más de nueve).

N

nota pedal: nota grave repetida que apoya una sucesión de cambios armónicos.

notación: cualquier sistema de escribir música.

notas de adorno: notas cortas que se tocan justo antes de la nota principal, a manera de ornamento.

O

octava: intervalo que comprende ocho grados de una escala diatónica. Dos notas separadas por un intervalo de octava, tienen el mismo nombre.

overdrive (sobrecarga): en una guitarra eléctrica, una forma de distorsión.

P

panning: en una guitarra eléctrica, mover la fuente de sonido dentro del campo estereofónico.

pastilla: dispositivo de las guitarras eléctricas que recoge el sonido de las cuerdas y lo transmite al amplificador.

pastillas activas: pastillas que usan una batería para aumentar el sonido.

pedal de volumen: dispositivo para controlar el volumen del sonido de una guitarra eléctrica, útil para crear el efecto «fade-in» (ir apagando la nota) o el «swell» (ir aumentando el volumen de la nota).

pentatónica: escala de cinco notas y no de siete, como las más habituales.

phasing: efecto por el cual dos sonidos idénticos se desfasan ligeramente y se tocan superpuestos.

potenciómetro (pot): resistencia variable que se usa en las guitarras eléctricas para el control del volumen y el tono. También lo tienen los amplificadores.

preamplificador (preamp): en una guitarra eléctrica el preamplificador puede usarse para controlar el tono o para aumentar la señal.

protector: lámina situada en el cuerpo de la guitarra que protege la tapa armónica de los golpes de púa o de los dedos.

púa o plectro: objeto usado para tocar las cuerdas de la guitarra, normalmente de plástico.

puente: estructura con ranuras que alojan las cuerdas, a través de la cual éstas comunican su vibración al cuerpo de la guitarra. La mayoría de los puentes son ajustables para aumentar o disminuir la altura de las cuerdas, cambiando la ejecución de la guitarra y la afinación.

punteo: técnica de la mano derecha en la que las cuerdas son individualmente pulsadas por los dedos.

R

raga: modo melódico usado en la música india. Existen centenares de ragas diferentes y la mayoría usan microtonos.

ragtime: estilo de música afroamericano, precursor del jazz.

realce: en una guitarra eléctrica, dispositivo para mejorar la definición del sonido.

refuerzos: tacos de madera interiores que refuerzan el cuerpo de la guitarra. El tamaño y la forma de los refuerzos, en parte, definen el sonido de una guitarra.

reggae: estilo de música popular jamaicana. Combinación del rhythm&blues americano y de la música africana.

relleno (fill): en el jazz y en el rock, corta figura melódica tocada por un instrumento acompañante, entre frase y frase.

reverberación: efecto de guitarra que imita el eco, ya sea propia del amplificador o con una emulación electrónica digital.

rhythm&blues: música pop afroamericana, originada en los años cuarenta y precursora del rock and roll.

riff: en el jazz y el rock, frase melódica corta que se repite.

rock, rock and roll.: el rock surgió del rhythm&blues en los años cincuenta y en los sesenta pasó a ser conocido simplemente con el nombre de rock.

rubato: tocado en un *tempo* no estricto (libre y expresivo).

rumba: danza afrocubana.

S

segue: indica que debes seguir al próximo movimiento, sección o número sin detenerte.

semitono: medio grado o medio tono. El intervalo más pequeño en una escala diatónica (por ejemplo, la distancia entre mi y fa o entre si y do), la distancia entre dos trastes.

síncopa: consiste en empezar una nota en la parte débil del compás y prolongarla a otra más fuerte (característica del jazz y muy habitual en el rock e incluso en la música pop).

slide: estilo de tocar la guitarra usando un tubo o bottleneck, en el que las notas y los acordes se deslizan.

***staccato*:** destacado. Las notas o acordes *staccato* son cortas y picadas, sin pasar con suavidad a la siguiente.

***straight eights* (literal «corcheas estrictas»):** término inglés usado en el jazz que significa que hay que tocar en una pulsación exacta, por contraposición a swing, que indica que el ritmo se interpreta más libremente. (Ver también *swing*.)

string-bending: técnica en la que se usan los dedos de la mano izquierda para empujar la cuerda hacia un lado, alterando el sonido de la nota.

swap fours: en el jazz, significa que los solistas alternan sus improvisaciones cada cuatro compases.

swing: estilo de jazz de los años cuarenta, normalmente asociado a las big bands. El término también se usa para indicar que la interpretación debe ser libre rítmicamente. (Ver también *straight eights*.)

T

tablatura: notación musical que usa letras, números y diagramas para indicar el diapasón.

tapa de resonancia: la tapa resonante de cualquier instrumento acústico.

tema principal: en jazz, exposición de la melodía antes y después de los solos improvisados.

***tempo*:** velocidad subyacente en una pieza de música.

timbre: calidad de tono de un sonido.

tonal, tonalidad: relativo al sistema de las tonalidades mayores y menores.

tono (tono entero): intervalo de dos semitonos; por ejemplo, la distancia entre el do y el re o entre el fa y el sol (tres trastes).

tornillo de la vara de refuerzo: mecanismo de tornillo de la vara de refuerzo o alma que se puede aflojar o atornillar para alterar la tensión de ésta.

trastes: hilos de metal incrustados en el diapasón que son una guía de en qué puntos del mástil las cuerdas suenan correctamente afinadas.

trémolo: en la guitarra eléctrica, pequeña y rápida variación en el volumen de una nota.

trino: alternar a gran velocidad una nota y su superior.

turnaround: en el jazz, es un cliché armónico que, en la última frase, prepara el regreso al inicio para repetir.

U

unísono: en la misma nota exactamente. Por ejemplo, en una guitarra de doce cuerdas, cada par de cuerdas estás afinado al unísono –es decir, en la misma nota–. En el jazz, el tema inicial se suele tocar por diversos instrumentos al unísono.

V

vamps, vamping: acompañamiento repetido que, en el jazz y la música popular, se toca hasta que empieza la melodía.

variación: técnica por la que se modifica un tema musical, después de tocarlo una vez.

vibrato: en la guitarra eléctrica, pequeña y rápida variación en la afinación de una nota.

vihuela: instrumento musical de cuerda del renacimiento español.

W

wah-wah: en una guitarra eléctrica, el pedal wah-wah controla la respuesta relativa de los graves y los agudos de un sonido. Puesto al mínimo, tiene un tono agudo alto. Al máximo, enfatiza los graves. El característico sonido «wah-wah», se obtiene subiendo y bajando el pedal de un extremo a otro.

Apéndice B

Páginas web relacionadas con la guitarra

Revistas

- *Acordes:* www.rdmeditorial.com/portacordes.htm
- *Guitarra actual:* www.arsinf.com/guitarraactual/index.htm
- *Guitarristas:* www.rdmeditorial.com/portguitar.htm
- *Guitarra total:* www.mcediciones.es/guitarratotal
- *Muzikalia:* www.muzikalia.com

Portales de internet

- www.ciberguitarra.com: todo sobre rock, se pueden descargar Mp3.
- www.guitarraartelinkado.com: teoría de la música, acordes, escalas. Foro y consultas.
- www.guitarraonline.com.ar: lecciones, artículos de destacados profesionales, teoría, técnicas, equipos, accesorios.
- www.marcschonbrun.com: portal del autor.
- www.yamaha.co.jp/glosario: glosario de instrumentos, recursos y técnicas.

En inglés

- www.truefire.com: página ideal para los habituales de los vídeos de guitarra y los CD-ROM de aprendizaje.
- www.workshoplive.com: página ideal para clases de guitarra *on-line*
- www.fingerstyleguitar.com: la revista más completa sobre el punteo
- www.guitartricks.com: página para aprender pequeñas sutilezas en el arte de tocar la guitarra.
- www.playguitarmagazine.com: revista sobre el arte de tocar la guitarra; excelente para principiantes
- www.justjazzguitar.com: versión *on-line* de la revista *Just Jazz Guitar*.
- www.guitarist.com/cg/socs.htm: Lista de sociedades de guitarra clásica en el mundo.
- http://guitar.about.com/musicperform/guitar
- http://guitar.about.com/musicperform/guitar/cs/transcriptions/index. Htm
- http://guitar.about.com/musicperform/guitar/cs/lessons/index.htm
- http://guitar.about.com/musicperform/guitar/mbody.htm: Guitar at About.com, la página ideal para encontrar clases de

guitarra y descargar MP3. Una de las mejores páginas generales sobre la guitarra para principiantes.

- www.lib.virginia.edu/dmmc/Music/GuitarChords: el diccionario *on-line* de los acordes de guitarra
- www.allmusic.com: AMG All Guía de música.
- www.olga.net: archivo *on-line* de Links de guitarra.
- www.guitarsite.com: GuitarSite.com, página web de *Guitar News Weekly* y Banco de datos de guitarra 2000.
- www.mediaversal.com/wesley /songbook.html: canta esas canciones.
- www.acguitar.com: la revista *Acoustic Guitar* en internet; excelente revista en todo lo referente a guitarras acústicas.
- www.guitarplayer.com: revista *Guitar Player* en internet –la primera revista sobre la guitarra, con grandes contenidos y referencias históricas.
- www.guitarworld.com: revista *Guitar World* en internet. Excelente revista sobre todo tipo de música rock para guitarra.
- www.jazzguitar.be: guitarra de jazz en internet, clases de guitarra de jazz, transcripciones y licks
- www.harmony-central.com: la mejor página sobre música electrónica. Lo contiene todo, desde revistas de guitarra a fórums sobre grabaciones y nuevos instrumentos.
- www.tappistry.org: página dedicada al estilo de tocar la guitarra two-handed (con las dos manos en los trastes).
- www.luth.org: The Guild of American Luthiers, gremio no lucrativo de lutieres americanos, organizados para colaborar en el avance en la construcción y reparación de instrumentos de cuerda a través de un intercambio de información gratuito.

Apéndice C

Métodos y otros libros de música

Domínguez, Salvador, *Psicópatas del mástil*, Ediciones MD, Barcelona, 1998.

Faber, J., *Acordes y acompañamientos*, PDG (libro con CD).

Howard, Paul, *Intermedio guitarra rock*, Carisch.

Martínez, Paul, *Introducción a la guitarra MIDI*, RGB arte visual.

Schonbrun, Marc, Manual para tocar la guitarra rock & blues, Ma Non Troppo, Ediciones Robinbook, 2005.

Zapata, Manuel, *Guitarra acústica y eléctrica. Método por música y por cifra*, Hal Leonard, Barcelona, 1984.

En inglés

Ninguno de estos libros está publicado en español. La mayoría de ellos los puedes encontrar en librerías virtuales.

Mickey Baker, *Mickey Baker's Jazz Guitar*, Omnibus Press.

William Bay, Mike Christiansen, *Mastering the Guitar: A Comprehensive Method for Today's Guitarist*, Mel Bay Publications. Se trata de una serie de siete libros.

Gene Bertonicini, *Approaching the Guitar*, Kjos Music Co.

Mick Goodrich (contribuciones de Pat Metheny), *The Advancing Guitarist*, Hal Leonard.

Ted Greene, *Modern Chord Progressions*, Warner Bros.

William G. Leavitt, *Modern Method for the Guitar: Vols. 1, 2, 3*, Hal Leonard.

John Mehegan, *Jazz Rhythm and the Improvised Line Jazz Improvisation*, Music Sales Corp.

John Mehegan, Tonal and Rhythmic Principles Jazz Improvisation, Music Sales Corp. (Se trata de libros para piano, pero si eres capaz de adaptarlo a la guitarra desarrollarás unos fantásticos músculos musicales).

Frederick Noad, *Solo Guitar*, Music Sales Corp.

Aaron Shearer, *Classical Guitar Technique*, Warner Bros.

Nicolas Slonimsky, *Thesaurus of Scales and Musical Patterns*, Music Sales Corp. Éste es el libro que John Coltrane estudió intensamente.

Tommy Tedesco, *For Guitar Players Only*, Dale Zdenek Publications. Este libro está descatalogado, pero si puedes encontrarlo te será muy útil, en especial para mejorar tu lectura a vista.

Apéndice D

Trucos

Ligado ascendente (hammer-on)

Se usa mucho en el rock, el blues y el folk. Toca la nota re en el quinto traste de la quinta cuerda con tu primer dedo. Mientras la nota está sonando todavía, desliza tu dedo hasta la nota mi en el séptimo traste de la quinta cuerda y quédate ahí.

Ligado descendente (pull off)

Se trata de un hammer-on invertido. Tienes que tener ambos dedos sobre los trastes. Toca la nota mi como antes, después retira el dedo para que suene claramente el re.

Trino

Si combinas las dos técnicas explicadas arriba, a gran velocidad, obtienes un efecto ornamental muy usado en el rock and roll, que tal vez te sea familiar, el trino.

String bends

Muchos guitarristas de rock y de blues usan esta técnica. Una vez que has tocado la nota, tiras y empujas la cuerda, pudiendo llegar realmente hasta la nota del traste superior. Sería una técnica parecida a usar un efecto mecánico de trémolo. Normalmente, funciona mejor si usas cuerdas de poco calibre.

Doble string bends

Un cliché del rock y del blues, que tiene mucho efecto, en caso de que estés animado. Consiste en tener dos dedos colocados al mismo tiempo. Tocas el re en el séptimo traste de la tercera cuerda y haz un bending hasta alcanzar el mi. Mientras todavía suena esta nota toca el mi en la cuerda adyacente (quinto traste, segunda cuerda), dejando que las dos notas suenen juntas.

Vibrato

Se trata sólo de imitar deliberadamente un efecto sonoro «wow-wow». Lo único que tienes que hacer es balancear el dedo que toca, adelante y atrás. Cuanto más exagerado sea el movimiento de tu mano, más ancho será el vibrato.

Glissando

Es simple. Desliza tu dedo de un traste al siguiente, mientras la nota está todavía sonando.

Apéndice E

Disposiciones de acordes y escalas de nivel avanzado

FIGURA AP1: Digitaciones de escala mayor (dos octavas)

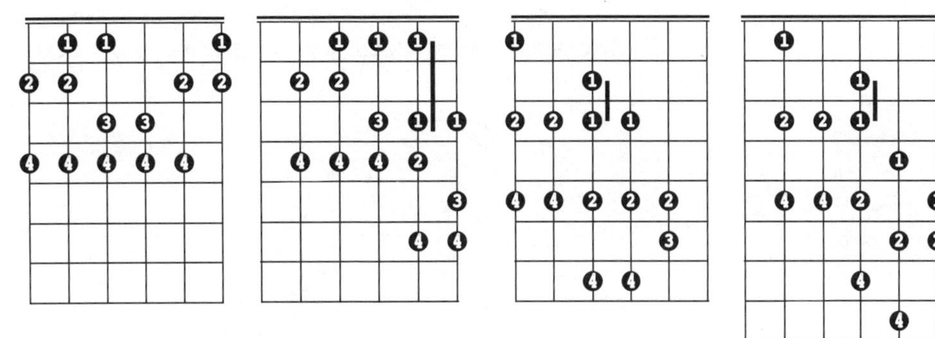

Deduce las otras escalas tú mismo. Practica a través del ciclo de cuartas.

FIGURA AP2: Digitaciones de escala menor

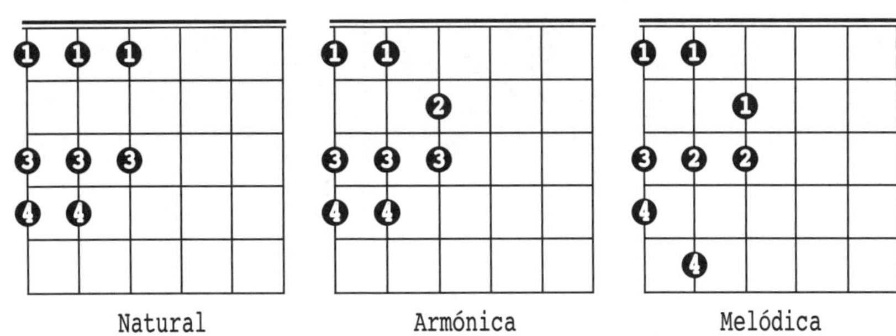

Acaba de completarlas hasta dos octavas.

FIGURA AP3 (A): Escalas pentatónicas

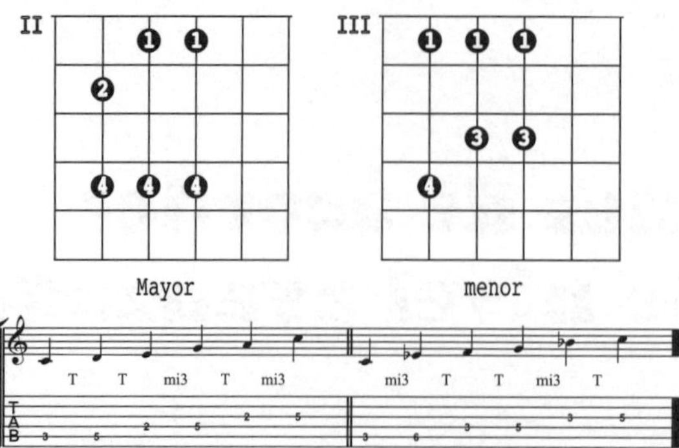

Escalas pentatónicas o de cinco notas (muy usadas en blues y rock). Desarróllalas en dos octavas y practica a través del ciclo de cuartas.

FIGURA AP3 (B): Escala aumentada

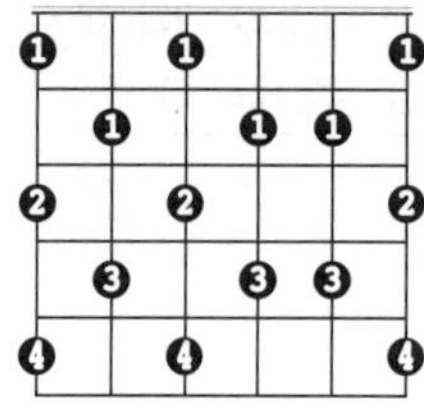

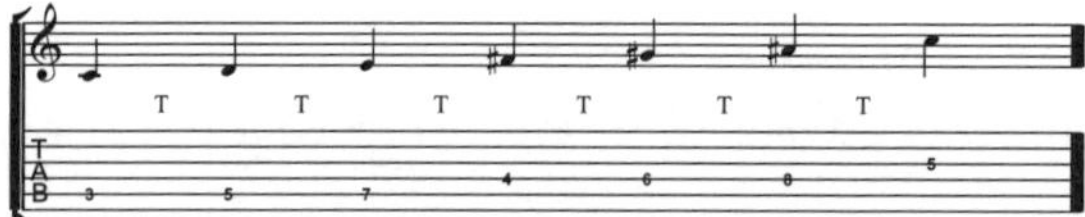

Escala aumentada (escala de tonos enteros). Como el nombre indica, avanza sólo por tonos enteros.

FIGURA AP3 (C): Escalas disminuidas

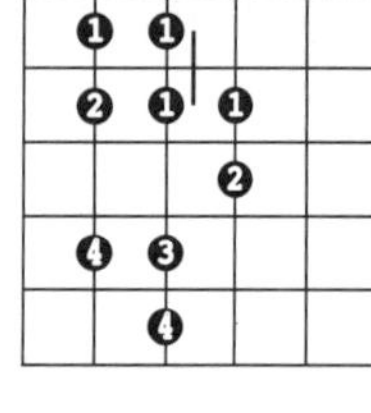

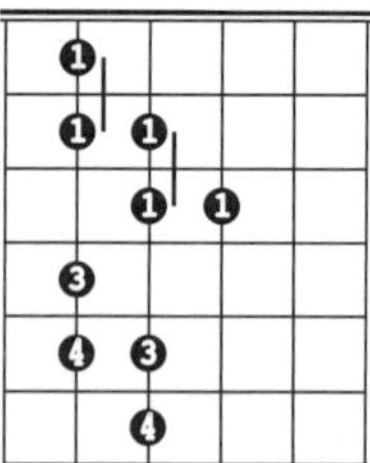

Hay dos tipos diferentes de escala, cómo ves arriba. Desarróllalas en dos octavas y tócalas en todas las tonalidades.

FIGURA AP3 (D): Disposiciones básicas de acordes de séptima.

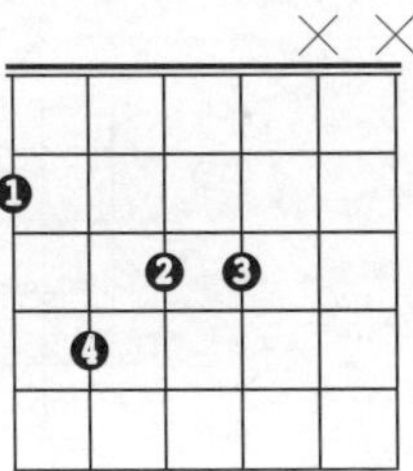

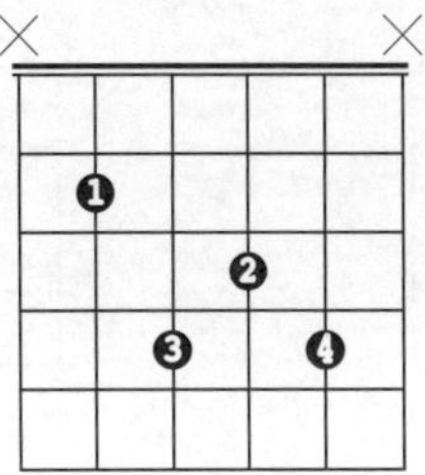

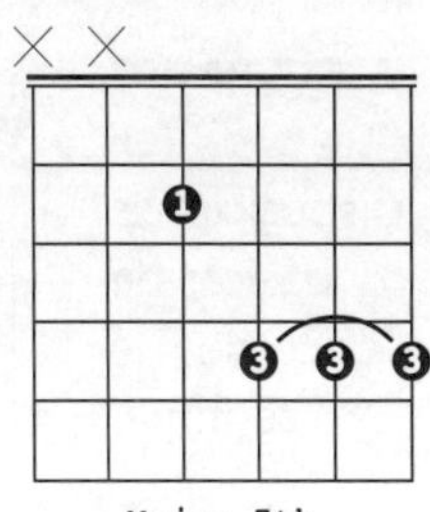

Major 7th

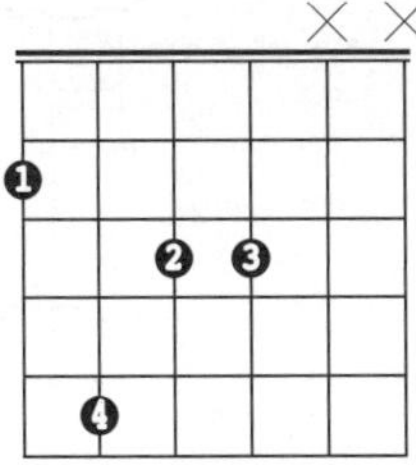

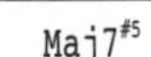

Maj7$^{\#5}$

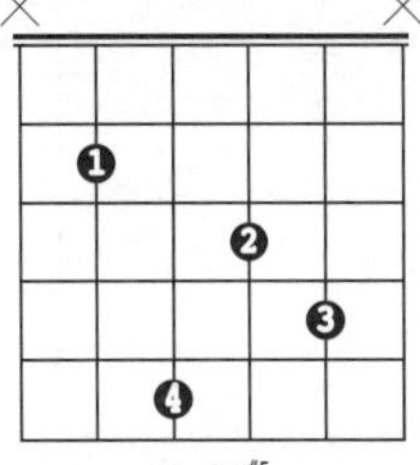

Maj7$^{\#5}$

Maj7$^{\#5}$

Minor$^{(Maj7)}$

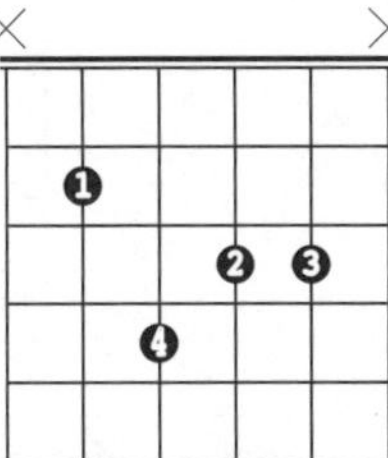

Minor$^{(Maj7)}$

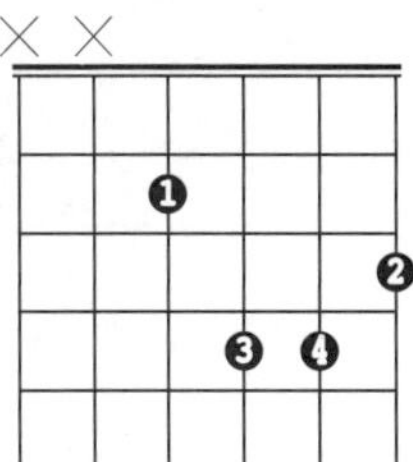

Minor$^{(Maj7)}$

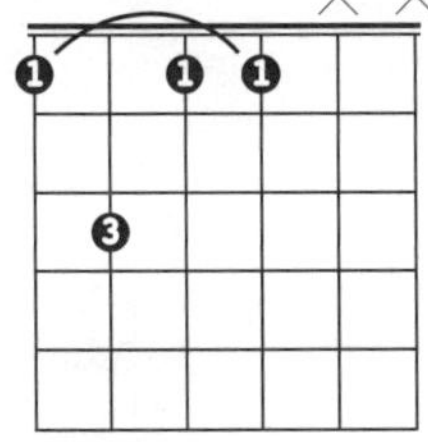

Maj7

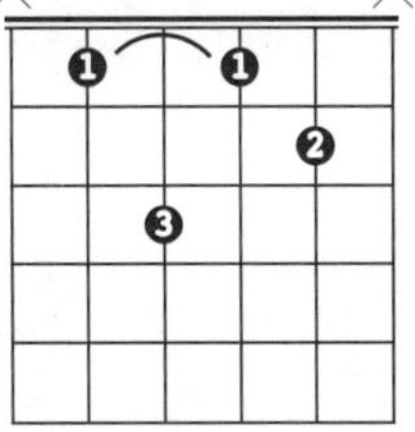

Maj7

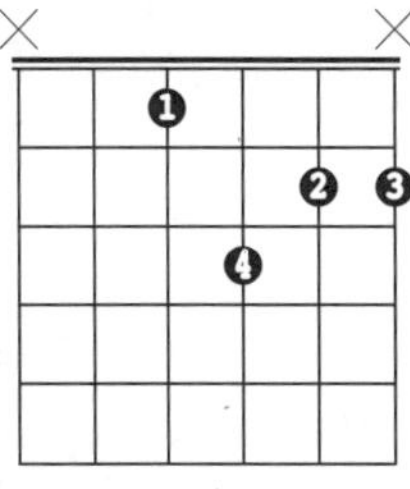

Maj7

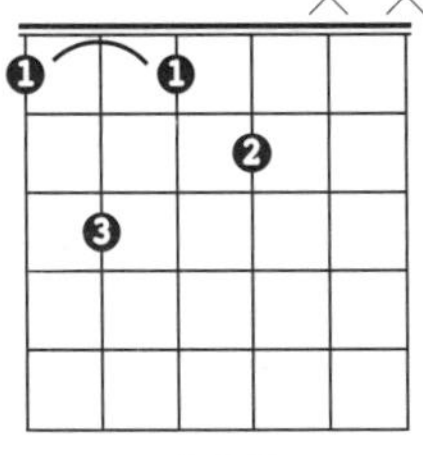

Dom 7

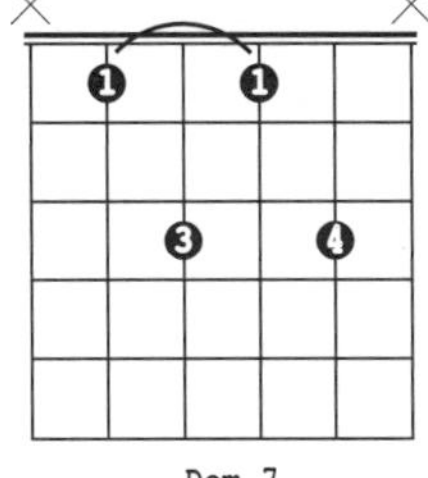

Dom 7

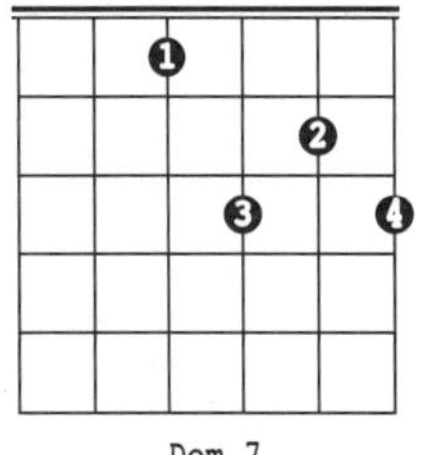

Dom 7

FIGURA AP3 (E): Disposiciones básicas de acordes de séptima.

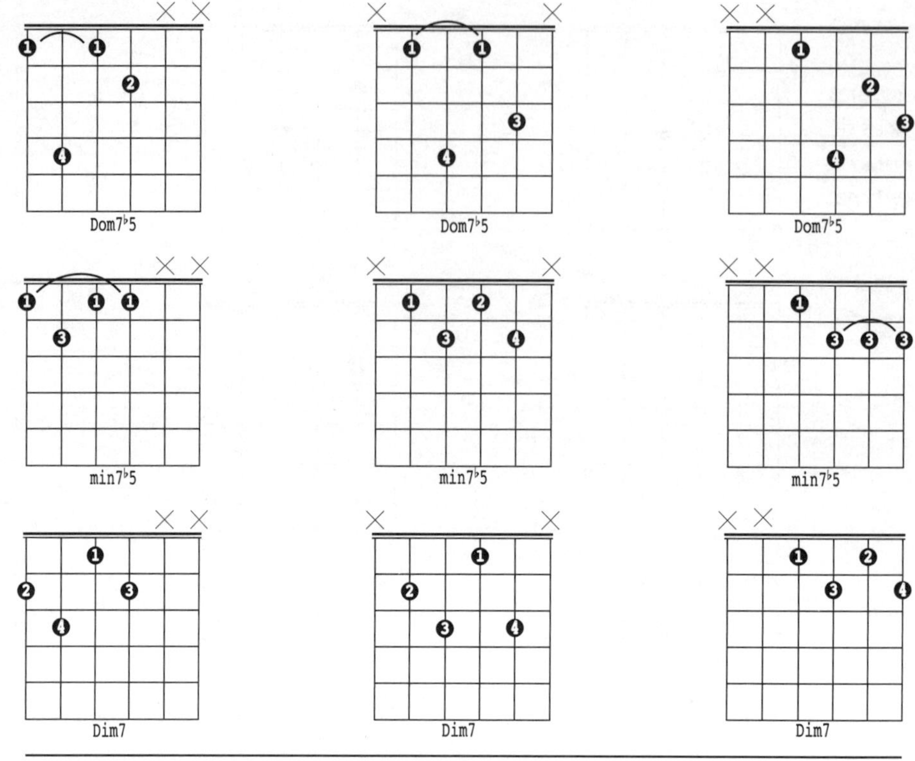

Los acordes disminuidos pueden tomar su nombre de cualquier nota del acorde

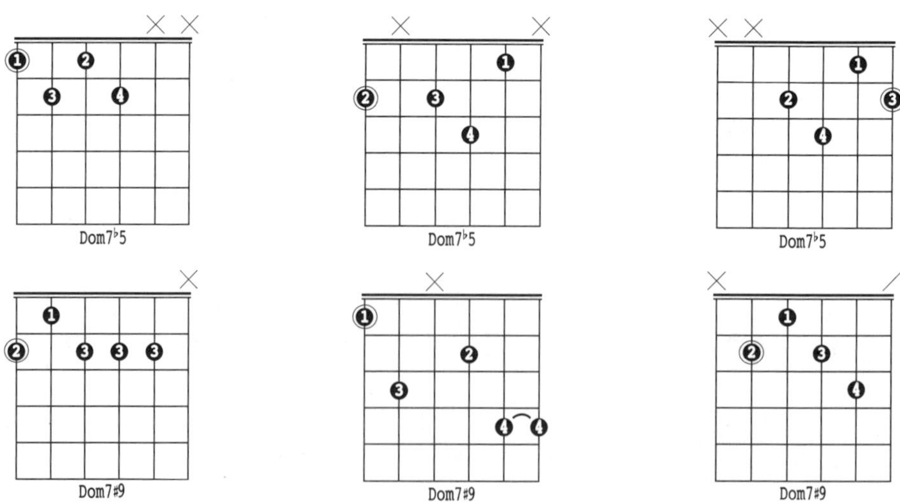

FIGURA AP5: *O Little Town of Bethlehem*

O Little Town of Bethlehem

(Arranged by J. Wilkins)

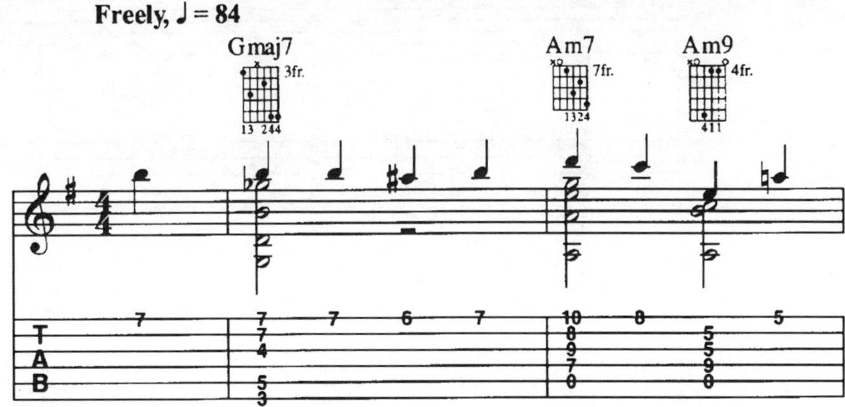

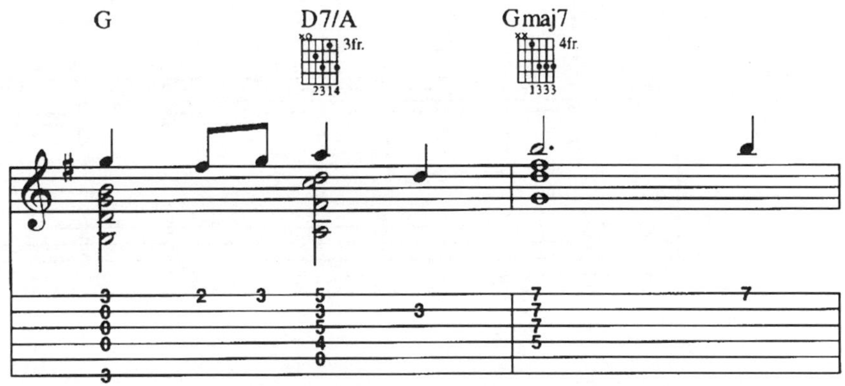

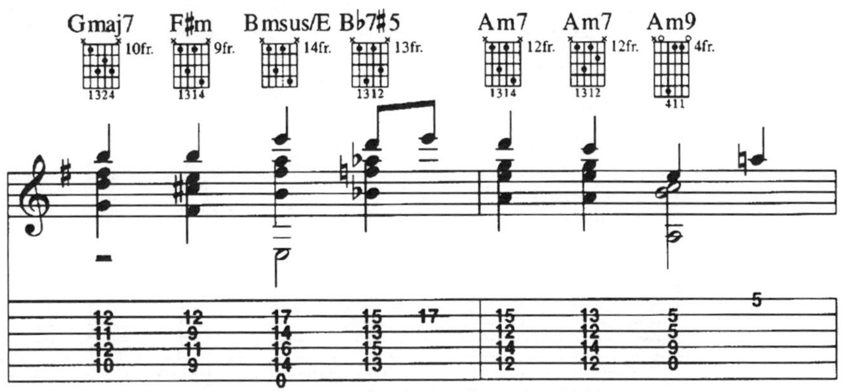

FIGURA AP5 *(continuación): O Little Town of Bethlehem*

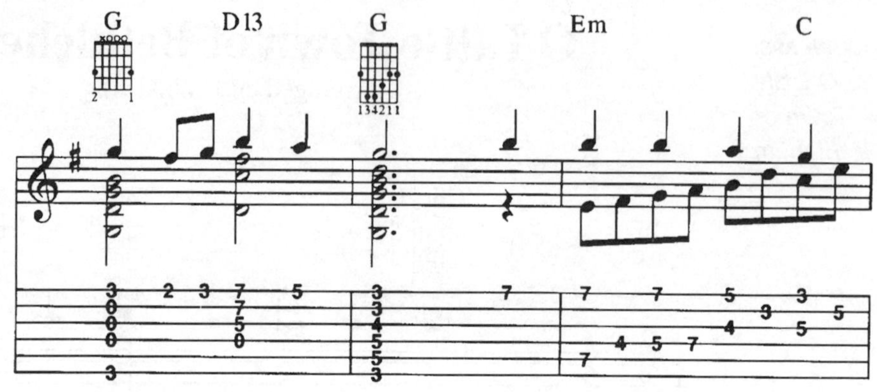

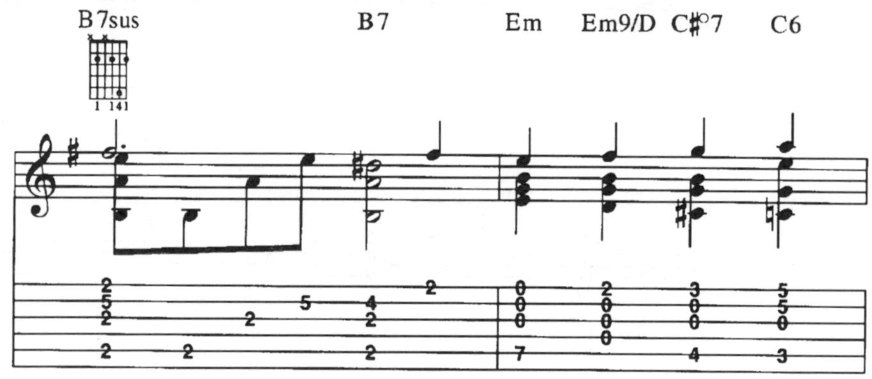

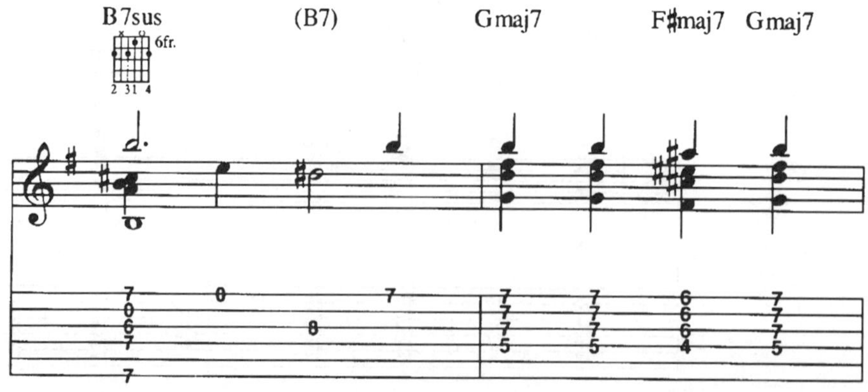

FIGURA AP5 *(continuación): O Little Town of Bethlehem*

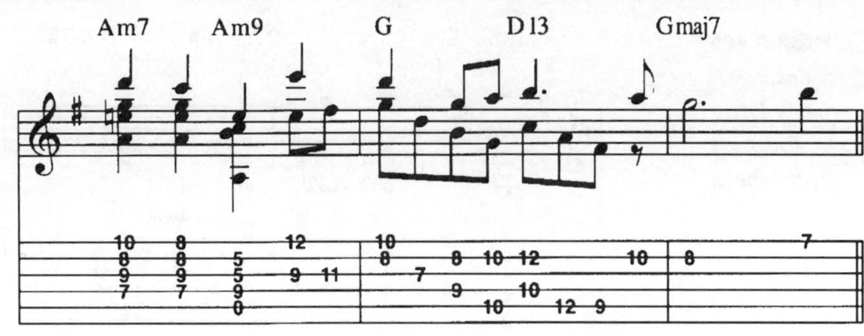

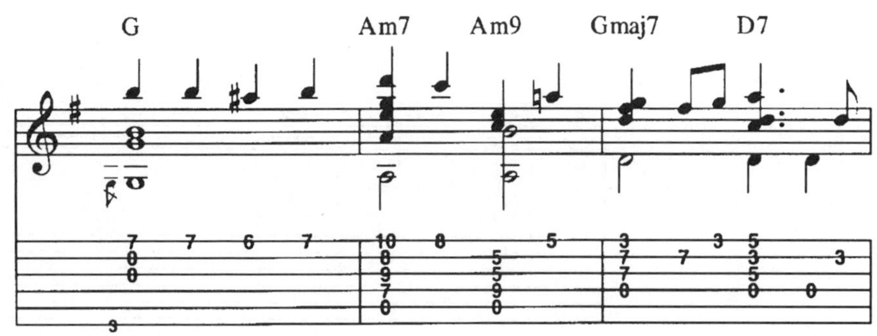

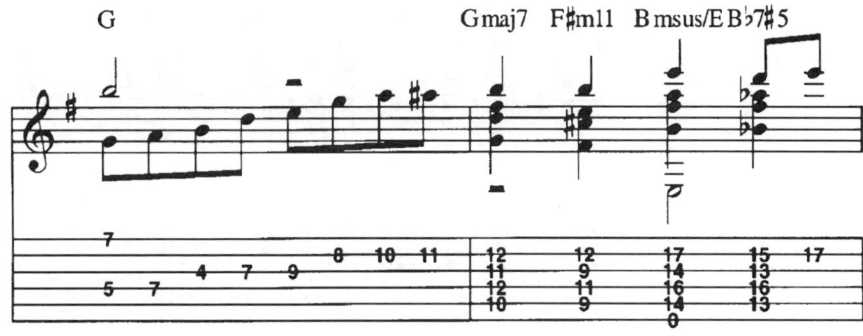

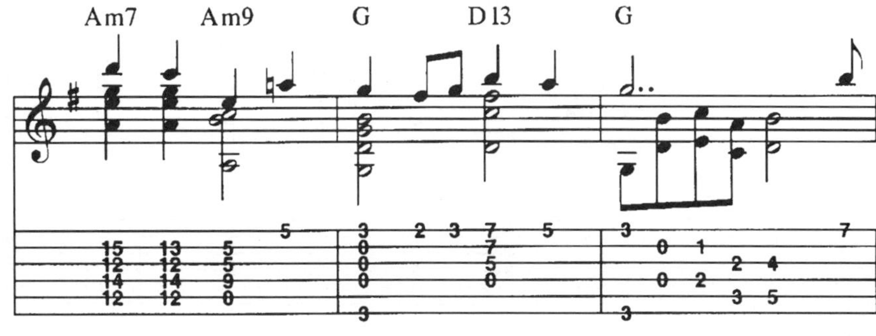

FIGURA AP5
(continuación):
O Little Town of Bethlehem

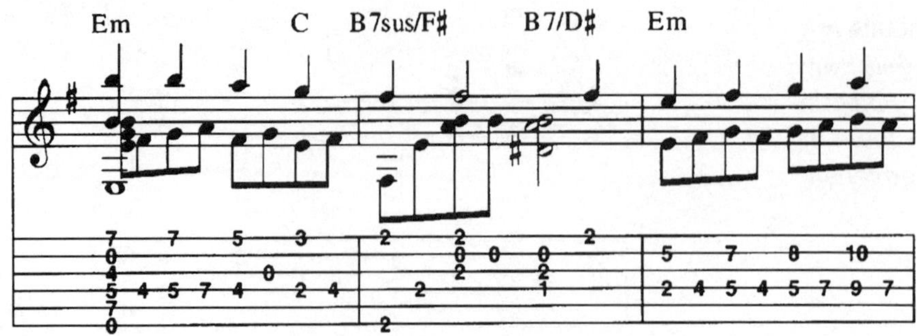

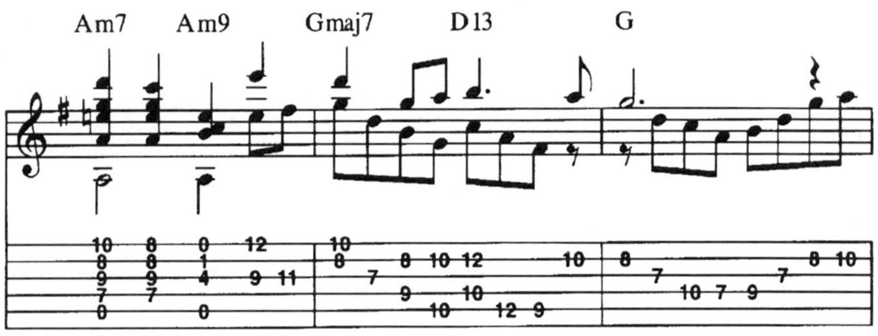

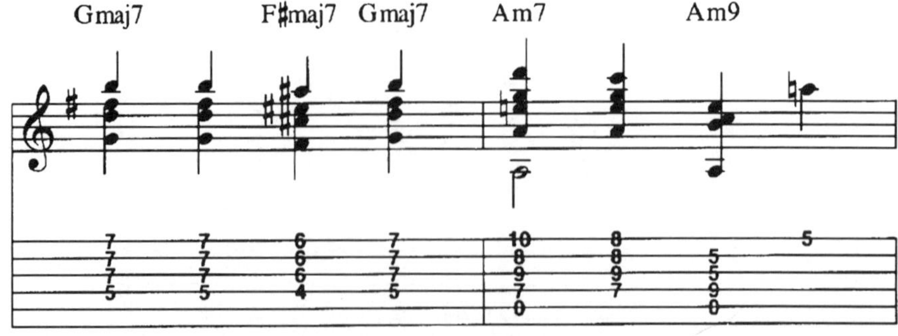

FIGURA AP5 *(continuación): O Little Town of Bethlehem*

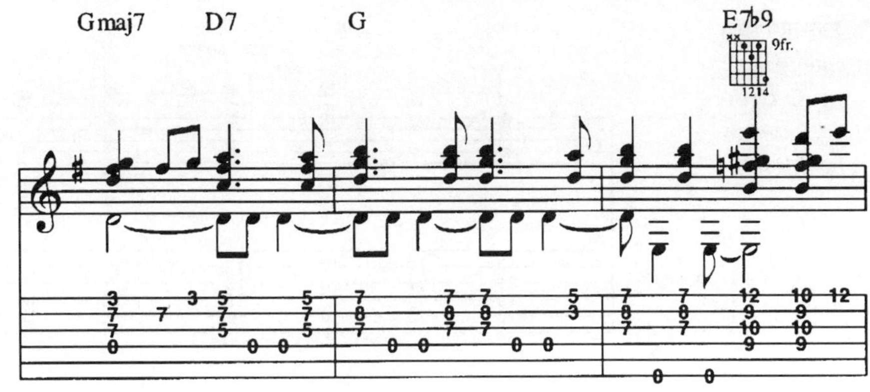

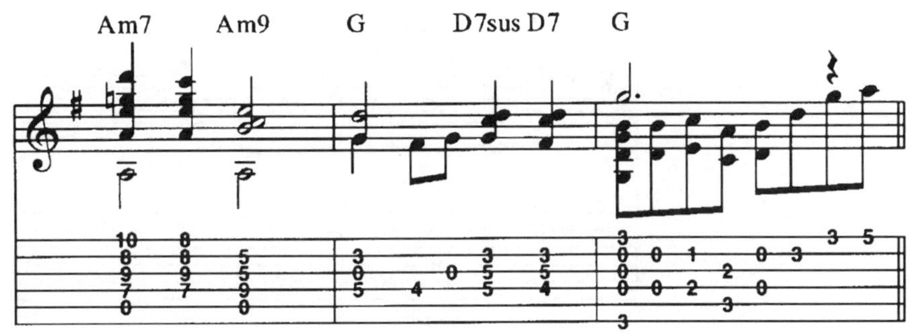

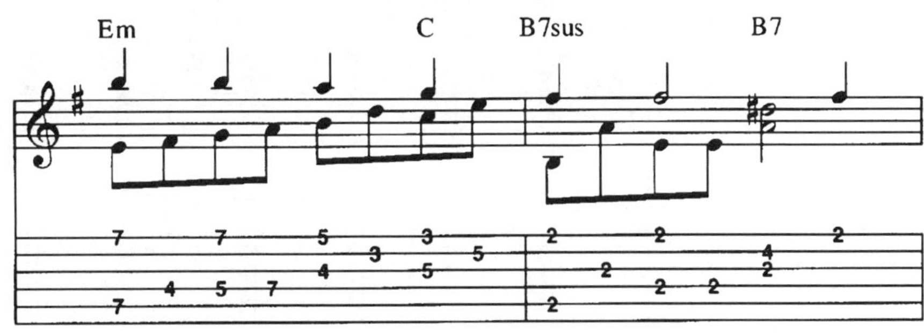

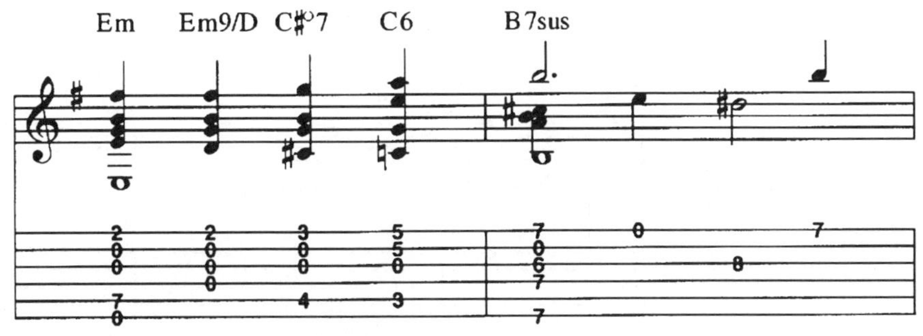

FIGURA AP5
(continuación):
O Little Town of Bethlehem

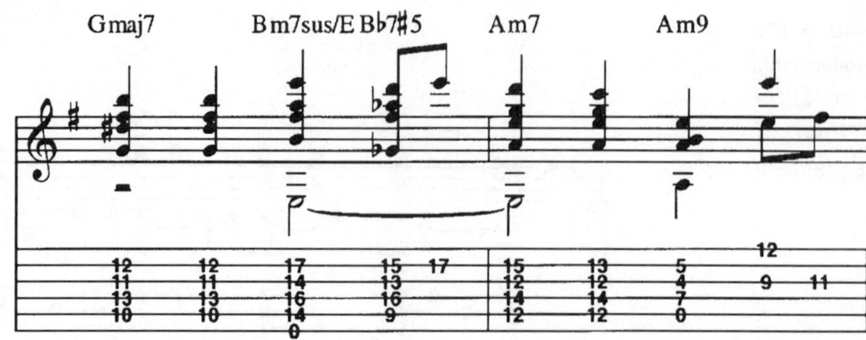

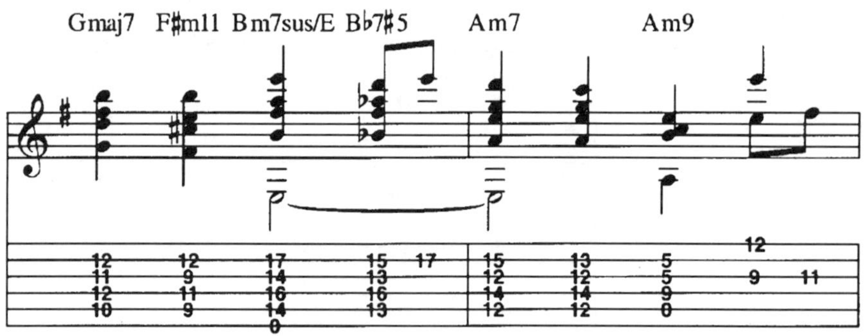

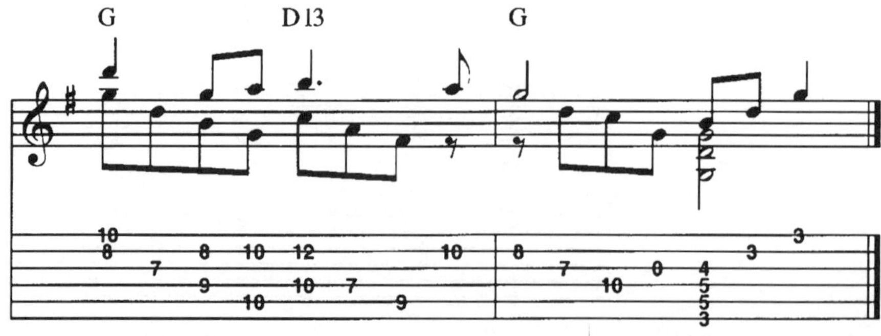

Índice de nombres

Otros títulos de MA NON TROPPO

Manual para tocar la batería

Eric Starr

Un libro fundamental para aprender a tocar la batería y conocer diferentes patrones rítmicos en variados estilos musicales, incluyendo rock, blues, jazz, R&B y ritmos latinos y caribeños.

Aprende todos los trucos de la batería: qué postura es la más adecuada, las técnicas y movimientos de las baquetas, cómo trabajar las dinámicas y acentos musicales, los redobles de caja, las técnicas utilizadas para el charles y el bombo, la utilización de escobillas, cómo cuidar y afinar el equipo, etc.

Manual para tocar la guitarra rock y blues

Marc Schonbrun

¡Por fin un manual fácil, claro y eminentemente práctico para aprender a tocar rock y blues con tu guitarra!

¿Sueñas con tocar la guitarra como John Lee Hooker, Carlos Santana, Jimmy Page o Eric Clapton?

Es posible, incluso, que hayas asistido a clases en alguna ocasión y que hayas terminado abandonando porque te parecía demasiado difícil… Gracias a este sencillo manual, a su estilo claro y comprensible y a la facilidad de los ejemplos del CD que le acompaña, podrás aprender a tocar tus canciones favoritas sin ayuda de otras personas.

El lenguaje musical
Josep Jofré i Fradera

Las claves para comprender y utilizar la ortografía y la gramática de la música. En esta obra, Josep Jofré combina la perspectiva histórica de esos elementos con una exposición detallada y clara de los fundamentos de la notación musical moderna. Este enfoque híbrido proporciona un conocimiento comprensivo y sistemático del funcionamiento de los elementos ortográficos del lenguaje musical, así como una pauta de aprendizaje progresivo de gran utilidad tanto para el estudiante de música como para el aficionado y el melómano.

El lenguaje musical
Josep Jofré i Fradera

Una valiosa guía docente y una fuente inestimable de sugerencias que convertirán el aprendizaje musical en un reto mucho más atractivo y estimulante.

El este volumen, el segundo de la serie dedicada por el autor al lenguaje musical, se tratan de manera especial los elementos sintácticos de base. Partiendo del estudio de la tonalidad y la jerarquía de los sonidos, Josep Jofré nos ofrece un texto fascinante, riguroso y útil tanto para el estudiante de música como para el aficionado o el melómano.